U0731616

主　编　任天佑

副主编　黄书进　马占魁

强军

人民出版社

导言： 中国梦与强军梦

——在实现中华民族伟大复兴的大目标下推进国防和军队建设

习近平站在时代发展和中华民族伟大复兴战略全局的高度，提出中国梦、强国梦、强军梦等重大命题，强调指出：实现中华民族伟大复兴，是中华民族近代以来最伟大的梦想。可以说，这个梦想是强国梦，对军队来说，也是强军梦。这一重要论述，体现了肩负民族复兴重任的历史担当和统筹推进强国强军的战略眼光，具有鲜明时代特色、深远战略意蕴和重大历史意义，为推动实现中国梦、强军梦指明了前进方向，提供了根本遵循。我们要深刻领会中国梦、强军梦的内在联系，为实现中华民族伟大复兴的中国梦提供坚强力量保证。

一、 实现强军梦对实现中国梦具有重大战略意义

实现中华民族伟大复兴的中国梦，就是要把我国建设成为富强民主文明和谐的社会主义现代化国家，这是坚持和发展中国特色社会主义的总任务。国防和军队建设是中国特色社会主义事业总体布局的重要组成部分，这决定了强军战略是强国战略的重要组成部分。强军梦不仅是中国梦的内在组成，也是其坚强支撑。这一点，对于我们实现中国梦，具有根本性战略意义。

强军是中华民族伟大复兴的重要基石。富国和强军是中华民族伟大复兴的两大基石。富国是强军的基本依托，强军是富国的安全保障。强军梦不圆，中国梦也难圆。雄厚的经济实力是一个国家强大的基础，但若没有相应的国防实力和军事能力作后盾，经济实力再强大也不能成就真正意义上的中国梦。要看到，国家越是富裕，就越可能引来贪婪目光和入侵者，如果没有与之适应的国防力量来保障，就会陷入被动挨打的境地。据估算，鸦片战争前，中国经济占全球经济总量的近1/3，但由于军事落后，清朝的百万军队竟被数千英军击败，国家很快跌入半殖民地半封建的深渊。历史昭示我们：能战方能止战，没有强大的军事力量作支撑，国家的繁荣兴盛就没有安全保障，实现民族复兴只能是海市蜃楼。

强军是保证中国实现从大国向强国跃升的战略支撑。随着我国综合国力的不断跃升，一方面，民族复兴离我们从未如此之近；另一方面，民族复兴遇到的阻力从未如此之大。这种阻力，在国内表现为深化改革要遇到许多深层次矛盾，在国际上则表现为我国和平发展会遇到前所未有的阻遏。当前，我国和平发展面临错综复杂的国际形势。我国尚未完全实现祖国统一大业，推动两岸关系发展、反对和遏制“台独”分裂活动、维护祖国和平统一任务艰巨；西方国家不断强化与我周边一些国家的军事和政治同盟关系，策动其挑起与我国的领土主权和海洋权益争端。我们既要应对不合理的国际政治经济秩序下利益和力量格局的牵制，又要应对世界新军事革命加速推进带来的现实安全压力；既要应对西方资本主义大国以冷战思维对中国融入国际社会和公平参与构建更加公正的国际秩序的抵制与阻碍，又要应对新形势下敌对势力西化、分化的战略图谋。可以预见，国际社会的利益矛盾会随着我国和平发展进程不断向我聚焦。在这样的形势下，以强军有效应对和平发展进程中的复杂矛盾和严峻挑战，是实现中国梦的必然选择。

强军是中国与世界各国互利共赢的安全保证。中国梦的实现以追求和谐、和平为先决条件。我们提倡各个国家、民族在发展中实现共存共赢，推动建设持久和平、共同繁荣的和谐世界，决不会以实现中国梦损害他国利益，但也决不会吞下牺牲我们国家、民族安全和发展利益的苦果。党的十八大报告强调：“加强国防建设的目的是维护国家主权、安全、领土完整，保障国家和平发展。中国军队始终是维护世界和平的坚定力量”。[①] 这充分阐明了中国梦、强军梦的价值底蕴是和平发展。因此，中国越强大，维护世界和平与发展的力量也就越强大；实现中国梦、强军梦是中国人民的福祉，也是世界人民的福祉。我们要为和平发展、互利共赢提供战略支撑，就必须做强包括军事实力在内的硬实力，为国家发展撑起强大的“保护伞”。

二、 在中国梦战略全局中统筹谋划强军梦

中华民族伟大复兴作为国家和民族的最高利益，始终是党和国家事业的根本着眼点和战略谋划的落脚点。谋划强军梦，必须遵循有利于实现中国梦这一根本原则。

强军战略必须始终与强国战略相协调。中国梦是强军梦的目标指向，强军梦是中国梦的战略支撑，两者是一个有机统一的整体。从国家利益全局高度思考谋划军队建设，从政治大局高度思

---

① 胡锦涛：《坚定不移沿着中国特色社会主义道路前进　为全面建成小康社会而奋斗——在中国共产党第十八次全国代表大会上的报告》，人民出版社2012年版，第43页。

考处理军事问题，是遵循战略谋划规律的内在要求。随着经济全球化深入发展，国家利益同世界发展变化的关联度越来越高，只有从国家根本利益这个全局和大局高度思考处理军事问题，才能适应全球化时代世界发展大势。这就要求军事战略与国家总体战略必须高度协调一致。一方面，军事力量发展要与国家地位相适应，即国家安全战略与国家发展战略必须能够准确反映国家安全和发展之间的轻重缓急关系；另一方面，军队建设和改革要与世界军事发展趋势相适应。习近平在提出中国梦、强国梦的同时提出强军梦，就包含着强军必须与强国战略相协调的思想，强军梦的实现必须着眼于保证中国梦的实现。

强军实践必须与国家发展的安全需求相适应。实现强军梦，离不开强大的经济实力支撑和全社会力量的支持。强军进程与强国进程相适应、相协调，是正确战略筹划的应有之义。这就要求经济建设与国防建设在发展阶段和发展进程上协调一致、同步发展，资源配置在国防安全与经济发展两大领域之间形成合理的比例。超出国力可承受的程度推进强军进程，就可能给国家带来沉重负担，不仅强军欲速不达，而且强国也必受影响。当前，人民日益增长的物质文化需要同落后的社会生产之间的矛盾这一我国社会的主要矛盾没有变，我国是世界最大发展中国家的国际地位没有变。这“两个没有变”，决定了我国始终要把发展重心放在经济建设和提高社会生产力上。冷战时期，美国推出“星球大战”计划，苏联倾其国力与美搞军备竞赛，由此把苏联的国家建设引入错误轨道，耗尽了国力。对此，我们必须头脑清醒，保持高度警惕和战略定力，不能偏离发展重心，犯历史性错误。

强军成果必须为强国战略提供牢固底线支撑。主权安全、领土完整和基本价值观不受挑战，是国家的核心利益，也是战略底线。战略底线是发展的立足点和生命线。核心利益不被损害、战略底线不受冲击，是发展的前提。否则，即使发展起来了，其成果也难以保住。历史经验表明，国家的核心利益是否有保障，很大程度上取决于军事实力。军事实力强，就会产生战略威慑力，就能以不变应万变，不战而屈人之兵，从而实现和平发展。反之，军事实力弱，不仅会受人欺负，而且战争还会被强加到自己头上。强军的根本意义就是为实现中国梦提供战略支撑，创造并维护和平的发展环境。我们要始终着眼确保国家不被侵略、不被颠覆、不被分裂，确保发展稳定大局不被破坏，确保中国特色社会主义发展进程不被打断，来思考谋划强军战略。要按照国防和军队现代化建设“三步走”战略构想，加快完成机械化和信息化建设双重历史任务，以强大的军事实力为实现中国梦提供力量保证。

三、 在强军目标引领下奋力实现强军梦

习近平指出：“建设一支听党指挥、能打胜仗、作风优良的人民军队，是党在新形势下的强军目标”，强调要牢记听党指挥这个强军之魂，能打仗、打胜仗这个强军之要，依法治军、从严治军这个强军之基，走中国特色强军之路。强军目标，是我们实现强军梦的行动纲领和基本遵循；中国特色强军之路，是实现强军梦的根本路径。我们要坚持用强军目标引领军队建设、改革和军事斗争准备，坚定不移走中国特色强军之路，推动强军梦最终实现。

把铸牢强军之魂与激发强军活力统一起来。实现强军梦，首先要正确处理“不变”与“变”的辩证关系。这个“不变”，就是要始终不渝地坚持党对军队绝对领导，铸牢听党指挥这个强军之魂；这个“变”，就是要在世界形势已经并正在和继续发生深

刻变化的时代条件下，因势而变、谋势而变，因敌而变、先敌而变，以“变”制敌。新形势下铸牢强军之魂，不能仅仅是政治上的表态，关键是要在“八面来风”中坚决抵制“军队非党化、非政治化”和“军队国家化”等错误政治观点，毫不动摇坚持党对军队绝对领导，在任何时候任何情况下都坚决听从党中央、中央军委和习近平主席指挥，不折不扣落实上级命令、指示。做到这一点，必须激发强军活力，充分尊重广大官兵的主体地位，发挥广大官兵为实现强军目标奋斗的积极性、主动性和创造性，解放思想、更新观念、鼓励创新，形成创新源泉充分涌流、创新智慧竞相迸发、强军人才大量涌现的良好局面。只有这样，军队建设才能充满活力，不断向前推进。

把聚力强军之要与确立强军标准统一起来。聚力强军之要，关键是确立强军标准。只有确立了强军标准，才能一切向能打仗、打胜仗聚焦，提起军队建设的总纲。习近平强调，要牢固确立战斗力这个唯一的根本的标准。这就明确地把战斗力标准确立为强军标尺。面对新形势，我们要用打赢信息化条件下局部战争这把新的战斗力标尺检验部队建设和一切工作，坚决更新一切与战斗力提升不相适应的思想观念，坚决改变一切违背战斗力标准要求的陈规陋习，坚决革除一切影响和制约战斗力发展的体制机制弊端。以战斗力标准为锐利武器，冲破观念障碍、突破利益藩篱，以更大的智慧和勇气推进军队改革，使之与国家改革开放的进程相协调，与世界军事变革的进程相一致，与履行我军历史使命的要求相适应，建立起有中国特色、符合军队现代化建设规律的科学的组织模式、制度安排、运作方式和新型军事力量体系。

把夯实强军之基与抓好强军规划统一起来。国防和军队建设是一个大系统。毋庸置疑，军队的战备训练、军事装备、军事人员的能力素质和战斗意志等重要因素及其组合方式是决定战争胜负的关键。同时也要看到，现代战争是国家整体实力的较量，国防基础建设、国防动员体系建设，乃至国防文化建设和军人社会保障体系建设，都对打赢战争具有重要影响。从这个意义说，夯实强军之基的一个重要方面，就是要以更加宽广的视野、在更高层次上搞好强军规划。我们既要坚持依法从严治军，用严格的条令法规管理部队，用严格的训练演练磨砺部队，把每一支部队都锻造成为精锐之师；又要在顶层设计和总体规划中充分体现强军目标要求，提升国家安全与发展战略统筹能力。要强化大国防意识，确立国家安全与发展相统一的战略全局观，积极探索党对国防和军队建设领导在国家立法及行政层面的有效实现形式，增强经济建设与国防建设统筹协调能力，在推进强军实践中促进富国和强军高度统一。

目　录

第一章　世界视野中的强军梦

纵观大国崛起的历史，军事力量的作用无疑十分重要且不可替代。中国的发展取得了举世瞩目的成就，我们从未离中华民族伟大复兴的中国梦如此之近。同时，我们也面临着来自各个方面的更大压力与挑战。实现中国梦必须以强军梦为支撑。自中国共产党成立以来，我们就为建设一支强大的人民军队进行不懈的探索。进入21世纪以来，世界新军事革命风起云涌，新一轮的军队转型要求我们必须实现军队现代化建设的跨越式发展，积极推进中国特色军事变革，加快转变战斗力生成模式，努力实现强军梦。

一、 大国竞争与军事力量

大国竞争是全方位的竞争，涉及政治、经济、科技、军事、文化等各个方面。然而，从古至今，军事力量都是大国竞争的重要内容和基础。历史的经验表明，在大国竞争中，军事力量建设与运用得当，就可能取得胜利；而军事力量建设与运用不当，往往导致失败。

（一）军事力量是衡量大国实力的重要尺度

大国之间的竞争，是大国间实力的比拼；军事力量，是大国实力的重要组成，是衡量大国实力的重要尺度。

1. 军事力量可以直接表现为国家实力

构成国家实力的因素很多，有些因素只是潜在的，有些因素具有不确定性，而军事力量可以直接表现为国家实力。在大多数现实主义理论家的视野中，军事力量是权力的基础。恩格斯在为《美国新百科全书》撰写的《军队》条目释文中，给军队下了这样一个定义："军队是国家为了进攻或防御而维持的有组织的武装集团。"① 恩格斯的定义说明，军事力量是国家机器的重要组成，是大国竞争的暴力工具。在国家实力的构成中，军事力量是常备力量、物质性力量、直接性力量，可以随时使用、紧急使用。而经济、政治、科技、文化等力量大多配置分散，需要进行一定时间的动员与整合才能有效使用。在当今时代，一个国家往往通过大型阅兵、大规模军事演习，来展现自己的实力。这正是由于军事力量是国家实力的直接表现，具有直接性、现实性。

2. 大国竞争的最终手段是运用军事力量

战争是大国竞争中为实现政治目的而采取的手段。克劳塞维茨指出："战争不只是政治行为，而是真正的政治工具，是政治交往的继续，是政治交往通过另一种手段的继续。"② 大国竞争的手段多种多样，但最终的手段是战争，而战争就是运用军事力量的行为。在大国竞争中，经济、政治、科技、文化竞争是常规手段，而战争则是最终选项。在其他手段无法解决大国竞争问题时，运用军事力量发动战争就成为必然。爱德华·卡尔在《20 世纪危机》中说："军事力量之所以具有极其重要的意义，是因为国家关系中权力的最终手段是战争"，"潜在战争是国际政治中的主导因素，军事力量也就因之成为公认的政治价值标准"。③ 虽然在当今时代，和平共赢成了大国竞争的主要基调，我国提出了和平发展、构建和谐世界的理念，约瑟夫·奈提出了相对于"硬实力"的"软实力"概念、"巧实力"概念，但由于霸权主义、强权政治的存在，战争的危险仍然存在，善良的人们不能放松警惕，放松军事力量建设可能给国家和民族带来灾难。

---

① 《马克思恩格斯军事文集》第 1 卷，战士出版社 1980 年版，第 342 页，

② ［德］克劳塞维茨：《战争论》，译林出版社 2010 年版，第 18 页。

③ E. H. Carr, *Twenty Years Crisis*, 1919—1939: *An Introduction to the Study of International Relations*, p. 102.

古人云：国虽大，好战必亡；天下虽安，忘战必危。[①]

3. 没有强大的军事力量就不是大国

要想成为一个大国，需要具备诸多条件，军事力量无疑是一个十分重要的条件。在英文中，大国和权力是同一个单词（Power），大国必须是军事强国似乎不言自明。[②] 15 世纪，葡萄牙通过坚船利炮的猛烈攻击，占领和利用从大西洋到印度洋的 50 多个据点，垄断了半个地球的商船航线，到 16 世纪初成为海上贸易第一强国。16 世纪，西班牙靠军事力量为支撑，建立起强大的哈布斯堡王朝，其军事力量在陆上超过法国，在海上超过英国。葡萄牙和西班牙的国土面积都不大，之所以能成为当时的大国，具有强大的军事力量是重要因素。1840 年鸦片战争失败之后，中国仍然保持着较大规模的经济总量、大规模的人口、广大的国土面积，但当时又有哪个国家把中国当成一个大国呢？19 世纪末，经济已实现起飞的美国国际影响力极为有限，仅仅被视为国际体系中的二流国家。而第二次世界大战结束时，美国军队的总额高达 1250 万人，其中 750 万人驻在海外，美海军拥有 1200 艘大型军舰，其中有数十艘航空母舰，美空军拥有 2000 多架重型轰炸机、1000 架超远程轰炸机，成为世界超级大国。如今，美国仍以其超强的军事力量，维持着无人能及的世界唯一超级大国地位。一个国家要成为大国，强大的军事力量不是充分条件，却是必要条件。

（二）军事力量建设与运用得当是大国竞争取胜之匙

从以往大国崛起的历史实践中，我们不难发现：恰当地进行军事力量建设与运用是大国崛起的关键因素。

1. 建设强大的军事力量是大国竞争的基础

强大的军事力量，是一个国家成为大国的标准；建设强大的军事力量，是大国竞争的基础。然而，强大的军事力量不是与生俱来的，需要举

① 《清世祖实录》第 179 卷，中华书局 1992 年版，第 15 页。

② ［英］赫德利·布尔：《无政府社会：世界政治秩序研究》，世界知识出版社 2003 年版，第 161 页。

一国之力进行建设；也不能一蹴而就，需要经历一定的时间过程；更需要量力而行，不能穷兵黩武。恩格斯指出："展现在一切海洋国家面前的殖民事业的时代，也就是建立庞大的海军来保护刚刚开辟的殖民地以及殖民地的贸易的时代。"① 恩格斯的论断，揭示了建设强大的军事力量在大国竞争中的重要地位和作用。1916 年，美国国会通过《国防法》，规定陆军（包括常规陆军和国民警卫队）的编制实力为 25.95 万人，5 年内，陆军将从当时的 11 万人增加到 17.5 万人。1915 年，美国提出超过英国、建设世界第一海军的目标。1916 年，美国国会批准建造各型战舰 160 余艘，编制实力由 1889 年的 1.6 万余人增至 1916 年的 6 万余人。② 强大的军事力量，为美国参加第一次世界大战、成为真正的世界大国奠定了基础。建设强大的军事力量是以一定的经济实力为基础的。苏联在第二次世界大战前，着重发展重工业和军事工业。这为苏联建设强大的军事力量提供了经济和技术条件，从而为苏联取得苏德战争胜利奠定了基础。

2. 恰当运用军事力量是大国崛起的关键

恰当地运用军事力量，可以维护和拓展本国利益，从而增强本国国力。更为重要的是，成长中的大国往往需要通过战争才能打破已有大国对自己的遏制，成为崛起的大国。约瑟夫·奈曾说："现实主义的看法是，只有军事力量才是真正重要的手段。英国历史学家 A. J. P. 泰勒（A. J. P. Tayelor）在描述 1914 年以前的世界时，把大国定义为有能力在战争中取胜的国家。"③ 爱德华·卡尔的观点更为深入，他说："一个国家之所以被承认为大国，往往因为它是大规模战争的战胜国。"④ 近代以来，大国崛起的历史证明，恰当地运用军事力量是大国崛起的关键。荷兰是在抗

---

① 《马克思恩格斯军事文集》第 1 卷，战士出版社 1980 年版，第 504—505 页。

② 军事科学院世界军事研究部：《美国军事基本情况》，军事科学出版社 2004 年版，第 23 页。

③ ［美］约瑟夫·奈：《理解国际冲突：理论与历史》，上海人民出版社 2009 年版，第 14 页。

④ E. H. Carr, *Twenty Years Crisis*, 1919—1939: *An Introduction to the Study of International Relations*, p. 102.

击西班牙人战争胜利之后才赢得了独立，并由此奠定了世界领先国家的地位。法国通过三十年战争及其后1657年和1667年的两次对西战争，得以取代西班牙，崛起为欧洲头号陆上强国。英国崛起的历史，就是运用军事力量特别是海军击败曾经的大国的结果。自伊丽莎白一世继位开始，英国就开始大力发展海军力量。1588年，羽翼渐丰的英国同老牌帝国西班牙发生了历史上著名的“英西大海战”，英国舰队重创西班牙曾经所向披靡的“无敌舰队”。1652—1674年，英国与荷兰接连发生了三次战争，击溃了荷兰的海上力量，剥夺了荷兰的霸权地位。1756—1763年，英国与法国进行了长达7年的战争，击溃了法国的海上力量。1805年英国在特拉法加海战中的胜利，标志着英国彻底战胜法国，确立对世界的控制权，迅速扩张为一个“日不落帝国”。德国的崛起始于普法战争，而日本则在日俄战争中击败俄国后获得了大国地位。美国的世界大国之旅始于1898年的美西战争，两次世界大战则最终正式确立了它的全球性超级大国地位。虽然第二次世界大战以来，国际局势和环境发生了很大变化，军事力量和军事手段的作用显得不那么突出了，但任何一个想要崛起的大国如果不能恰当地运用自己的军事力量，实现崛起肯定是极为困难的。

（三）军事力量建设与运用不当是大国竞争失败之因

军事力量建设与运用不当，可能导致在大国竞争中处于下风，甚至导致失败。军事力量建设滞后，可能削弱一个国家的综合实力，并无法应对他国的战争威胁；军事力量建设过度，可能削弱一个国家的经济实力与发展潜力，并无法保持强大的军事力量。过度使用军事力量，可能会对一个国家的经济造成巨大的负担，导致在大国竞争中处于不利地位；如果在战争中失败，则很可能直接导致在大国竞争中的失败。

1. 军事力量建设滞后可能导致在大国竞争中处于不利地位

军事力量是大国实力的重要组成部分和坚强后盾，军事力量建设滞后可能导致在大国竞争中处于不利地位。一个国家、一个民族，要想在激烈的国际竞争中立于不败之地并有所作为，既要具有强大的经济实力，也要具有强大的军事实力。《孙子兵法》开篇曰：“兵者，国之大事，死生之地，存亡之道，不可不察。”历史经验反复证明，国防弱，则国侮；国防强，则国强。建设巩固的国防和强大的军事力量，对于维护国家和平发展、实现民族振兴有着十分重要的意义。宋朝是我国历史上经济、文化都比较发达的朝代，但由于国防和军队建设上政策失误，使得宋朝在对外政治和军事斗争中时常处于不利地位，并最终导致了宋朝的灭亡。宋朝开国皇帝赵匡胤采取“杯酒释兵权”的温和手段把军权全部夺了回来，用经济利益从部下手中换回大权，没有像汉高祖刘邦和明太祖朱元璋那样对于下属武将大开杀戒，虽然这对稳定当时刚刚建立基业未稳的宋朝是比较有利的，但也使宋朝从建国一开始就形成了军事上比较软弱的局面。宋朝从立国开始制定的文治天下的国策虽然使宋朝的中央集权比以往的朝代更进了一步，但宋朝自开国以后外患不断，重文轻武的后果就使得在与辽、西夏、金、元等势力的斗争中长期处于劣势，造成外族入侵、疆域萎缩，直至最后亡国。1840 年鸦片战争时的清政府也存在同样的问题。当时，清朝拥有超大规模的经济总量、超大规模的人口、超大规模的国土面积，但由于军事力量建设滞后，在战争中不堪一击。所不同的是，清政府的失误主要在于没有跟上当时军事革命的浪潮，军事力量的构成主要是冷兵器时代的，自然无法同热兵器时代的军队抗衡。虽然第二次世界大战后，国际形势发生了深刻的变化，也有一些学者认为军事力量的作用在不断降低，但现实中任何一个国家都没有放松军事力量建设。作为深受军事力量建设滞后之害的中国，更应该不忘历史的教训，自缚手脚。

2. 军事力量建设过度可能削弱大国竞争的潜力

大国竞争是长期的竞争过程，既是军事力量的竞争，也是经济、政治等综合国力的竞争；是当前实力的竞争，也是未来潜力的竞争。军事力量建设是一个十分耗费资源的项目，如果在军事力量建设上耗费过多的资源，就会消耗一个国家的国力，甚至导致大国的衰落。苏联就是一个典型的例子。第二次世界大战后，苏联从一个欧洲强国一跃成为世界性强国，在常规军备上成为世界上首屈一指的国家。为了与已经掌握核武器的美国相抗衡，斯大林在当时人民生活十分困难的情况下，集中全国之力，很快打破了美国的核垄断，从此走上了与美国进行核军备竞赛的道路。赫鲁晓夫时期把发展战略核武器作为国防建设的首要任务。勃列日涅夫时期不仅重视发展核武器（包括战略核武器与战术核武器），也重视发展常规武器。到20世纪70年代，苏联虽然在常规军备与核军备，特别是战略核武器的数量上赶上并超过了美国，但是国内经济开始由盛转衰。长期的军备竞赛，大大消耗了苏联发展经济的资源，削弱了大国竞争的潜力。20世纪80年代中期，苏联的国民生产总值是美国的50%—60%，在世界上占第二位，但苏联12%—13%的国民生产总值直接运用于国防（美国为6.5%），国防开支占国家预算的比重为45%—50%（美国为25%—27%）。[①] 苏联不计代价地发展军事力量，虽与美国形成军事力量的均势，但在综合国力上已处于劣势，为日后苏联解体埋下了隐患。

3. 军事力量运用不当可能导致大国竞争失败

军事力量运用不当的情况主要有两种：一种是过度使用军事力量，而本国资源和潜力有限，导致国家的衰落；另一种是在战争中失败，直接导致在大国竞争中失败。第一次世界大战中，英国、法国虽是战胜国，但由于过度使用军事力量，元气大伤，受到了削弱。也有一些国家，由于使用军事力量不当，直接导致在大国竞争中失败。西班牙被英国从海上、被法国从陆上击败后，便失去了大国地位。德国和日本在第二次世界大战中，没有适度使用自己的军事力量，制订并实施了超出自己军事力量的作战计划，导致在战争中失败，并造成了国家的衰落。

二、 世界从来没有像今天这样关注中国

经过30多年改革开放，我国的经济总量和进出口总额跃居世界第二位，国家的综合国力、国际竞争力、国际影响力不断上升，在国际事务中的代表性和话语权进一步增强。特别是中国块头大、分量重、发展快，在

① 王新华：《美苏冷战与苏联经济的崩溃》，《宁夏大学学报》（人文社会科学版），2007年11月。

世界格局和国际关系中的重要地位更加凸显。这些年来，中国理念越来越赢得世界认可，中国道路越来越赢得世界尊重，中国成就越来越赢得世界关注，中国力量越来越赢得世界重视。习近平在十二届全国人大一次会议解放军代表团全体会议上的讲话中指出："随着我国综合国力、国际地位、国际影响力不断提高，世界从来没有像今天这样关注中国、重视中国"。[①]

（一）中国理念越来越赢得世界认可

"中国出口电视机，而不是思想观念"，一位西方政要曾经做过这样的断定。今天，和谐世界、科学发展等中国理念获得国际社会越来越广泛的认同。早在2009年，美国《纽约时报》一篇介绍中国的文章，就加了这样的题注："西方最好还是研究一下中国戏剧般崛起背后的理念。"沿着这个思路，有作者将科学发展、社会和谐、以人为本、创新型国家、新农村建设、执政能力、生态文明、社会建设、文化强国、和谐世界等作为中国理念。[②] 张维为在《中国震撼—— 一个"文明型国家"的崛起》一书中列举了可能影响世界的中国理念。他指出："我梳理出的八大中国理念是：实事求是、民生为大、整体思维、政府是必要的善、良政善治、得民心者得天下与选贤任能、兼收并蓄与推陈出新、和谐中道与和而不同。"[③]

中国理念越来越得到世界认可。英国《卫报》专栏作家、伦敦经济学院访问学者马丁·雅克，于2009年出版《当中国统治世界：西方世界的衰落与中国的崛起》一书，认为中国作为一个文明国家正在崛起并将成为世界上实力最强大的国家。中国的崛起将意味着其历史、文化、语言、价值、机制和企业精神会逐渐影响全世界，从而将西方置于历史的边缘并改变人们对现代性内涵的理解。[④] 2005年9月，胡锦涛在联合国成立60周年

① 《习近平关于国防和军队建设重要论述选编》，解放军出版社2014年版，第86—87页。

② 转引自卢新宁等：《转型十年　中国理念》，《人民日报》2012年7月5日。

③ 张维为：《中国震撼—— 一个"文明型国家"的崛起》，上海人民出版社2011年版，第126页。

④ 陈锦华：《中国模式与中国制度》，人民出版社2012年版，第18页。

首脑会议上全面阐释了建设持久和平、共同繁荣的和谐世界理念。如今，和谐世界理念已成为众多国际场合与国家领导人口中的高频词汇。国际媒体赞扬和谐世界理念拉近了中国与世界的距离。科学发展理念清晰地贯穿于中国的长远发展规划，中国正在奋力书写发展经济与改善民生、保护环境共同进步的“中国故事”。皮尤慈善基金会发表的一份报告称，中国在2010年清洁能源技术方面的投资达544亿美元，居全球首位，比位居第三的美国高出了大约40%。英国《卫报》称赞中国“具有尝试所有手段的强烈需求和意愿”，来兑现在2009年哥本哈根世界气候大会上所作节能减排的承诺。而在韩国媒体看来，中国看似降低的经济增长目标意味着重大政策转变，“是一种由量到质的跨越，改善民生成为发展重点”。①

（二）中国道路越来越赢得世界尊重

中国道路就是中国特色社会主义道路，是中国特色社会主义实践经验的总结。美国《时代》周刊以不同寻常的口吻评价道：“想想吧，全球1/4的人口，带着他们的种种好与坏、美与丑，重新融入人类发展的主流。这正是我们这个时代的伟大故事。它是我们的故事，所有人的故事——而不只是中国的故事。”②

党的十八大报告指出：“中国特色社会主义道路，就是在中国共产党领导下，立足基本国情，以经济建设为中心，坚持四项基本原则，坚持改革开放，解放和发展生产力，建设社会主义市场经济、社会主义民主政治、社会主义先进文化、社会主义和谐社会、社会主义生态文明，促进人的全面发展，逐步实现全体人民共同富裕，建设富强民主文明和谐的社会主义现代化国家。”③ 中国道路是中国的语言，西方学术界主要用中国模式、“北京共识”等概念。《北京共识》的作者雷默将中国模式概括为：不搞全面的企业私有化；不搞快速的金融业自由化；不搞自由国际贸易；不

① 王芳：《中国理念丰富世界》，《人民日报》2011年4月25日。

② 转引自《改革十年　中国探索》，《人民日报》2012年7月9日。

③ 胡锦涛：《坚定不移沿着中国特色社会主义道路前进　为全面建成小康社会而奋斗——在中国共产党第十八次全国代表大会上的报告》，人民出版社2012年版，第12页。

听从以美国为首的西方国家的指手画脚，坚持走自己的政治、经济发展道路。[①] 张维为将中国模式的特征定义为“文明型国家”。张维为指出：“一个古老文明，同时又具备了现代国家的品质，两者相辅相成、相得益彰，这就是今天的中国。中国‘文明型国家’主要有八个特征。这八个特征又可以被简称为‘四超’和‘四特’。‘四超’就是超大型的人口规模、超广阔的疆域国土、超悠久的历史传统、超深厚的文化积淀。‘四特’主要由‘四超’衍生而来，即独特的语言、独特的政治、独特的社会、独特的经济。”[②] 郑永年指出：“从经济上看，我觉得可以把中国模式称之为复合型或者混合型经济模式。”[③] 丁学良指出：“第一个子系统在这个三角关系中间处于顶端地位，我把它称之为‘核心的列宁主义’是一个权力架构。核心的列宁主义最基本的特征是一党执政的原则。”[④] “当今中国模式铁三角的第二基本支点，我把它称之为‘具有中国特色的社会控制系统’。”[⑤] “中国模式铁三角的第三个基本支点，是一个受政府支配的市场经济，或者说是‘政府管制的市场经济’。”[⑥]

中国道路赢得世界尊重。观察国外学者和政要对中国模式的议论，可以看出，中国特色社会主义的世界影响是客观存在的。美国学者约瑟夫·奈在 2008 年 2 月指出：“中国的经济增长不仅让发展中国家获益巨大，中国特殊的发展模式和道路也被一些国家视为可效仿的榜样……更为重要的是将来，中国倡导的政治价值观、社会发展模式和对外政策做法，会进一步在世界公众中产生共鸣和影响力”。[⑦] 张维为指出：“中国模式并非十全十美，但其总体的成功令那些采用西方模式的非西方国家望尘莫及，西方

---

① 丁学良：《辩论“中国模式”》，社会科学文献出版社 2011 年版，第 4 页。

② 张维为：《中国震撼—— 一个“文明型国家”的崛起》，上海人民出版社 2011 年版，第 64 页。

③ 郑永年：《中国模式——经验与困局》，浙江人民出版社 2010 年版，第 101 页。

④ 丁学良：《辩论“中国模式”》，社会科学文献出版社 2011 年版，第 44 页。

⑤ 丁学良：《辩论“中国模式”》，社会科学文献出版社 2011 年版，第 54 页。

⑥ 丁学良：《辩论“中国模式”》，社会科学文献出版社 2011 年版，第 47 页。

⑦ 陈锦华：《中国模式与中国制度》，人民出版社 2012 年版，第 18 页。

国家本身也因此而受到了震撼。"[1] 郑永年指出："中国模式的崛起可以说是21世纪国际关系上的一件大事情。中国模式是中国改革开放政策的产物，但'中国模式'概念的提出和争论却发生在本世纪……就是说，中国模式不仅属于中国历史，也属于世界历史。"[2] 被西方学者和政要称为"中国模式"的中国发展之路，对于当今世界是有影响力的。德国社会学家哈拉尔德·韦尔策在2008年8月15日《世界报》上发表的文章中认为，对于现代化的新兴国家，中国模式甚至有可能成为比西方模式更具魅力的模式，而傲慢的西方模式现在给人的感觉是过时了。[3]

（三）中国成就越来越赢得世界关注

经过改革开放30多年的发展，中国的经济总量在2010年接近40万亿元人民币，即58786亿美元，是1978年的109倍。[4] 在世界各国经济总量排名中，中国从1978年的第十位跃升为2010年的第二位。我们实现了总体小康。2003年，我国人均国内生产总值首次突破1000美元，2011年达到5414美元，迈入中等收入国家行列。民生建设和社会建设也取得了重大成就。中国认真落实联合国千年发展目标，成为全球唯一提前实现贫困人口减半的国家。继2007年全面免除农村义务教育阶段学生的学杂费之后，从2008年秋季学期开始，全面免除城市义务教育阶段学生的学杂费，全国真正实现了免费义务教育；经过3年的医改，全国95%的城乡居民有了基本医保；2012年，中央财政、教育支出与2005年相比增加了近10倍，就业和社会保障支出仅中央财政负担的资金就远远超出2005年中央与地方两级财政支出之和；保障房建设资金从2007年到2011年实现了20多倍的增长；2011年，我国的经济增速与2010年相比回落1.1个百分点，但中央财政预算用于教育、医疗卫生、社会保障和就业、住房保障、文化方面的

---

① 张维为：《中国震撼——一个"文明型国家"的崛起》，上海人民出版社2011年版，第1页。

② 郑永年：《中国模式——经验与困局》，浙江人民出版社2010年版，第1页。

③ 严书翰：《中国道路的世界影响》，《瞭望新闻周刊》2009年第36期。

④ 陈锦华：《中国模式与中国制度》，人民出版社2012年版，第235页。

支出安排比2010年增长18.1%。[①] 近年来，中国大事、喜事不断。"同一个世界，同一个梦想"。从北京奥运会火炬点燃的那一刻，世界各国人民共同经历了激动人心的历史时光，共同分享了激情澎湃的奥运欢乐，共同书写了奥林匹克运动新的辉煌篇章。"给中国一个机会，世界将添一份异彩"。上海世博会吸引了246个参展国家和国际组织、超过7000万人次的中外参观者。

中国成就赢得世界关注。2010年年初，一家外国媒体这样评述："置身中国，我现在比任何时候更加确信，当历史学家回顾21世纪头10年的时候，他们会认为最重要的事件不是经济大衰退，而是中国的绿色大跃进"。[②] 美国彼得森国际经济研究所资深研究员、中国问题专家尼古拉斯·拉迪出版了一本关于中国经济的书《推动中国经济可持续增长——在金融危机之后》，该书对中国未来经济发展作出了较为乐观的预期。他在接受记者专访时认为，未来10年，中国经济保持年均约8%的增长是"有可能的"。按照目前的发展节奏，在2020年前，中国的国内生产总值将赶上美国，达到世界第一。阿联酋的"今日阿联酋"网站发表文章，题目是《卡塔尔计划向中国投资50亿美元》。文章说，卡塔尔政府之所以作出这一决定，正是出于对中国经济良好发展的信心。文章援引卡塔尔能源部部长穆罕默德·本·萨利赫的话说，卡塔尔希望来中国市场投资，因为卡塔尔坚信中国经济将持续增长，尤其是金融等高附加值行业。[③] "奥运会用体育来促进和平、增进了解，具有独特的吸引力。2008年（北京）奥运会主题口号抓住了这一奥林匹克精神的实质，国际奥委会对此感到欣喜。"国际奥委会原主席罗格如是评价。"上海世博会是世博会历史上的一座里程碑，它所创下的标准如此之高，以至于此后我们甚至要用几十年去达到它。"国际展览局秘书长洛塞泰斯由衷感叹。

---

① 《改革十年　中国探索》，《人民日报》2012年7月9日。

② 卢新宁等：《转型十年　中国理念》，《人民日报》2012年7月5日。

③ 《国际舆论普遍乐观认为中国经济增长放缓中蕴含机遇》，《人民日报》2012年7月6日。

（四）中国力量越来越赢得世界重视

中国力量不断增强。第一，制度的力量。2008 年 5 月 12 日，四川汶川爆发 8.0 级强烈地震；2010 年 4 月 14 日，青海玉树突发 7.1 级强烈地震；2013 年 4 月 20 日，四川芦山又遭遇 7.0 级强烈地震。三次强震在短短 5 年内密集发生，其破坏性之强、波及范围之广、救援难度之大，在人类历史上是十分罕见的。灾后气壮山河的生死大救援、有条不紊的灾民安置、规模空前的恢复重建，谱写了世界救灾史上的壮丽史诗，彰显了中国特色社会主义制度的力量。第二，维护和平的力量。作为联合国安理会常任理事国中派遣维和人员最多的国家，中国累计向联合国 30 项维和行动派出各类人员约 2.1 万人次。积极参与反恐、防扩散领域国际合作，为打击海盗行为向亚丁湾、索马里海域派遣海军护航编队。第三，文化的力量。孔子学院从 2004 年开办至今，已经在世界上 105 个国家和地区开设了 350 多所孔子学院及 500 多个孔子课堂，注册学员达到 50 多万人。中国文化的世界影响力大大增强。第四，科技的力量。2006 年 7 月 1 日，攻克多年冻土、高寒缺氧、生态脆弱三大世界性工程难题的青藏铁路全线建成通车，成为世界上海拔最高、线路最长的高原冻土铁路，创造了世界铁路建设史上的一大奇迹。2013 年 6 月，国际 TOP500 组织在德国莱比锡公布了全球超级计算机 500 强排行榜榜单，中国的国防科学技术大学研制的“天河二号”以每秒 33.86 千万亿次的持续计算速度，成为全球最快的超级计算机。这是时隔两年半之后，中国超级计算机重返“世界第一”宝座。该排行榜主要编撰人之一、美国田纳西大学教授杰克·唐加拉曾对“天河二号”进行了现场考察。他在研究报告中指出，标准测试显示，“天河二号”的运算速度比美国的“泰坦”快了 74%。唐加拉表示：“‘天河二号’颇富中国特色，互联网络、操作系统、前端处理器、软件等都主要由中国技术人员发明创造”。第五，保家卫国的力量。2010 年的《中国国防白皮书》披露：我陆军形成以直升机、装甲突击车辆、防空和压制武器为骨干的陆上作战装备体系；海军形成以新型潜艇、水面舰艇和对海攻击飞机为骨干的海上作战装备体系；空军形成以新型作战飞机、地空导弹武器系统为骨干的制空作战装备体系；第二炮兵形成以中远程地地导弹为骨干的地地作战装备体系，指挥控制能力、快速反应能力、导弹突防能力、生存防护能力和综合保障能力实现全面跃升。2012 年国庆节前夕，中国第一艘航空母舰“辽宁舰”正式交付海军，中国海军从此迈入航母时代。

中国力量赢得世界重视。2008 年发生四川汶川特大地震灾害后，中国政府救灾决策之迅速、行动之有效、灾后重建进展之迅速，令世界为之折服，显示了中国特色社会主义制度的独特优势。用英国《独立报》的话来说：“和中国速度相比，英国体制实在是太过僵硬”。连像英国《泰晤士报》这样老牌的西方主流大报，在 2013 年年初的一篇社论中，也罕见地呼吁西方领导人学习中国的治理效率，克服西方制度的弊端。① 中国崛起的事实，势必受到国际舆论密切关注。法国《世界报》在 2011 年欧债危机最严峻之际，罕见地推出 98 页的“中国世纪特刊”；英国《金融时报》专门选择在二十国集团领导人峰会前夕推出“中国特别报道”；2006 年以来，有关中国的报道 20 多次登上美国《时代》周刊的封面……传媒巨头默多克坦承：“一份报纸希望在全球畅销最快捷的办法，就是把中国放在头版。”②

三、 中国共产党对建设强大军队的探索

新中国成立之前，建设强大的人民军队是抵抗侵略、取得民族独立的前提；新中国成立之后，新中国面临严峻的安全威胁，建设强大军队是维护国家主权的重要保障。为建设强大的人民军队，中国共产党进行了艰辛的探索，付出了艰苦的努力。

（一）新中国成立前对建设新型人民军队的探索

新中国成立之前，人民军队从无到有、从弱到强，打碎了一个旧世界，建立了一个新中国。在这一时期的探索中，系统地解决了以农民为主

① 刘晓明：《对西方资本主义困境的观察与思考》，《人民日报》2013 年 4 月 12 日。
② 转引自《崛起十年　中国贡献》，《人民日报》2012 年 7 月 16 日。

要成分的革命军队如何成为一支无产阶级性质的、具有严格纪律的、以全心全意为人民服务为宗旨的、同人民群众保持密切联系的新型人民军队的问题。

1. 人民军队初创时期的探索

1921 年，中国共产党成立后，便致力于改变旧中国的面貌。1923 年，中国共产党第三次全国代表大会确定了与中国国民党建立革命统一战线的方针。中国共产党人帮助创建黄埔军官学校，组织了革命军队，但共产党并没有自己的军队。在帮助国民党建设军队、进行北伐战争的过程中，中国共产党人对创建新型的革命武装做过有益尝试，为中国新型人民军队的诞生做了思想上、组织上的必要准备，也积累了一些经验。1927 年 4 月 12 日和 7 月 15 日，蒋介石、汪精卫先后在上海、武汉发动反革命政变，第一次国内革命战争失败。这次失败，使中国共产党人十分清醒地认识到，要改变旧中国的面貌、取得革命的胜利，必须建立属于自己的军队。这是用鲜血和生命换来的教训。1927 年 8 月 1 日的南昌起义，打响了中国共产党独立领导武装斗争的第一枪，人民军队从此诞生。9 月 9 日，毛泽东领导举行了湘赣边界秋收起义。10 月下旬，毛泽东领导的工农革命军在井冈山地区建立了第一个农村革命根据地。其间进行的著名的“三湾改编”，确立了党对军队绝对领导的原则，在军队内部实行民主制度，为建立一支新型人民军队奠定了重要基础。1928 年 4 月，朱德率领南昌起义保存下来的部队，与毛泽东领导的工农革命军在宁冈砻市会师，组成了工农革命军（5 月 25 日改为工农红军）第 4 军。1929 年 12 月底召开的古田会议总结了红军的建军经验，形成了一系列重要的建军原则，解决了以农民为主要成分的军队如何建成一支无产阶级性质的新型人民军队的问题。在这一时期，中国共产党在全国各地到处组织武装起义，创建工农红军。最多时，全国红军发展到 30 万人，创建了 25 块革命根据地。由于第五次反“围剿”采取了错误的战略战术，红军遭受严重损失。1934 年 10 月，中央红军除留一部分在南方各地继续坚持游击斗争外，主力被迫退出中央革命根据地，进行长征。1935 年 10 月和 1936 年 10 月，红一方面军和红二、四方面军粉碎了国民党军的围追堵截，先后到达陕北，胜利完成长征。

2. 抗日战争时期对建设强大人民军队的探索

抗日战争时期，人民军队面临着强大的敌人和极为恶劣的生存条件，不加强自身建设，非但不能完成抗日救亡的民族任务，更有可能被敌人消灭。这一时期，毛泽东军事思想不断丰富、发展达到成熟，人民军队的建军思想、原则日益完善，人民军队在战争中得到了锻炼、取得了进步、获得了发展。1937 年的卢沟桥事变后，开始了全国性抗战。8 月 28 日，中国工农红军主力部队改编为国民革命军第八路军；10 月 12 日，南方红军和红军游击队改编为国民革命军新编第四军。八路军和新四军加强党对军队的绝对领导，坚持抗日民族统一战线中的独立自主原则。1937 年 8 月召开的洛川会议决定成立中共中央军事委员会，10 月 29 日，八路军各师恢复政治委员制度和政治部名称，为新形势下加强党的领导提供了组织保证。为提高部队战斗力，1939 年 2 月，中共中央北方局和八路军总部连续发出第一期、第二期、第三期的整军训令，提出了“建党、建军、建政”的任务。注重培养干部，在抗日战争期间，先后创办了 11 所抗大分校，为我军培养了大量的军政干部。1942 年 1 月 26 日，八路军总部公布《精兵办法》，实行三结合的武装力量体制和“精兵简政”，达到了精简、统一、效能、节约和反对官僚主义的预期目的。从 1942 年 6 月起至 1945 年春，全军开展了历时 3 年的整风运动，提高了部队的思想理论水平，改进了作风，增强了团结，纯洁了组织，提升了战斗力。通过艰难的探索，抗日战争时期，人民军队得到了长足的发展。在抗日战争结束时，中国共产党发展到 121 万党员，八路军、新四军等抗日军队发展到 120 万人，民兵达 220 万人。①

3. 解放战争时期对建设人民军队的探索

解放战争时期，是我军发展壮大最为迅速的一个时期，也是战果最为辉煌的时期。在这一时期，人民军队推翻了旧社会，建立了新中国。为适

① 姚延进：《中国人民军队建设纵览》，国防大学出版社 1995 年版，第 48 页。

应解放战争的需要，我军在战略上实现了由抗日游击战向国内运动战的转变，在军队建设上大力加强了炮兵、工兵等特种兵建设。到 1946 年 6 月，中国人民解放军共建立 14 个炮兵团、17 个炮兵营、38 个炮兵连，一些野战纵队和旅建立了工兵连，东北民主联军还建立了高射炮大队和两个坦克队。[①] 为了战胜数量庞大的国民党军队，我军注重扩充兵员。1946 年 10 月 1 日，中共中央发出毛泽东起草的党内指示《三个月总结》，要求必须有计划地扩兵，保证主力军经常满员，大量训练军事干部。为了提高部队战斗力、提升军队建设质量，1946 年 12 月 24 日，中共中央军委发出关于练兵和训练干部的指示，要求利用作战间隙，进行军事、政治训练。全军各级领导机关通过开设研究班、教导团、教导队等方式，对干部进行战术、技术训练。为了加强人民军队纪律建设，1947 年 10 月 10 日，颁发《关于重行颁布三大纪律八项注意的训令》，进一步增进了军内和军民团结。为加强正规化建设，1948 年 11 月 1 日，中共中央军委发出通令，对全军的组织编制、番号作了统一规定，促进了指挥、协调，提高了战斗力。在解放战争期间，我军建立了国军工作部，加强了对国民党军的宣传、争取、瓦解、策反工作。从 1946 年 7 月至 1950 年 6 月，共争取 84 万人起义、29 万余人接受我军改编，两项合计 113 万人，占我军歼敌总数的 14%。[②]

（二）改革开放前对建设强大军队的探索

1. 对建设现代化国防军的探索

第一，提出建设强大国防军的目标。1950 年 9 月，毛泽东为全国战斗英雄代表会议题词，号召“为建设强大的现代化的国防军而奋斗”。1953 年，毛泽东在给军事工程学院的训词中，明确提出了现代化国防的概念。1954 年 9 月召开的第一届全国人民代表大会第一次会议，把建设现代化的国防同建设现代化的工业、现代化的农业、现代化的交通运输业并列，首次提出了“四个现代化”的问题。第二，建设诸军兵种合成军队。新中国

① 姚延进：《中国人民军队建设纵览》，国防大学出版社 1995 年版，第 82 页。
② 姚延进：《中国人民军队建设纵览》，国防大学出版社 1995 年版，第 82—83 页。

成立之初，人民解放军总体上仍是一支陆军，海、空军力量都很少。迅速建设空军、海军和其他技术兵种，成为中国国防和军队建设的重要任务。从1949年7月起，人民解放军通过向苏联贷款建设空军，至1950年秋已经建起了四个航空兵师。1950年9月17日，成立空军陆战第1旅，人民军队有了空降兵这个新兵种。在苏联的大力帮助下，新中国海军也逐步成长起来。在加强海、空军建设的同时，新中国不断加强炮兵、装甲兵、铁道兵等技术兵种建设。人民解放军的地炮师数量由1950年年初的7个，发展到1953年的17个，炮兵装备也得到根本的改善。① 1950年秋冬，我军整编组建了3个坦克师。第三，大力加强武器装备建设。在苏联的帮助下，截止到1954年，中国用苏制武器和仿制品，装备了106个步兵师、18个地炮师、3个坦克师和23个航空兵师，军队的武器装备水平有了大幅的提高。在苏联的援助下，中国开展了“两弹一星”重大工程。

2. 对“以我为主”建设人民军队的探索

新中国成立之初，人民军队建设带有深深的苏联模式烙印，在取得重要成就的同时也出现了一些问题。对此，毛泽东提出了“以我为主”的建军方针，全军在曲折中对建设中国特色军队进行了艰难的探索。1958年中共中央军委召开扩大会议时，把学习苏军过程中出现的一些局部偏差，夸大为全军性的系统错误，开展了一场“反教条主义”的斗争。这次中共中央军委扩大会议，确定了“以我为主”，加强军队现代化、正规化建设的指导方针，要求系统地总结我军过去的建军和作战经验，以我军经验为主，有选择地学习外国先进经验。1958年中共中央军委扩大会议后，我军一切工作都是在“以我为主”方针指导下进行的。“以我为主”方针是在“左”倾思想开始滋长、错误地发动“反教条主义”斗争的背景下产生的，在执行过程中出现了把“以我为主”同学习外国经验截然对立起来的现象，忽视了对外军经验的学习和借鉴。特别是林彪主持中共中央军委日常

① 朱成虎等：《新中国成立以来国防和军队建设理论与实践》，时事出版社2012年版，第19页。

工作后，竭力推行一套极左的错误做法，把“以我为主”变成了自我封闭，给我军建设造成了不良影响。但“以我为主”方针的提出，标志着我军对新的历史条件下建设人民军队认识的深化，由此开辟了一条中国特色的军队建设之路。

3. 对由和平时期转入临战准备的军队建设的探索

从20世纪50年代末开始，中苏关系走向全面对抗。特别是由1964年开始，苏联在中苏、中蒙边境地区大量增兵，美军入侵越南，曾使我国安全面临挑战。面对外部安全环境的恶化，毛泽东提出“四面八方”的战略方针，强调要准备在多个战略方向抗击可能的入侵。1964年10月，毛泽东在一项批示中提出积极备战，立足于“早打、大打、打核战争”。中国人民解放军由和平时期转入临战准备，根据中共中央军委关于“要搞地方武装”的指示，组建了大批地方武装师和守备、边防及工程部队。1965年，全军总员额超过500万人。从1962年10月20日起，我军在中印边界东、西两段同时发起自卫反击作战，达到了争取西部地区安宁和稳定的目的。

（三）改革开放后对建设现代化军队的探索

1. 军队建设进入新时期

“文化大革命”结束后，在邓小平和中共中央军委的正确领导下，重新确立了军队建设的正确目标，把教育训练提高到战略地位，通过一系列改革逐步走上中国特色精兵之路，军队建设进入一个新的发展时期。第一，确立“建设一支现代化、正规化的革命军队”的总目标。1981年，邓小平在华北地区军事演习阅兵式上发表重要讲话，提出了新时期军队建设的总目标。邓小平指出：人民解放军“是人民民主专政的坚强柱石，肩负着保卫社会主义祖国、保卫四化建设的光荣使命。因此，必须把我军建设成为一支强大的现代化、正规化的革命军队”。① 军队建设总目标的确立，

---

① 《邓小平军事文集》第三卷，军事科学出版社、中央文献出版社2004年版，第206页。

为军队建设指明了正确的方向，军队建设重新驶入正确的轨道。第二，着力加强军队现代化建设。邓小平十分清醒地认识到我军在现代化建设上的差距。他指出："要承认我们军队打现代化战争的能力不够。要承认我们军队的人数虽然多，但是素质比较差"。"指挥现代化战争，包括我们老同志在内，能力都不够。要承认这个现实。"① 邓小平的论断，指出了我军建设的主要矛盾，是现代战争的客观需要同我军现代化水平还比较低的矛盾。军队现代化建设就是军队建设的中心。第三，加强军队正规化建设。1977 年 12 月召开的中共中央军委全体会议，通过了有关军队正规化建设的 9 个决定、条例。1980 年 3 月，邓小平在中共中央军委常委扩大会议上提出要从制度上解决一系列问题。1981 年，邓小平在检阅华北演习部队时的讲话中，把"正规化"作为军队建设的总目标之一。1982 年 7 月，邓小平在中共中央军委座谈会上提出，军队改革的要求是"要建立很多规章制度"。② 在这一思想指引下，党的十一届三中全会以后，中共中央军委相继制定和颁发了一系列条令条例，使我军的军政训练、工作、生活和管理教育工作更加正规有序。第四，走"精兵、合成"的军队建设之路。1982 年，中共中央军委召开座谈会，提出了军队精简整编和体制改革的四项原则，即精兵、合成、平战结合、提高效能。针对我军规模过大、机构臃肿的状况，在邓小平和中共中央军委领导下，20 世纪 70 年代中后期至 80 年代，我军的精简整编一直在有计划、有步骤地进行。没有合成，就没有军队的现代化，就不能进行现代化的战争。邓小平指出："要搞些合成军、合成师。这样便于平时合成训练，便于指挥员熟悉特种兵的指挥，就能把平时训练和战时使用结合起来"。③ 以后，我军逐步开始提高合成水平。第

---

① 《邓小平军事文集》第三卷，军事科学出版社、中央文献出版社 2004 年版，第 57 页。

② 《邓小平军事文集》第三卷，军事科学出版社、中央文献出版社 2004 年版，第 214 页。

③ 《邓小平军事文集》第三卷，军事科学出版社、中央文献出版社 2004 年版，第 172 页。

五，把教育训练摆到战略位置。针对“文化大革命”期间我军战斗力水平下降的状况以及军队教育训练被严重干扰的情况，在1977年8月召开的中共中央军委座谈会上，邓小平明确了教育训练的战略地位。1978年1月，中共中央军委发出了《关于加强部队教育训练的决定》，指出，加强教育训练是关系到军队建设、战争准备的全局性的重大问题。军队在没有打仗的情况下，就要靠教育训练来提高战斗力。从1978年到20世纪80年代初，全训部队逐年增加，陆军全训部队在1978年占42.5%，到1981年占62%，基本上改变了部队多年未训的情况，部队训练得到全面恢复。[①] 邓小平十分重视院校教育的作用。到20世纪70年代末，军队院校发展到117所。1986年6月发布的《中央军委关于军队院校教育改革的决定》指出，要建立起符合我国国情、具有我军特色的现代化军事教育体系，培养出大批适应军队现代化建设需要的指挥、管理和专业技术人才。

2. 军队建设全面服从、服务于国家经济建设大局

20世纪80年代中期至90年代中期，国家安全环境处于良好的平稳时期，改革开放不断深入。面对新的形势，邓小平领导全军顺利实现了国防和军队建设基点的战略性转变，军队建设全面服从、服务于国家经济建设。第一，从临战状态转入和平时期的建设轨道。1985年召开的中央军委扩大会议，决定国防和军队建设指导思想实行战略性转变，由长期的临战状态转到和平时期的建设轨道。邓小平宣布了中国人民解放军裁军100万的重大决定。这一转变，为和平时期有计划、有步骤地加强以现代化为中心的军队建设，指明了方向。第二，由应对全面战争转向重点应对局部战争。对于战争的规模，邓小平在指出世界战争可以避免的同时，也强调“小的战争”“局部情况”不可避免；对于战争样式，邓小平认为不是核战争，而主要是核威胁条件下的常规战争。1985年召开的中央军委扩大会议，提出了把我军建设成为平时可以应对局部情况、一旦大战爆发能随时

① 朱成虎等：《新中国成立以来国防和军队建设理论与实践》，时事出版社2012年版，第105—106页。

扩编的精干常备军的任务，初步解决了我军未来打什么仗的战略问题，为建设什么样的军队提供了方向和依据。第三，军队要服从经济建设大局。针对我国经济十分落后的现实，邓小平提出先把经济搞上去，为军队建设提供良好的经济基础。为此，军队建设要服从经济建设大局，军队要忍耐。在1984年11月举行的中央军委座谈会上，邓小平指出："这个大局就是我们国家建设的大局……现在需要的是全国党政军民一心一意地服从国家建设这个大局，照顾这个大局……我们军队一定要服从国家建设这个大局。"① 第四，军队要服务于经济建设大局。为了加快国民经济的发展，中共中央、中央军委不仅要求国防和军队建设要自觉服从经济建设大局，还要求军队要服务于经济建设大局。压缩军费开支，从1975年到1995年的20年中，国防费占国家财政支出的比例逐年下降，有力地保障和支援了国家经济建设。此外，军队还开放港口、码头、机场等支援国家建设，全力支援有关重点工程建设，为国家建设提供科技支持，为国家经济建设作出了较大贡献。

3. 面向新世纪的军队建设探索

20世纪90年代以后，世界军事形势发生了新的变化，海湾战争爆发表明了世界军事发展的全新动向。江泽民和中央军委依据新的形势，创新和发展军事理论，军队建设面向新世纪进行了重大的探索。第一，确立新时期的军事战略方针。20世纪90年代爆发的海湾战争，大量运用高新武器装备，并在战争形态、作战样式上呈现出了全新的特点，引起了中央军委的高度关注。1993年1月，江泽民在中央军委扩大会议上明确提出了新时期的军事战略方针。这一方针的核心是，在我军主要作战对象和主要作战方向实行战略性转变的同时，"必须把未来军事斗争准备的基点放在打赢可能发生的现代技术特别是高技术条件下的局部战争上"。② 此后，全军

① 《邓小平军事文集》第三卷，军事科学出版社、中央文献出版社2004年版，第260、261、262页。

② 《江泽民文选》第一卷，人民出版社2006年版，第285页。

逐步开展对高技术局部战争特点、规律的研究，以打赢现代技术特别是高技术条件下的局部战争为目标，全面加强军队的各项工作。第二，实施科技强军战略。1995 年年底，江泽民和中央军委在确立科技强军战略时，提出了军队建设由人力密集型向科技密集型、由数量规模型向质量效能型转变的战略性要求。为此，把培养新型军事人才放在重要位置，进行了军队院校改革，逐步建立了指挥员初、中、高三级培训体制和专业技术军官中专、大专、本科、硕士研究生、博士研究生五个培养层次的院校体系；大力发展国防科学技术，提高武器装备的现代化水平，提高我军在高技术条件下的作战能力；从 1995 年年初开始，全军各部队掀起了学习高技术知识、运用高技术知识的热潮。第三，制定国防和军队建设发展战略。1997 年 12 月，在江泽民主持下，中央军委提出了从 20 世纪末到 21 世纪中叶，国防和军队现代化建设分“三步走”的发展战略：第一步，到 2010 年，用十几年时间，努力实现新时期军事战略方针提出的各项要求，主要解决好军队的规模、体制编制和政策制度问题。第二步，到 21 世纪第二个 10 年，加速我军质量建设的步伐，使国防和军队现代化建设有一个较大发展。第三步，再经过 30 年的努力，到 21 世纪中叶，基本实现国防和军队的现代化。第四，加强军队思想政治建设。1997 年 12 月，江泽民在中央军委扩大会议上提出了“打得赢、不变质”两大历史性课题。针对改革开放后部队思想政治建设出现的新情况新问题，江泽民反复强调要大力加强和改进军队思想政治建设，多次强调把思想政治建设摆在全军各项工作的首位。为贯彻落实江泽民和中央军委的政治要求，我军严格落实党领导军队的各项制度，坚决抵制“军队非党化、非政治化”“军队国家化”等错误思潮，确保了一切行动听从党中央指挥，保持了人民军队的政治本色。

四、 推动国防和军队现代化建设跨越式发展

进入 21 世纪，世界新军事革命日新月异，对我军现代化建设提出了新的严峻挑战。面对新的形势，党中央、中央军委果断作出实施国防和军队现代化建设跨越式发展的战略决断，军队建设进入一个全新的发展时期。

（一）积极推进中国特色军事变革

进入21世纪，世界新军事革命浪潮风起云涌，对我军现代化建设提出了严峻挑战。2002年12月，中央军委召开扩大会议，江泽民提出了“积极推进中国特色的军事变革”重大战略思想，努力推动国防和军队现代化建设跨越式发展。

1. 世界新军事革命的机遇和挑战

第一，世界新军事革命发展迅猛。20世纪90年代以来的几次局部战争，不仅展现了新的武器装备，更昭示着新的战争形态、作战样式。在2002年12月召开的中央军委扩大会议上，江泽民对世界新军事革命作出了科学的判断。他指出：“目前正在发生的新军事变革，是迄今人类历史上影响最广泛、最深刻的一次。经过最近十多年的发展，特别是在科索沃战争、阿富汗战争推动下，新军事变革正在进入一个新的质变阶段，很可能发展成为一场波及全球、涉及所有军事领域的深刻的军事革命。”① 世界新军事革命，使得武器装备更新步伐加快，高新武器装备不断涌现；作战方式发生了深刻变化，导弹战、信息战、网络战成为新型作战样式；各国加紧建设新型军兵种，数字部队、“天军”部队、“机器人”部队正在抓紧建设中。目前，世界新军事革命仍在深入发展，方兴未艾。美国等军事强国在新军事变革中已经取得了巨大的进步，军事实力进一步增强。第二，世界新军事革命影响深刻。世界新军事革命首先会对军事产生影响，有可能进一步拉大各国军队之间的差距；其次会对世界格局产生影响，导致大国竞争的优劣发生转换，引发世界动荡。江泽民对此有深刻的认识，他指出：“世界新军事变革的发生和加速发展，对国际战略形势有着重大而深远的影响。美国搞新军事变革，谋求建立攻防兼备的绝对军事优势、进一步巩固超级军事强国的地位，加剧了国际战略力量对比失衡的局面。在技术装备上，美军不仅与发展中国家的军队形成了‘时代差’，而且与其他

① 《江泽民文选》第三卷，人民出版社2006年版，第578页。

大国的军队也拉大了差距。”① 第三，世界新军事革命对我军建设提出了严峻挑战。当时，我军建设正处于机械化、半机械化的阶段，军队建设的现代化水平还比较低，世界新军事革命又拉大了我军同发达国家军队的差距。能否奋起直追、迎头赶上，关系到我军“打得赢、不变质”两大历史性课题。1840 年鸦片战争的失败就在于清政府军队错过了当时的军事变革，与英国军队之间存在“时代差”。历史教训值得汲取。为了不让历史重演，就要避免我军同发达国家军队形成新的“时代差”，这是关乎国家安全和中华民族长远发展的重大战略问题。

2. 积极推进中国特色军事变革

面对世界新军事革命的浪潮，我军如何迎头赶上？唯一的出路就是实现跨越式发展，积极推进中国特色军事变革。第一，我军要直面新军事变革的挑战。江泽民和中央军委十分敏锐地意识到这次世界新军事革命的重要性、深刻性、广泛性，指出我军要直面新军事变革的挑战。江泽民指出：“以改革创新的精神迎接世界军事发展的挑战”。② 这一要求，体现了我军迎接挑战的勇气。江泽民非常深刻地认识到这种挑战的实质是战争形态的变化，并由此带来军队的深刻转型。2002 年 12 月，江泽民指出：“信息化是新军事变革的核心。人类社会的战争形态正由机械化战争转变为信息化战争。整个工业时代军队的武器装备、组织体制、军事理论、军事训练以及后勤保障方式等，都将按照信息化的要求进行彻底改造。工业时代的机械化军队正在转变为信息化军队。”③ 第二，提出中国特色军事变革的目标。2002 年年底，江泽民和中央军委在对世界新军事革命的实质、战争形态转变的实质等问题作出正确判断的基础上，果断向全军提出“积极推进中国特色的军事变革”的战略目标。2003 年 9 月，江泽民首次公开向全军提出“建设信息化军队、打赢信息化战争”的战略任务。这就指出了中

① 《江泽民文选》第三卷，人民出版社 2006 年版，第 582 页。

② 江泽民：《论科学技术》，中央文献出版社 2001 年版，第 82 页。

③ 《江泽民文选》第三卷，人民出版社 2006 年版，第 578 页。

国特色军事变革的军队建设目标和目的，为我军现代化建设指明了方向。第三，提出中国特色军事变革的实现路径。发达国家军队是在机械化已经完成的情况下，向信息化方向发展。而当时我军仍处于机械化、半机械化的发展阶段，因此，中国特色军事变革的实现路径不同于发达国家进行新军事变革的路径。2000 年到 2002 年，江泽民和中央军委逐步提出，努力完成机械化与信息化双重历史任务，争取实现军队现代化的跨越式发展。跨越式发展，就是既要努力跨越机械化发展的某些阶段，也要跨越信息化发展的某些阶段，这就是中国特色军事变革的实现路径。

3. 抓紧做好军事斗争准备

20 世纪 90 年代后期至 21 世纪初，中国面临的安全环境日益复杂。面对这种变化，江泽民和中央军委逐渐形成了军事斗争准备战略指导思想。全军抓好军事斗争准备，既提高了军队的应急作战能力，又带动了国防和军队建设的整体发展。在扎实做好军事斗争准备思想的指引下，我军在武器装备建设、重点部队建设、军事训练、指挥体制、保障体制等方面都取得了重要进展。“杀手锏”武器装备建设和新装备形成战斗力的步伐加快，我军武器装备建设开始走上跨越式发展的新路子，一批新装备陆续装备部队，并注重装备研发与人才培养同步，新装备较快地形成了战斗力。在武器装备、物资和经费等方面实行重点保障，我军应急机动作战部队的建设取得了重大进步，已逐步成为我们应对局部战争和突发事件的“拳头”。逐步健全联合作战指挥体制，确立统帅部、战区和作战部队联合作战指挥体系；逐步改革后勤保障体制，从 2004 年 7 月 1 日起，启动大联勤保障试点；成立全军信息化工作领导小组，全军信息化建设取得了重要进展。

（二）加快转变战斗力生成模式

新世纪新阶段，中国面临着前所未有的机遇，也面对着前所未有的挑战。面对新形势新任务，国防和军队建设以新世纪新阶段我军历史使命为牵引，全面贯彻落实科学发展观，不断拓展和深化改革，加快转变战斗力生成模式，提高基于信息系统的体系作战能力，取得了突出的成就。

1. 有效履行新世纪新阶段我军历史使命

2004 年 12 月 24 日，胡锦涛在中央军委扩大会议上向全军提出了新世纪新阶段我军历史使命。这一历史使命可以概括为“三个提供、一个发挥”，即：为党巩固执政地位提供重要的力量保证，为维护国家发展的重要战略机遇期提供坚强的安全保障，为国家利益提供有力的战略支撑；为维护世界和平与促进共同发展发挥重要作用。我军以有效履行新世纪新阶段历史使命为基本主线，促进军队建设和军事斗争准备。为党巩固执政地位提供重要的力量保证，既要求我军加强现代化建设，更要求我军加强革命化建设。军队要始终做到坚持党对军队的绝对领导，在任何条件下都要听党指挥，保持人民军队的政治本色。为维护国家发展的重要战略机遇期提供坚强的安全保障，就要求军队要提高战斗力，有效维护国家安全、捍卫国家主权和领土完整。为国家利益提供有力的战略支持，这是经济全球化和国家利益不断拓展对我军提出的新要求。我军要具备战略眼光，发展战略能力，军队建设同国家利益拓展相适应。为维护世界和平与促进共同发展发挥重要作用，这就要求我军要积极开展军事交流与合作，积极承担维护世界和平的责任，对我军的军事能力提出了新要求。有效履行新世纪新阶段我军历史使命，还要提高我军应对多种安全威胁、完成多样化军事任务的能力。这就要求我军的军事能力要拓展、发挥军事能力的方式要多样，以适应我军担负的使命任务拓展的需要。

2. 科学推进军队建设

2005 年 4 月 1 日，胡锦涛在中央军委民主生活会上明确提出坚持在国防和军队建设中贯彻落实科学发展观的要求。2006 年 3 月 11 日，胡锦涛在十届全国人大四次会议解放军代表团全体会议上进一步强调，坚持把科学发展观作为加强国防和军队建设的重要指导方针，推动国防和军队建设又好又快发展。第一，坚持富国与强军的统一。经济建设和国防建设是辩证统一的。以往，我们对经济建设的基础作用强调得比较多，对国防建设的保障作用强调得比较少。面对我国新的发展阶段和面临新的国际环境，胡锦涛把国防建设与经济建设协调发展上升到“内在规律”的高度，强调坚持富国与强军的统一，反映了我们党对这一问题认识的深化。在党的十七大报告中，胡锦涛指出："必须站在国家安全和发展战略全局的高度，统筹经济建设和国防建设，在全面建设小康社会进程中实现富国和强军的统一。"① 坚持富国与强军的统一，有力地促进了军队建设的快速发展。第二，坚持以人为本。以人为本是科学发展观的本质与核心。军队坚持以人为本有两层含义：一是要始终坚持人民军队的性质、宗旨，全心全意为人民服务，坚决维护人民群众的根本利益；二是要注重维护官兵的利益，把推动部队建设与促进官兵全面发展有机统一起来。胡锦涛还指出：坚持以人为本，对军队自身建设来说，就是要尊重官兵的主体地位，发挥他们在军队建设中的主体作用。坚持以人为本，切实维护官兵权利，大力改善官兵的物质和文化生活条件，进一步巩固和发展我军团结、友爱、和谐、纯洁的内部关系，充分调动了广大官兵建设信息化军队的积极性。第三，坚持全面、协调、可持续发展。胡锦涛在党的十七大报告中强调："军队革命化、现代化、正规化建设是统一的整体，必须全面加强、协调推进。"②这是军队建设贯彻落实科学发展观的重要原则：把革命化建设摆在首位，确保军队建设的正确方向；以现代化建设为中心，着力提高我军打赢信息化条件下的局部战争能力；以正规化为保障，使军队建设走上法制化轨道。革命化、现代化、正规化相互联系并相互促进，构成军队全部建设的基本内容。

3. 加快转变战斗力生成模式

中国特色军事变革是一个长期的系统工程。胡锦涛根据新的世界形势，提出了加快转变战斗力生成模式，提高基于信息系统的体系作战能力，为实现部队的跨越式发展指出了新的路径。第一，加快战斗力生成模式转变。随着我军军事理论的不断创新和我军信息化建设的不断发展，我们对中国特色军事变革的认识更为深刻，对实施军队建设跨越式发展实质

① 《十七大以来重要文献选编》（上），中央文献出版社2009年版，第32页。

② 《十七大以来重要文献选编》（上），中央文献出版社2009年版，第32页。

的认识更为到位。胡锦涛在党的十七大报告中要求全军“切实转变战斗力生成模式”。他强调指出：我们必须进一步实施科技强军战略，推进军队建设由数量规模型向质量效能型、由人力密集型向科技密集型转变，把军队战斗力生成模式切实转移到依靠科技进步特别是以信息技术为主要标志的高新技术进步上来，不断提高官兵的科技素养，充分发挥科技进步和创新对战斗力提高的巨大推动作用。由于战斗力是由人、武器装备和人与武器装备的结合方式构成的，转变战斗力生产模式就是要改进这三种要素。提高全军官兵的科技素质，深入持久抓好官兵高科技知识学习、新装备训练、新战法演练，切实提高驾驭现代战争和现代化武器装备的能力；提高武器装备和国防科技发展的自主创新能力，提高武器装备的高科技含量，推动我军高新技术武器装备的自主式发展、跨越式发展、可持续发展；深化我军体制编制改革，建立具有中国特色、适应现代战争的体制编制，实现人与武器装备的最佳结合。第二，提高基于信息系统的体系作战能力。胡锦涛要求全军，切实把提高基于信息系统的体系作战能力作为军事斗争准备的根本着眼点。胡锦涛指出：信息能力在战斗力生成中起着主导作用，信息化武器装备成为战斗力的关键物质因素，基于信息系统的体系作战能力成为战斗力的基本形态。这一要求，抓住了战斗力生成模式转变的根本，为战斗力生成模式转变指明了目标。为此，我军要加强信息系统建设，加强信息化武器装备建设，牢固确立体系作战思想，加强一体化联合训练。第三，积极开展信息化条件下军事训练。战斗力生成模式的转变，要求我军军事训练模式的转变，即从机械化条件下军事训练转变到信息化条件下军事训练。胡锦涛在党的十七大报告中要求全军“积极开展信息化条件下军事训练”。积极开展信息化条件下军事训练，有力促进了部队信息化建设水平的提高，提高了部队在复杂电磁环境下的作战能力，有力促进了战斗力生成模式的转变。

（三）建设一支听党指挥、能打胜仗、作风优良的人民军队

党的十八大报告指出：“我国面临的生存安全问题和发展安全问题、传统安全威胁和非传统安全威胁相互交织，要求国防和军队现代化建设有一个大的发展。”① 新的形势，要求我军加快跨越式发展步伐，积极应对各种挑战。党的十八大报告还指出：“必须坚持以国家核心安全需求为导向，统筹经济建设和国防建设，按照国防和军队现代化建设‘三步走’战略构想，加紧完成机械化和信息化建设双重历史任务，力争到二〇二〇年基本实现机械化，信息化建设取得重大进展。”② 党的十八大报告的这一论述，指出了军队跨越式发展的阶段目标、时间节点。全军上下正在为实现这一目标而努力奋斗。

以党的十八大为标志，我国国防和军队现代化建设处在新的历史起点上。习近平对国防和军队建设高度重视，着眼坚持和发展中国特色社会主义、实现中华民族伟大复兴中国梦，提出了建设一支听党指挥、能打胜仗、作风优良的人民军队这一党在新形势下的强军目标。中国梦与强军梦是内在统一的，必须科学统筹、协调推进。

1. 立足实现中国梦对国防和军队建设进行战略谋划

中国梦不是轻而易举就能实现的。我们越是发展壮大，遇到的阻力和压力就会越大，面临的外部风险就会越多。习近平指出，这是我国由大向强发展进程中无法回避的挑战，是实现中华民族伟大复兴绕不过去的门槛。历史告诉我们：国家越富，风险越大。一个国家经济体量增大，如果没有强大军事力量支撑，常会面临被人宰割的风险。对此，我们有过切肤之痛。大清国不是因为穷才被列强瓜分，恰恰相反，它太富了。按照英国经济史学家安格斯·麦迪森在《世界经济千年史》中的说法，1820 年，大清的国内生产总值占世界的 32.9%。这一比例，至今世界上没有第二个国家超过。因为富裕，所以脆弱，因而横遭欺凌、掠夺。我国改革开放 30 多

---

① 胡锦涛：《坚定不移沿着中国特色社会主义道路前进　为全面建成小康社会而奋斗——在中国共产党第十八次全国代表大会上的报告》，人民出版社 2012 年版，第 41 页。

② 胡锦涛：《坚定不移沿着中国特色社会主义道路前进　为全面建成小康社会而奋斗——在中国共产党第十八次全国代表大会上的报告》，人民出版社 2012 年版，第 41—42 页。

年来，已成为世界第二大经济体，但风险也随之增加，完成富国与强军相统一的任务也更为迫切。伴随经济的崛起，我国的安全与发展环境更为复杂多变。我国是世界上唯一没有实现完全统一的联合国安理会常任理事国，也是同周边多国存在领土主权和海洋权益争端的大国，尤其是目前有争端的领土中很大一部分实际上并不掌握在我们手中。这不仅对我们维护领土、国家安全提出了重大挑战，也为一些外部势力插手干预提供了可乘之机。美国战略重心东移，周边一些国家依美制华倾向明显，在我们家门口生事闹事的国家不断出现，涉我领土主权和海洋权益的争端扩大化、联动化、地区化趋势在发展。近 10 年来全球发生的战争和军事冲突，就地区而言，亚洲 26 个，欧洲 7 个，北美 5 个，南美 1 个，非洲 14 个，亚洲已经成为全球战争和军事冲突爆发的热点地区。因此，国家的安全发展和前途命运从来没有像今天这样依赖军队。习近平指出，国防和军队建设是国家安全的坚强后盾。没有一个巩固的国防，没有一支强大的军队，和平发展就没有保障。现在，虽然维护国家安全的手段和选择增多了，但千万不能忘记，军事手段始终是保底的手段。习近平深刻指出，当前我军还存在着“两大差距”（现代化水平与国家安全需求相比差距还很大，与世界先进军事水平相比差距还很大）、“两个能力不够”（打现代化战争能力不够，各级干部指挥现代化战争能力不够）的问题。所以，国防和军队建设，必须服从、服务于国家和民族最高利益，建设一支听党指挥、能打胜仗、作风优良的人民军队，为实现中国梦提供坚强力量保证。

2. 准确把握党在新形势下的强军目标

党在新形势下的强军目标是建设一支听党指挥、能打胜仗、作风优良的人民军队。这一强军目标，是我军建设优良传统与当代目标、强军目标与强军之路、价值标准与建设规律、全面建设与根本要求的内在统一。实现强军目标，必须牢记坚决听党指挥的强军之魂，能打仗、打胜仗的强军之要，依法治军、从严治军的强军之基，全面推进国防和军队建设。听党指挥、能打胜仗、作风优良，三者相互联系、密不可分。准确把握党在新形势下的强军目标，就是要自觉遵循人民军队建设规律，大力弘扬我军优良传统，塑造我军特有优势。

听党指挥是灵魂。灵魂决定方向，听党指挥决定着我军建设的政治方向。坚持党对军队的绝对领导，确保部队绝对忠诚、绝对纯洁、绝对可靠，是一个根本政治原则，决不能有任何动摇、任何迟疑、任何含糊。习近平指出：保证党对军队的绝对领导，关系我军性质和宗旨、关系社会主义前途命运、关系党和国家长治久安，是我军的立军之本和建军之魂。当前，坚持党对军队的绝对领导面临诸多挑战：一是要不要坚持党对军队的绝对领导，始终是我们同各种敌对势力斗争的一个焦点；二是一些年轻干部对于党指挥枪的极端重要性往往认识不足、认识不透；三是军队所处的社会环境、我军使命任务、官兵成分结构等都发生了很大变化。越是面对新情况新问题，就越要坚持我军不变的军魂。为此，在思想上，要坚定对中国特色社会主义的道路自信、理论自信、制度自信，坚定对以习近平为总书记的党中央的信赖；在政治上，要与党中央、中央军委保持高度一致，坚决维护党中央、中央军委和习近平主席的权威，坚定党对军队绝对领导的政治自信和政治自觉；在组织上，要加强各级党组织和干部队伍建设，确保枪杆子永远掌握在忠诚于党的人手中；在行动上，要严肃政治纪律和组织纪律，党叫干啥就干啥，坚决听从党中央、中央军委和习近平主席指挥，确保政令、军令畅通。

能打胜仗是核心。军队是为打仗而存在的。战场打不赢，一切等于零。能打胜仗是核心，反映了军队的根本职能和军队建设的根本指向，明确了建设强大军队根本的军事要求、过硬的检验标准。当前，我们虽然处于相对和平时期，但面临着多样化的安全威胁，对祖国统一、领土主权、海洋权益、海外利益、太空和网络空间的安全威胁都十分严峻。我们必须增强忧患意识，做好随时应对冲突和战争的准备。我们坚持走和平发展道路，主张用和平方式解决争端，但如果没有强大军事力量为后盾，和平解决就难以实现。能战方能止战，准备打才可能不必打，越不能打越可能挨打。中国春秋时期的军事家司马穰苴说："天下虽安，忘战必危"。古罗马哲学家韦格修斯说："你想要和平吗？那么，你就准备打仗吧。"大家知道，第二次世界大战中，纳粹德国占领了与它交界的7个国家，唯独没有进攻瑞士，并不是希特勒不想。事实上，1941年7月，纳粹德国就制订了针对瑞士的“冷杉行动”计划，并在边界集结了6个师的兵力，但最终还是放弃了这个计划。最为重要的原因就是瑞士虽小，但全民皆兵；虽然是中立国，但从不懈怠。在当时的条件下，这个只有500万人口的国家，可以在3个小时内动员50万大军，再加上全民皆兵，力量绝不可小视。纳粹德国的情报机构认为，拿下瑞士需要动用100万德军兵力，从而不得不放弃。所以，历史经验已经证明，武备足而天下安，武备废而天下危。为此，我军必须坚持一切建设和工作向能打胜仗聚焦，强化官兵当兵打仗、带兵打仗、练兵打仗的思想，确保部队召之即来、来之能战、战之必胜。

作风优良是保证。作风优良是我军的鲜明特色和政治优势，是获得民心、战胜强敌的胜利之源。作风优良是保证，关系军队的性质、宗旨、本色。作风一旦形成，就会牵引、主导、规范主体的行为。部队作风松散，就不可能打胜仗。在中外军事史上，不少军队如罗马军团、蒙古铁骑、八旗精兵，曾在战场上势如破竹、骁勇无敌，都得益于军风严整、军纪严明；这些胜利之师其后的溃败千里、灰飞烟灭，也都能从作风松散上找到原因。习近平指出，稀稀拉拉、松松垮垮，就不成其为军队，就打不了仗，更不可能打胜仗。因此，改进作风工作要真正在求实、务实、落实上下功夫，保持人民军队长期形成的良好形象。艰苦奋斗是一支具有强大战斗力军队的基本素质，要发扬艰苦奋斗精神，厉行勤俭节约，反对铺张浪费，把军费管好、用好，使国防投入发挥最大效益。党的十八大以后，新一届中央、中央军委改进作风率先垂范，作出了好样子。依据中央八项规定和中央军委十项规定，从军委、总部严起，以高中级干部为重点，以解决突出问题为突破口，从官兵反映强烈的问题改起，以上率下，持续用力，一抓到底。

3. 坚定不移地走中国特色的强军之路

目标昭示方向、凝聚力量、引领发展。党在新形势下的强军目标，依据国家安全形势及国家核心安全需求而确立，同时又成为强军实践的指引。我们必须找准我军的历史方位，以党在新形势下的强军目标为统领，坚定不移地走中国特色的强军之路，努力把国防和军队建设提高到一个新水平。

一是与时俱进地加强军事战略指导。军事战略是党和国家的基本军事政策，是国家总体战略的重要组成部分，是统揽一切军事工作的总纲。习近平要求，要认真贯彻新时期积极防御军事战略方针，深化军事战略问题研究，积极推动军事战略创新发展，与时俱进地加强军事战略指导。为此，最重要的是创新战争理论，把未来打什么仗、怎样打仗搞清楚，在此基础上研究建什么军、怎样建军的问题。我们对现代战争的规律还知之不多、知之不深，迫切需要加强战争和作战理论研究，根据形势的发展和使命任务要求，研究制定国家安全战略、海洋军事战略、太空军事战略和网络空间军事战略，更好地指导军队建设、维护国家安全和发展。

二是努力构建中国特色现代军事力量体系。富国必以本业，强国必以正兵。中国特色现代军事力量体系是与我国国际地位相称、与国家安全和发展利益相适应的体系，是可以完成多样化军事任务、应对多种安全威胁的体系，是适应军事斗争领域不断拓展、具有多维作战能力攻防兼备的体系。为此，要通过调整优化作战力量结构，健全有利于联合作战的体制机制，推进作战要素融合集成，加快形成精干、联合、多能、高效的信息化军事力量体系。

三是坚持不懈拓展和深化军事斗争准备。习近平要求我军必须坚决完成各项军事斗争任务，坚决维护国家主权、安全和发展利益。我军承担着多样化军事任务，既有非战争方式的，也有战争方式的。从目前的形势和任务来看，拓展和深化军事斗争准备包括：维护祖国统一的军事斗争准备，首都防空作战准备，应对边境武装冲突和处置突发事件准备，应对强敌干预军事斗争准备，维护海洋权益军事斗争准备，太空军事斗争准备，网络空间军事斗争准备，遂行维护社会稳定任务准备等等。

四是积极稳妥推进国防和军队改革。改革是破解发展难题、实现强军梦的强大动力。文无第一，武无第二。军事领域的竞争最为激烈与残酷，因此，军队最需活力，从而也最需要改革创新。但改革这件事，向来易说难行，最大的困难是利益格局的调整。纵览他国军队改革历程，常常出现的情况是：掌握改革话语权的指挥决策机关越改得利越多、越为庞大，而远离庙堂的一线作战力量越改得利越少、越为受伤，最终形成“头大身小、尾大不掉”的状况。我们要尽力避免这种情况的出现。当前，最为关键的是健全联合作战体制机制。只有联得上，才能打得准。联合作战要求它的参战力量是高度整合的诸军兵种联合部队，指挥手段是网络化的指挥信息系统，作战空间是陆、海、空、天、电、网多维领域，作战行动是高度协调配合的精确作战。为此，必须着眼于提高我军信息化条件下的联合作战能力，建立健全联合作战指挥体制、联合训练体制、联合保障体制，逐步解决当前普遍存在的信息不联通、情报不共享、流程不顺畅、训练不真实、保障不精确的问题。

第二章　竞逐富强的战争记忆

龚自珍讲："欲知大道，必先为史。"中国作为世界四大文明古国之一，从公元前21世纪夏王朝建立至今，形成了一部4000多年漫长的几经强盛与衰弱的历史长卷。在风起云涌的历史长河中，中华民族既有文武相济、富国强兵的成功经验，也有武备废弛、"有国无防"的惨痛教训。历史向我们昭示：要实现中华民族伟大复兴，必须坚持富国和强军相统一，努力建设巩固国防和强大军队。

一、盛世历史和军威

盛世是一个国家所呈现出的一种整体状态，是指国家从大乱走向大治，在较长时间内保持繁荣和稳定的一个时期。普遍公认的中国盛世有三个：一是西汉"文景之治"到汉武帝、昭帝、宣帝统治的时期，大约在公元前179年到公元前48年之间，约130年；二是唐太宗"贞观之治"到唐玄宗开元年间，约120年；三是清朝的"康乾盛世"，从康熙元年（1662年）到乾隆六十年（1795年），长达134年。盛世的共同特点是：对内国家统一、政治稳定、经济文化繁荣，对外军事强大、声名远播、自立于世界民族之林。明成祖朱棣曾深刻指出："自古国家盛衰存亡，未有不系于武备之张弛"。盛世从形成、发展繁荣到衰弱，无不跟军事强弱有直接的关联。可以说，没有军威，不可能有盛世；即使富国，也难以持久。

（一）内忧外患：盛世兴起的现实环境

内忧外患的安全环境，既是挑战，也是机遇。封建盛世兴起之前，大都面临着严峻的内外形势。统治者锐意进取、励精图治，经过几代人的英明决策和艰苦努力，从而渐至兴盛。

西汉初年，内外环境复杂严峻。经历了秦王朝的横征暴敛和秦末连绵不绝的战争破坏，整个中原地区民生凋敝，经济衰败，残破不堪。据《汉书》记载："汉兴，接秦之敝，诸侯并起，民失作业，而大饥馑。凡米石五千，人相食，死者过半。高祖乃令民得卖子，就食蜀汉。天下既定，民亡盖臧，自天子不能具醇驷，而将相或乘牛车。"[①] 新兴的汉王朝肩负着沉重的经济压力和重振经济的艰巨任务，罢兵事农、轻徭薄赋刻不容缓。民生问题得不到解决，新政权很可能被新的农民战争所摧毁。楚汉战争中迫于形势，刘邦违心地分封了一批异姓诸侯王，如齐王韩信、韩王信、赵王张耳、梁王彭越、九江王英布等人。这些人大多是战功显赫的猛将，他们的封地占据了除关中、蜀汉之外几乎所有富饶之地和军事要塞。这些异姓诸侯王的存在，既对中央政权在政治和军事上构成了潜在的威胁，又直接影响到社会经济的全面恢复和发展，成为汉高祖刘邦的心腹大患。此外，北方的匈奴在秦朝时迅速强大，西汉初年成为汉朝北境严重的边患。刘邦将韩王信向北迁徙于代，韩王信心怀不满，暗中与匈奴勾结。与此同时，西汉王朝无暇南顾，南越也乘机割据自立。在《大风歌》中，刘邦写道"大风起兮云飞扬，安得猛士兮守四方"，表达了对当时严重边患的深深忧患。

唐初的形势和汉初极为相似。经历了隋末长时间的社会动荡和唐初连续不断的统一战争，社会经济一片萧条。在《贞观政要》中记载："自伊、洛之东，暨乎海岱，萑莽巨泽，茫茫千里，人烟断绝，鸡犬不闻"，挣扎在死亡线上的广大人民啼饥号寒，食不果腹，"无以自给"，只能"剥树皮以食之，渐及是于叶，皮叶皆尽，乃煮土或捣藁为末而食之"，甚至出现了同类相食的人间惨剧。隋末，大量人口从内地逃奔漠北。雄踞北方的东突厥汗国由于人口大增，迅速强盛，构成唐初的最大威胁。东突厥始毕可

① 《汉书》卷二四，《食货志》。

汗在马邑刘武周和朔方梁师都的引诱下，趁唐朝国力虚弱和忙于国内统一战争、无暇北顾之机，大肆入侵唐朝北境。从武德二年（619 年）到武德九年（626 年）期间，东突厥汗国几乎每年都要在夏秋季节草肥马壮时期，派兵南下，入唐抄掠，有时竟深入到唐朝腹地关中渭水北岸，给北境居民带来很大苦难。唐高祖李渊鉴于中原初定，无力北顾，常赂以金帛，甚至“称臣于突厥”，以求安宁。但突厥恃其兵马强盛，言辞傲慢，求请无厌，严重威胁着唐王朝的统治。

清代的康熙皇帝 8 岁继位，继位之初，在天灾人祸、内外动乱的双重打击下，经济秩序完全混乱，“城门民房俱成灰烬，十室九空，目不忍睹”，“连年兵变，丁倒户绝，田地荒芜，旧无人种”，全国到处是一片凋敝景象。清廷虽然消灭了南明政权和以农民军为主的抗清势力，但政治上并没有出现安定统一的局面：南方的云南、广东、福建有吴三桂、尚可喜、耿精忠三藩割据势力，西北有蒙古准噶尔部上层分子的分裂活动，东北边境有沙皇俄国的侵略和骚扰，东南沿海和台湾有郑氏集团分裂割据势力。因康熙年幼，清廷内部由索尼、苏克萨哈、鳌拜、遏比隆四大臣共同辅政，开始尚能和衷共济、共同决策，几年之后，逐渐出现结党营私、排除异己、阴谋夺权的情况。

中国有一句古训：“殷忧启圣，多难兴邦”，挑战和压力是人类文明起源与进步的内在动力。挑战给各个民族带来的后果有两个：一是被挑战压垮而一蹶不振，二是在挑战中崛起并力量倍增。秦、西晋、隋等短命王朝的覆亡就属于前者，而汉、唐、清三盛世的兴起则属于后者。由大乱到大治不是必然的。一个民族只有把外部的挑战转化为内部的动力，特别是建立起迎接挑战并相当完善的良性应对机制，不断地通过改变自身、改造自我推动自身的进步，在压力、挑战面前持之以恒、毫不退缩，这个民族才能实现竞逐富强的梦想。在此过程中，有一支战斗力较强的军队、一批能征善战的将领和一种重武尚功的精神，是解决内忧外患的重要保障、开创盛世的必要条件。

（二）军事胜利：盛世兴起的主要标志

盛世王朝在兴起之初，都要进行一系列的对内、对外战争，对内主要是实现和巩固国家统一，对外主要是抵御外来入侵。盛世的形成，就是对内、对外战争的胜利和内忧外患在一定程度上得到解除后，统治巩固、社会发展的结果。

西汉盛世的形成与对匈奴战争的胜利相伴随。西汉初年，匈奴屡屡进犯，西汉统治者却只能采取屈辱的和亲之策，根本原因就是没有可与匈奴相抗衡的强大骑兵。汉文帝初年，匈奴在边境的骚扰加剧。文帝前元三年（前 177 年）五月，匈奴右贤王进犯河南地，至上郡杀掠吏民、抢掠牲畜。丞相灌婴奉命率 8 万车骑将匈奴驱逐出塞，取得初步胜利。随后进一步加强武备，先后组织了三次抗御作战。这三次作战虽然都未与匈奴军正面交锋，却起到威慑作用，从而迫使匈奴迅速离塞北走，保卫了内地的大片疆土免遭敌骑蹂躏。这三次防御作战，与和亲政策交互运用，使西汉的边境保持相对的安宁。西汉王朝经过六七十年的努力，使社会经济得到恢复和发展，国力空前强盛，异姓与同姓诸侯王的割据势力也相继消灭，中央集权统治十分稳固。随着马政制度的建立健全，一支能与匈奴铁骑相抗衡的强大的骑兵部队初步建立起来。公元前 127 年，汉武帝决定对匈奴实施战略反攻。作战正面，东起辽东右北平（今凌源）沿整个长城展开，西至天山车师（今乌鲁木齐东南），纵深从河套越过阴山，直达大漠以北，双方投入了以骑兵为主体的大军近百万。通过西河朔方战役、漠南战役、河西战役、漠北战役等战略反击，匈奴军大部被歼灭，人畜骤减，远遁西北。战争的结果是，将中国境内更多的土地和民族进一步统一起来，形成一个东临大海、西至巴尔喀什湖及葱岭以西、北到贝加尔湖、南迄南海的强大帝国。与秦代相比，其疆域范围有了进一步拓展，不仅大漠以南与中原实现了统一，而且西域、河南也正式纳入中原王朝的版图，从而奠定了中国历史疆域的基础。通过有组织的移民，有力地促进了民族融合，为经济、政治、文化等全方位的繁荣奠定了坚实基础。

唐初在如何对待突厥侵扰问题上，遇到了与汉初类似的情况。唐高祖时，突厥势力强盛。对于其侵扰唐朝边境，唐廷采取的是退让求和的政策。唐太宗时，随着唐朝国力的增强，积极做好了军事反击的准备。630年，李世民调集10万大军，由李靖统一指挥，分六路分进合击，一举歼灭突厥军。此役的胜利，树立了大唐帝国的赫赫威名。在较长一段时间内，北方民族不敢轻易犯边，出现了四夷来朝的局面，为中国历史上最辉煌的大唐盛世的出现奠定了重要基础。649年，以高侃为统帅，再征东突厥的残余势力，在650年一举消灭了东突厥残余车鼻可汗部。645年，唐军还对继东突厥汗国以后兴起的薛延陀汗国发动进攻，仅半年时间就使其灭亡。从此，漠北大定。634年至635年，唐朝先后两次对西北面的吐谷浑用兵，使其由敌对势力变为藩属之地。640年，李世民出兵西域，一举征服高昌、龟兹等国。由642年起，对肆虐西域的西突厥汗国发起进攻，至657年灭亡西突厥汗国，解决了西北边境的隐患。上述几场战争，巩固了唐王朝的政治统治，维护了国家安全，为盛世的形成奠定了有利基础。同时，也使中国统一的多民族国家得到进一步的巩固和发展，加强了国内民族的融合，促进了中外经济和文化交流。尤其是经营西域的成功，使唐与西亚、北非以及欧洲等地的很多国家建立了友好关系。

清王朝以区区十几万人的少数民族能够在两代人的时间里兴起并君临中原，主要是得益于其精兵简政、军政合一的八旗制度和威猛善战的八旗兵。入主中原后，八旗兵腐败堕落，战斗力下降。在平定三藩叛乱的战争中，康熙发现八旗兵已丧失了昔日能征善战的锐气。为此，在平叛战争胜利的当年，康熙即下令建立木兰围场，以加强八旗兵的训练。为了适应收复台湾的需要，清王朝有针对性地加强了水军建设。康熙十六年（1677年），清政府恢复福建水师建制，命海澄公黄芳世兼任福建水师提督。康熙十七年（1678年），复设福建水师提督负责水师的训练和指挥。康熙十八年（1679年），康熙任命精通海务、骁勇善战的原湖广岳州水师总兵万正色为福建水师提督，批准万正色携带岳州全部战船及水手到福建赴任，又从总督标下调拨1.4万人编入水师。经过万正色的精心组织和训练，福建水师成为一支精锐善战的海上劲旅，为武力收复台湾奠定了基础。康熙在位61年，8年剿灭三藩，剿抚兼施统一台湾，两战雅克萨反击俄罗斯，三次亲征平定噶尔丹，进剿侵入西藏的策妄阿拉布坦部，“武功卓越”。这些军事上的胜利，标志着清王朝的统治已经稳固，国力已经强大，也预示着“康乾盛世”局面的形成。

历史的经验告诉我们，只有通过战争、赢得战争，才能平息战争、防止战争。盛世的和平环境不是上天赐予的，而是依靠强大的武备换来的。以战止战，才能赢得和平与安定；战而能胜，才能实现和巩固盛世经济社会发展成果。

（三）军事失利：盛与衰的关键转折点

军事上的胜利，有利于封建统治的巩固和盛世的形成。军事上的失败，不但会使盛世的希望化为泡影，甚至还将危及封建统治生存。

以隋为例，其覆亡的直接原因是用兵高丽，“三征不克”，导致国内阶级矛盾激化，这是隋王朝由兴盛走向衰亡的重要转折点。隋王朝历时仅38年，经文帝、炀帝两朝。隋文帝在灭陈战争结束后，鉴于统一大业已经完成，遂实行战略性转变，着力进行国内政治、经济建设，国家实力迅速提高。据《隋书》记载：“开皇之末，国家殷盛，朝野皆以辽东为意。”开皇十六年（596年），隋文帝发兵30万，大举进攻高丽，结果死者十之八九。到了隋炀帝时期，为了谋求国防安全和自身发展，在取得北巡突厥、西击吐谷浑等重大军事胜利后，向高丽连续进行了三次大规模征伐。大业八年（612年），隋炀帝第一次征高丽，“四方兵皆集涿郡”，号称200万人，而负担后勤保障的还在一倍以上。隋军渡辽水之兵共有30.5万人，及败归至辽东之时，仅剩2700人。隋军一征高丽败归，国内农民起义蜂起。隋炀帝不以为然，于大业九年（613年）发动了第二次征高丽之战，结果又因国内杨玄感起兵作乱而出师无功。大业十年（614年），第三次征伐高丽，导致国内的严重政治危机，加速了隋王朝走向衰亡的进程。

宋代也是一个典型的例子。攻辽以收复幽蓟十六州，既是宋王朝早定的国策，又是其重要的军事战略。因此，宋太祖赵匡胤建宋伊始，便从物力、财力及购买军马等方面做了多方面的准备。但是，由于当时主要致力于整顿内部和统一南方的战争，对攻辽收复幽蓟的战略计划还未付诸实施，赵匡胤就去世了。宋太宗赵光义即位后，将太祖没来得及实施的攻辽计划付诸实施，先后两次倾举国之力发动了幽州之战。尽管两次大规模的北伐均以惨败而告终，但是由于幽蓟十六州的战略地位十分重要，所以宋朝统治者从主观上并未放弃攻取幽蓟，以恢复中原王朝旧土的计划。于是，才有君子馆之战那种面对辽大举进攻，仍倾河北三镇重兵出击之举。经过两次幽州之战和君子馆之战大规模的实力较量，宋军三次惨遭败绩。宋王朝从太祖整军以来的精锐部队基本消耗殆尽，河北诸军再无斗志，其攻取幽蓟的进攻战略不得不转为对辽的防御战略。宋代的积弱局面在开国之初就已注定，北宋失国、南宋偏安、亡于元军，都与这开国之初的军事失败有着密切的因果关系。隋和宋的例子，从反面印证了赢得军事胜利在盛世形成过程中的决定性作用。

中华民族自古以来就缺少武力扩张的热情，内守防御才是中国的文化传统。封建王朝建立初期的对外用兵，大都是对周边民族侵扰的反应、出于积极防御的战略考虑。他们在统一天下、巩固边疆的过程中，一方面继承了“善筹边者，却敌而已，开疆辟土，利其有者，非圣主所欲为”的儒家治边思想，反对穷兵黩武；另一方面坚持原则，既不允许任何人分裂国家，也不容许他人侵略自己。如汉武帝说：“汉家庶事草创，加四夷侵陵中国，朕不变革制度，后世无法；不出师征伐，天下不安，为此者不得不劳民。”① 显然，汉武帝内心并不愿劳民远征，而是为了维护政权稳固，从长远利益出发而不得不采取军事行动。唐代提出“治安中国，四夷自服”，“四夷自服”的目的还是为了“治安中国”。康熙也提出：“从古穷兵黩武，皆非美事，善战者，皆时至事迫，不得已而后用兵也”。这些思想已经融入中华民族的血液之中，中华民族以爱好和平而著称于世。

---

① 《资治通鉴》卷二十二，汉纪十四，武帝征和二年。

二、 强虏压境的年代

“康乾盛世”奠定了近代中国的版图，政治、经济、文化等方面的辉煌成就达到了中国封建社会的顶峰。然而“康乾盛世”之后不到50年，就爆发了中英鸦片战争，随之而来出现了一幕幕丧权辱国的悲剧，中华民族遭遇了一个强虏压境的年代。

（一）与世隔绝：中国逐步落后于世界

与清康熙朝同时期的英国、法国、俄国都处于鼎盛时代。康熙二十八年（1689年），中俄两国签订了《尼布楚条约》。而这一年，英国通过了《权利法案》，资产阶级“君主立宪”确立。“制度性的创新”是英国走向强盛的基础。结果，国土面积狭小的英国成为工业革命的先行者，并逐步发展为世界性的现代大国，霸主雄风延至20世纪。法国的“太阳王”路易十四推行“重商主义”政策，取消国内关卡，促进国内市场的发展，增加进门税，保护本国的手工业，并努力扩大海外贸易。他还创建了总数达44万人的军队，装备精良。路易十四时代是整个法国的全盛时期。1697年，俄国的彼得大帝随“高级使团”亲赴西欧考察，拉开了俄国的强国序幕。他甚至化装成一名工人到荷兰的造船厂去学习造船技术、数学理论。回国后，彼得大帝进行改革，从征“胡须税”开始提倡西欧的服饰礼仪和生活，王公贵族的大权开始被收回。他大力发展工商业，奖励出口，引进西方技术，开设新式学校。彼得大帝有一句名言：“没有强大的海军，就没有强大的俄罗斯。”当年，俄国基本上是一个内陆国家，没有临海的优良港口。他把打开波罗的海通道作为主要任务，展示了其战略眼光。彼得大帝于1703年在圣彼得堡建立新港，23年后把首都从莫斯科迁往圣彼得堡，这是俄国到欧洲最短的航道，“他缩短的不仅是与欧洲的空间距离，还有国家实力的差距”。他还统一编制，编撰军事理论，建立正规军队，不到20年的时间，就建立了装备有48艘战舰的海军和一支由步兵、骑兵、炮兵、工兵组成的20万人的正规陆军，国势日益强大。尽管俄国的资本主义发展程度远不如西欧，却超过了古老的中国。彼得大帝使俄国从一个贫穷落后的内陆国家，发展成为临海的、地跨欧亚的强大帝国。

当欧美国家纷纷走上实行民主政体的道路，消除专制，大力发展军事、科技和经济的时候，康熙、雍正、乾隆三位皇帝却把封建皇权推上了空前集权的巅峰。他们窒息了中国知识分子的思想和对科学真理的追求，自然科学的发展大大落后于西方。在康熙轰轰烈烈地打内战、削三藩时，欧洲进入了科学史上成就最高的时期之一，产生了培根、牛顿、笛卡尔等伟大的科学家。康熙对自然科学怀有浓厚的兴趣，罗致了许多懂科学的外国传教士研究天文、数学，但是，西方科学在康熙时代未跨出宫廷一步。他没有把同西方的交流作为一种政府行为和国家政策，而只供个人欣赏。加之康熙末年由于礼仪之争，罗马教廷与之关系破裂，采取闭关锁国的政策，彻底阻滞了西方科学技术和知识的传入与交流，中国因此长期处于与世隔绝的状态。雍正、乾隆对自然科学均无爱好，而且雍正强调“骑马打天下”，把发明创造称为“奇技淫巧”。戴梓在康熙时发明火器“连珠铜”（机关枪），一次可连发 20 多发子弹；而在雍正时，他被充军关外。

1793 年 8 月 13 日，英国的马戛尔尼使团从天津沿运河经过通州到达北京。他们把近 600 箱的礼品送到圆明园。礼品包括科学仪器、武器、工业机器、生活用品等。科学仪器有：天球仪、地球仪、望远镜、帕克透镜、气压计。武器有：榴弹炮、迫击炮、卡宾枪、自来火枪、载有 110 门大炮的巨型战舰“君王”号模型。工业机器有：蒸汽机、棉纺机、织布机。生活用品有：吊灯、座钟、油画、带有减震装置的马车等 29 种。清政府把这些礼品与其他“贡品”放在圆明园中作为皇室成员的观赏品，根本不去研究它们的科技含义及军事价值。英国使团还拟进行机械、光学仪器和热气球等示范表演。马戛尔尼邀请清军将领福康安检阅英国使团卫队演示新式炮兵和陆军武器的操练，福康安竟拒绝说：“看亦可，不看亦可。这火器操作，谅来没什么稀罕。”据英国使团副使乔治记载：“乾隆皇帝曾于 8 月底回京城，立即前往圆明园，参观礼品，并对军舰模型颇感兴趣。”然而，乾隆没有组织人员研究学习，而是马上令军机大臣传谕沿海各督抚：“该国夷人虽能谙悉海道、善于驾驶，然而便于水而不便于陆，且海船在大洋不能进内洋也，各口岸防守严密，主客异势，亦断不能施其伎俩!”幻想据守内陆以求苟安，同时使得清王朝与当时日新月异的世界海军近现代化进程失之交臂。在获取大量的政治、经济和军事情报后，马戛尔尼向英王报告：“中国的文化是封闭的，历史是停滞的。他们的偏见是如此的根深蒂固，单靠谈判通商恐难奏效，必须准备军事打击。”他甚至狂妄地宣称：“中国的军事比英国落后300至400年。只要我们派两三艘小军舰，不消两个月工夫，就可以把中国沿海的海军全部摧毁。”

近代中国的迅速衰落被马克思称为“奇异的悲歌”：“一个人口几乎占人类三分之一的大帝国，不顾时势，安于现状，人为地隔绝于世并因此竭力以天朝尽善尽美的幻想自欺。这样一个帝国注定最后要在一场殊死的决斗中被打垮：在这场决斗中，陈腐世界的代表是激于道义，而最现代的社会的代表却是为了获得贱买贵卖的特权——这真是任何诗人也不敢想的一种奇异的对联式悲歌。”①

（二）一败英国：中国大门洞开

19世纪初，以英国为首的西方列强向中国贩卖鸦片，毒害中国人民，遭到中国的反对，禁烟浪潮席卷东南沿海地区。1840年6月，英国舰队驶进广东海面，封锁珠江口，进行挑衅，鸦片战争开始。英军见林则徐在广东戒备森严，便沿海北犯，到达天津白河口。直隶总督琦善与英军谈判，向英军保证，只要英军退回广东，清政府一定惩治林则徐。不久，英军撤退。道光帝将林则徐革职查办。1841年年初，英军背信弃义，扩大侵华战争。在一年多时间里，英军侵占了广东香港岛，又攻占了中国东南沿海地区的一些城市。广州三元里人民奋勇抗英，给英军重创，但清军抵抗不力，战事节节失利。1842年8月，英国军舰驶抵南京下关江面，列队架炮，扬言攻城。清政府屈服求和，鸦片战争宣告结束。

英国侵略者强迫清政府签订了中国近代史上第一个不平等条约《南京条约》。根据这个条约，中国割香港岛给英国；赔款2100万银圆；开放广

① 《马克思恩格斯选集》第1卷，人民出版社1995年版，第716页。

州、厦门、福州、宁波、上海五处为通商口岸；英商进出口货物缴纳的关税税率，中国必须与英国商定。1843 年，英国得寸进尺，又强迫清政府签订了《五口通商章程》和《虎门条约》，作为《南京条约》的附件。英国从中获取了领事裁判权、片面最惠国待遇，以及在通商口岸租赁土地、房屋和永久居住的特权。

在第一次鸦片战争中，美国竭力为英国发动侵华战争辩护，还派舰队停泊在中国领海上，为英军侵略助威。在中英《南京条约》签订的时候，美国强迫清政府赔偿美国大烟贩 25 万银圆。后来，美国看到英国在《南京条约》中获利甚多，红了眼。1844 年，垂涎三尺的美国派专使顾盛带四艘战舰闯进虎门，驶抵黄埔，以武力相威胁。软弱的清政府只好同美国签订了《望厦条约》。这个条约使美国享有英国在《南京条约》及其附件中取得的除割地、赔款外的一切特权，同时还扩大了侵略权益。例如，美国军舰可任意到中国各通商港口“巡视贸易”，美国人有权在通商口岸“开设医院，建立教堂”等。法国看到英国、美国在中国得到了大量好处，也不甘寂寞。1844 年冬，法国强迫清政府签订了不平等的《黄埔条约》。这个条约使法国享有美国在《望厦条约》中取得的一切特权，同时还规定：允许法国天主教在通商口岸自由传教、修建坟地，清朝地方政府负责保护教堂和坟地的安全。第一次鸦片战争以及随后 10 来年爆发的第二次鸦片战争、中法战争中，英、美、法通过不平等条约，使中国的领土、领海、司法、关税、贸易等主权遭到严重破坏。西方列强利用侵略特权，疯狂地向中国倾销商品并掠夺原料，把中国推向半殖民地半封建社会的深渊。

第一次鸦片战争意味着中国败于西方，传统的“夷夏”格局向“中外”格局转变。与以往周边游牧民族的侵扰不同，来自西方国家的入侵是海陆并举、全面侵略。与以往历代中原王朝始终在文化上占据优势地位的情形不同，西方文化跟随着侵略者的“坚船利炮”大举涌入中国。与以往以掠夺金帛百姓、割地赔款为目的的游牧民族侵扰活动不同，列强入侵中国既要夺占领土，又要掠夺经济和政治权益，严重地威胁着中华民族的生存和发展。

（三）二败日本：民族陷入深渊

1894 年 7 月，日本海军在朝鲜丰岛海面袭击中国的运兵船，不宣而战。8 月，清政府被迫对日宣战。至此，中日甲午战争爆发。甲午战争分为两个阶段：第一阶段展开了平壤战役、黄海战役，第二阶段展开了辽东战役、威海战役。清政府的北洋舰队全军覆灭。战争的结局以中国的失败而告终。1895 年 4 月，清政府代表李鸿章和日本政府代表伊藤博文在日本马关签订了丧权辱国的中日《马关条约》。条约规定：中国割辽东半岛、台湾及其附属岛屿、澎湖列岛给日本；赔偿日本军费白银二亿两；开放沙市、重庆、苏州、杭州为商埠，日本轮船可沿内河驶入以上各口；允许日本在中国的通商口岸开设工厂，产品运销中国内地免收内地税。

《马关条约》是继《南京条约》以后最严重的不平等条约，它给近代中国社会带来了严重的危害：台湾等大片领土的割让，进一步破坏了中国主权的完整。巨额赔款相当于清政府三年财政收入的总和，加剧了中国人民的贫穷。新的通商口岸开放，使帝国主义侵略势力深入到中国内地。允许日本在华投资设厂，严重阻碍了中国民族资本主义的发展。《马关条约》使中国加快了社会半殖民地化的步伐。《马关条约》的签订，也损害了俄、德、法三国在华权益。三国照会日本，并以武力强迫日本放弃侵占辽东半岛。日本被迫同意将辽东半岛归还中国，但又向清政府勒索白银 3000 万两作为交换条件。

甲午战争是发生在 19 世纪末叶的世界性重大事件。在弱肉强食的帝国主义世界里，中国是个弱者，没有强大的经济与国防，因此就受欺侮。中国自甲午战争失败以后，割地赔款，任人宰割，元气大伤，一蹶不振，难以集中力量发展经济和军事，更加失去了自卫防御的能力。落后就要挨打，挨打了就更加落后。半殖民地半封建的旧中国，陷入这一历史怪圈之中而难以解脱。故随甲午战争之后，有帝国主义划分在华势力范围，有 1900 年的八国联军侵华，有 1904 年的日俄在中国东北地区作战和英军对西藏的入侵，尤其是开启了日本侵华的历史。几千年来，日本一直是中国的学生。通过甲午一战，日本攫取了巨大利益，第一次真正尝到发动侵略战争的“甜头”，成为亚洲的战争暴发户。以甲午战争为契机，日本的资本主义迅速发展起来，而这种发展是以扩军备战为动力的，从而使日本迅速走向带有军事封建性的帝国主义。1915 年，日本胁迫袁世凯接受旨在灭亡中国的“二十一条”草案；1931 年，日本发动侵略中国东北地区的“九一八”事变；1937 年，日本发动全面侵华的卢沟桥事变。日本帝国主义屡次得利，野心更大，步步进逼，气焰嚣张。在其侵略下，中国人民历尽艰险，饱经苦难。仅抗日战争中，中国军民伤亡人数就在 3500 万以上，财产损失和战争消耗达 6000 多亿美元。日本在甲午战争中的胜利也为其日后的失败埋下了伏因，成为 50 年后日本军国主义最终败亡的起点。

甲午战争还是中国近代历史的重要转折点。甲午一战的强烈冲击，彻底打破了中国朝野自慰自大的心理，激发了中华民族具有群体意义的觉醒。虎视眈眈的列强趁机掀起了瓜分中国的狂潮，使中国面临着亡国灭种的危险。豆剖瓜分的危险前景，给中国人民敲响了警钟，促进了民族精神的觉醒和爱国主义精神的高涨。以康有为为首的公车上书活动，激起人们关心祖国前途和命运的热情，从而积极探求救亡图存之道，迅速形成了群众性的爱国救亡运动。这成为近代中国第一次思想解放的潮流。甲午战争的深创剧痛，改变了先进的中国人只在封建传统中谋求发展的思维定式，摒弃了“中体西用”的教条。以甲午战争为契机，日益觉醒的中国人营造了举国士民“家家言时务，人人谈西方”的风气，形成了“要救中国只有维新，要维新只有学外国”的爱国共识，直接推动了 1898 年的戊戌变法——以近代文明为尺度，对封建制度进行变革的尝试，从而开启了从传统到近代和现代这一漫长的历史进程。

三、 在苦难中奋起

近代以后，中华民族遭受的苦难之重、付出的牺牲之大，在世界历史上都是罕见的。战火燃遍了中国边疆、东南半壁河山、京津地区、东北地区……每次战争都伴随着骇人听闻的大屠杀、大抢劫、大破坏，数以亿万计的财产毁于战火，中国人民饱受铁蹄蹂躏、兵荒马乱之苦。但是，中国人民从不屈服，不断奋起抗争，终于掌握了自己的命运。

（一）三元里抗英：黑暗中的微弱光亮

1841 年 1 月，广州东南的大角、沙角炮台失陷的消息传到北京，震醒了清政府。清廷第一次向全世界宣布：对英开战；并命令大臣奕山为靖逆将军，亲临广州指挥抗英作战。这一诏令，极大地鼓舞了坚决抗英的广大清军官兵和人民群众。然而，终因清军指挥呆板、武器落后、战斗力低下，连失虎门等海防要地，致使广州被英军包围。面对这一危局，奕山一筹莫展。5 月 27 日，奕山被迫与英军签订广州《停战协定》。

英军撤退时，到处焚烧房舍，杀害百姓，抢劫财物，奸淫妇女，无恶不作。这伙人面兽心的豺狼竟然轮奸一位老妇，激起了民众的愤慨。在广州北郊三元里，村民首领韦绍光不甘忍受侵略者的罪恶行径，当即率领村民与英军展开拼杀，打死英军数人。其余的英军抱头鼠窜。韦绍光他们预料到敌人一定会前来报复，于是在三元古庙中集会，以庙中的三星旗作为指挥战斗的“令旗”。大家立下誓言：“旗进人进，旗退人退”，“打死无怨”，表示了誓死抵抗侵略者的决心。随后，他们又组织乡民分头联络附近 103 个乡村的群众代表，聚集到南海、番禺交界的牛栏冈，歃血为盟，成立各乡联合的作战指挥部，草拟了大义凛然的告英军书，制订了诱敌入伏的作战计划，准备一举消灭侵略者。

不出所料，英军果然开来大队人马，准备血洗三元里。三元里人民不畏强暴，他们和各乡义勇 5400 多人主动进攻英军。英军司令卧乌古率 1000 人迎战。义勇们按照预定计划，英军前进一步，他们就后退一步，一直把英军引入伏击地域牛栏冈。这时，一声呐喊，事先设伏的数千名义勇，满山遍野地冲向敌阵。同时，从四面八方蜂拥而来的数万人民群众把侵略者团团围住。广州城郊的丝织工人和打石工人，纷纷行动起来，积极参加斗争。一些爱国士绅也加入了抗英斗争的行列。

英军察觉中计，正欲撤退。真巧，这时突然雷电交加，下起了倾盆大雨。英军携带的火药受潮，不能点火发射，枪炮失去了作用。义勇们乘英军不能发挥火器的威力，冒雨同敌人展开白刃搏斗。义勇个个手持大刀、长矛和铁把锄头冲向英军，把他们分割成了几段，层层包围。英军在滂沱大雨中，看到义勇多如人海、勇如猛虎，吓得个个失魂落魄。有的英军舍命突围，被人民群众打得丢枪弃炮，做了刀下之鬼。有的英军跪在地下，举起双手乞求饶命。英军少校毕霞等 50 人被杀伤，其余英军在援兵接应下，退回四方炮台。

5 月 31 日上午，广州附近的佛山、番禺、南海、花县、增城各县 400 多个乡村的义勇数万人，纷纷赶来同三元里人民会合，包围四方炮台。山上军旗飘扬，士气高昂。正当村民们准备向英军发动最后进攻，全歼侵略者时，英国全权代表义律派出奸细，混出重围，向清政府求救。早已被英军吓破胆的奕山，不敢违背侵略者的旨意，立即带着 8000 名士兵向城外撤；又派广州知府余保纯拿着白旗，带着英军上尉慕尔和翻译阿兴，利用威胁和欺骗的手段，对群众抗英队伍进行分化瓦解，强令解散。参加抗英斗争的地主士绅，在这紧要关头也纷纷动摇退缩。英国侵略军在清朝卖国官吏的帮助下狼狈撤走。广大人民群众看到侵略军原形毕露，众口喧哗，笑声传到十里之外。义律为掩饰败绩，竟恬不知耻地发出告示，污蔑三元里人民的正义斗争为“刁抗”，把英军的惨败说成是对中国老百姓的“宽容”，并吓唬中国人民“今后不能再犯”。三元里人民针锋相对，发布《申谕英夷告示》，痛斥英军，并警告他们说：“中国人民不用官兵，不用国币，自己出力”，决心狠狠打击外国侵略者。这个告示，是三元里人民声讨英国侵略者的一篇充满爱国主义和英雄气概的反侵略檄文。

三元里抗英斗争，是近代中国历史上第一次大规模的反抗侵略斗争。三元里抗英斗争的胜利，极大地鼓舞了中国人民不畏强暴、敢于同西方列强拼搏的斗争勇气。它就像一面战旗，激励着英雄的中国人民再接再厉，与侵略者斗争到底。

（二）抗日战争：中华民族复兴的枢纽

日本帝国主义发动的以灭亡中国为目的的侵华战争，激起了中华民族的空前觉醒和反抗。“九一八”事变后，中国共产党发表一系列的决议、宣言，号召中国人民武装抵抗日本帝国主义的侵略，全国人民掀起了抗日救国浪潮。东北人民组织东北抗日义勇军、东北人民革命军和东北抗日联军，奋起抗日，以鲜血和生命捍卫国土、抵御外侮，坚持了长达14年的东北抗日游击战争。在中国共产党的领导下，青年学生和各界民众掀起了“一二·九”运动和全国性的抗日救亡运动，要求国民党政府“停止内战，一致抗日”。中共中央和中国工农红军长征到达陕甘革命根据地以后，高瞻远瞩，审时度势，确定了抗日民族统一战线的方针。张学良、杨虎城发动的西安事变，为推动第二次国共合作发挥了重大历史作用。全国性抗日战争爆发后，在中国共产党倡导的抗日民族统一战线旗帜下，以国共两党合作为基础，中华民族实现了空前的大团结。

中国人民用血肉筑成新的长城，前仆后继，艰苦卓绝，付出重大牺牲，在中国近现代历史上铭刻了同仇敌忾反抗日本帝国主义侵略、争取中华民族独立自由解放的英雄史诗。据不完全统计，在抗日战争中，中国军队伤亡380余万人，中国人民牺牲2000余万人，中国军民伤亡总数达3500万人以上；中国财产损失600余亿美元（按1937年的美元计算），战争消耗400多亿美元，间接经济损失达5000亿美元。日寇占领了中国大半河山，特别是经济、文化较发达的中东部地区，竭尽烧杀淫掠之能事，制造了南京大屠杀和杀光、烧光、抢光等等滔天罪行。中国人民坚持8年之久，终于配合世界反法西斯战争，打败了日本帝国主义，取得了抗日战争的伟大胜利。这是鸦片战争以来中国第一次在反对帝国主义侵略的战争中取得完全的胜利，收复了被日本侵占的一切土地和主权，洗雪了百年国耻。

中国抗日战争是世界反法西斯战争的重要组成部分。中国抗日战争的胜利，得到了世界反法西斯战争的配合与支援。欧洲反法西斯战争胜利后，美英在太平洋并对日本本土发动进攻，苏军参战后迅速消灭了日本主要后备力量关东军，配合中国的反攻，终于迫使日本无条件投降。同时，中国抗日战争也对世界反法西斯战争作出了伟大的贡献。中国是抗击日本法西斯的主战场，牵制了日本陆军的主力，使其不能向苏联和印度、澳洲、中东发动进攻，实现德日法西斯在苏联或中东的会师，对保证美、英、苏实施“先欧后亚”的方针，避免两面作战，聚歼德国法西斯，起了不可估量的作用。日军在整个战争中死伤195万余人，其中在中国战场死伤133万人，占其伤亡总数的70%。第二次世界大战“三巨头”对中国的历史贡献作了高度评价。罗斯福说，假如没有中国，假如中国被打垮了，你想有多少个师团的日本兵，可以调到其他方面来作战，他们可以马上打下澳洲、打下印度。丘吉尔说，如果日本进军西印度洋，必然会导致我方在中东的全部阵地崩溃，而能防止上述局势出现的只有中国。斯大林说，只有当日本侵略者的手脚被捆住的时候，我们才能在德国侵略者一旦进攻我国的时候避免两线作战。

抗日战争是中华民族由衰败走向振兴的重大转折点。抗日战争的胜利，为中国的独立自由解放奠定了重要基础，为中华人民共和国的成立和中华民族的振兴奠定了重要基础，为第二次世界大战后的亚洲与世界和平奠定了重要基础。正是由于中国抗日战争的伟大贡献，中国的国际地位得到空前提高，并成为联合国安理会五个常任理事国之一，极大地改变了国际战略格局的力量对比，使第二次世界大战后的国际战略格局发生了有利于人民力量的深刻变化。

（三）抗美援朝战争：重振国威军威

抗日战争中，当中国远征军经过浴血奋战救出在缅甸被围的英军时，英国首相丘吉尔竟说，接受中国军队的援助是大英帝国的耻辱。当美国总统罗斯福为了推动蒋介石牵制日本，把中国视为反法西斯四大国之一的时候，着实让蒋介石和中国人民兴奋了一阵，但抗战一结束，美国大兵照样在中国土地上横冲直撞、为所欲为。中国人依然没有站起来。1949年那个金色的秋天，毛泽东宣布“占人类四分之一的中国人从此站立起来了”的时候，世界上并没有多少人懂得这句话的分量，真正让全世界意识到这句话分量的是一年之后的抗美援朝战争。当中国人民优秀儿女组成的志愿军直面烧到中国边境的战火，雄赳赳、气昂昂，跨过鸭绿江的时候，全世界开始对这个站起来的东方民族刮目相看；当中国人民志愿军在朝鲜战场上将不可一世的美国军队打得落花流水，“像赶鸭子似的一直赶过三八线”的时候，全世界已不再是刮目相看，而是一片震惊了！还在第五次战役进行中间，美国参谋长联席会议主席布莱德雷即无可奈何地承认，即使将朝鲜战争扩大到中国，“也不会使中国屈服”，相反，“将使我们在错误的地方、错误的时间，同错误的敌人打一场错误的战争”。抗美援朝战争结束后，彭德怀说了一句令海内外所有炎黄子孙都久久激动不已的话：“西方侵略者几百年来只要在东方一个海岸上架起几尊大炮就可霸占一个国家的时代是一去不复返了。”[①] 抗美援朝战争胜利的一个划时代意义就在于，它为站起来的中国人心中注入了新的钙元素，重塑了中华民族的尊严。在第二次世界大战中闻名遐迩的英国元帅蒙哥马利告诫西方世界：军事上的禁律之一是不要同中国交战，谁若想入侵中国，就“要大倒其霉”。

中国毅然出兵抗美援朝，让全世界大吃一惊。其实，中国出兵并不是秘而不宣，只是以美国为首的整个侵略阵营都无视或忽略了中国三番五次发出的严正警告。早在出兵之前，中国即通过各种方式和渠道向世界宣布，美军不能越过三八线，越过三八线，中国必然要作出反应。1950 年 9 月 27 日，经美国总统杜鲁门批准，参谋长联席会议授权侵朝美军总司令麦克阿瑟越过三八线。9 月 30 日，周恩来总理兼外长在全国政协庆祝新中国成立一周年大会上的讲话中明确指出：“中国人民决不能容忍外国的侵略，也不能听任帝国主义者对自己的邻人肆行侵略而置之不理。”这后一句话是毛泽东在讲话原稿上亲笔加上去的。这个讲话被正趾高气扬、准备北进的“联合国军”忽视了。10 月 1 日，麦克阿瑟发出在三八线以北进行军事行动的指令。10 月 3 日凌晨，周恩来紧急约见印度驻华大使潘尼迦，再次对美国当局提出强烈警告：“美国军队正企图越过三八线，扩大战争。美国军队果真如此做的话，我们不能坐视不顾，我们要管。”印度政府迅速将这个信息通报给美国政府，但这个警告再次被美国当局当成耳旁风。及至中国人民志愿军如飞将军自天而降，美国及整个侵略阵营才如梦初醒。

① 《彭德怀军事文选》，中央文献出版社 1988 年版，第 445 页。

正像印度驻美大使潘迪特夫人后来对周恩来说的："美国国务院认为我们东方国家只是说说而已。""自从你们起而抵抗以后，现在美国政府中甚至最反动的，也都承认他们做错了。"从此，中国在世界上赢得了一个名声，这就是"中国人说话是算数的"。谁要是对中国的警告置之不理，谁就可能为此付出沉重的代价。

3年抗美援朝战争，志愿军凭借劣势装备将美国为首的"联合国军"赶过三八线并迫使美国以三八线为界签订停战协定，有人认为中美之间只是打成了平手。这话并不准确。如果考虑到战争初期美军已经吞并大半个朝鲜并进逼中国边境对美极其有利而对我极其不利的态势，考虑到志愿军是以何等低劣的武器装备与武装到牙齿的美国较量，一切客观公正的人都不会否认这一点：中国赢得了这场战争。中国的胜利，凭借的是一种精神、一股气。朝鲜战争中，美国是"钢多气少"，而中国正相反。力拔山兮气盖世，志愿军正是凭借这种凛然不可侵犯的浩然正气赢得了战场上的辉煌，赢得了新中国的国威和军威。朝鲜土地上中美两个大国之间这一场力量相差悬殊的较量，清楚地告诉世界：穷和弱，并不是衡量中国是否采取行动的尺度。毛泽东后来说："即使我们再弱，美国要把它的意志强加在我们身上也是不行的。"[①] 邓小平也说："中国尽管穷和弱，但需要中国自己做的事情，中国是敢于面对现实的。"[②] 在维护国家主权、领土完整、民族尊严与世界和平上，中国即使再弱再穷，也敢于挺身而出，哪怕面对的是世界上最强大的超级大国。中国革命的胜利，冲破了帝国主义的东方战线，改变了国际政治力量的对比，对于维护东方和亚洲乃至世界的和平，都具有重要的意义。抗美援朝战争，第一次让世界看到了新中国作为一支和平力量的崛起。

四、 能战方能止战

《孙子兵法》提出，战争制胜的最高境界是"不战而屈人之兵"。然

① 《毛泽东文集》第六卷，人民出版社1999年版，第380页。

② 《邓小平文选》第二卷，人民出版社1994年版，第376页。

而，古今中外，“不战”莫不以“能战”为基础。“能战方能止战，准备打才可能不必打，越不能打越可能挨打”，这就是战争与和平的辩证法。

（一）“没有军威，何谈国威”

1895年2月24日，李鸿章以战败求和的特命全权大使身份在马关与日本总理大臣伊藤博文会面，问答之语，颇值深思。

伊藤博文：“停战条件：日军占领大沽、天津、山海关三地为质，其间由大清支付日军军费。”李鸿章：“过苛，过苛！我之来此，实系诚心讲和，我国家亦同此心。乃甫议停战，贵国先要踞有三处险要之地。我为直隶总督，三处皆系直隶所辖，如此于我脸面有关。试问伊藤大人，设身处地，将何以为情？中日系切近邻邦，岂能长此相争，久后必须和好。但欲和好，须为中国预留体面地步；否则，我国上下伤心，即和亦难持久。如天津、山海关系北京门户，请贵国之兵不必往攻此处；否则，京师震动，我国难堪，本大臣亦难以为情。”

伊藤博文：“和约底稿，限三日内答复：一、中国认明朝鲜国确为完全无缺之独立自主；二、中国将盛京省南部地方、台湾全岛及澎湖列岛永远让与日本国；三、中国赔偿日本军费库平银三万万两；四、中国再开顺天府、沙市、湘潭、重庆、梧州、苏州、杭州七处为通商口岸，日本国臣民在各口岸可以自由通商设厂。”李鸿章：“日本与中国开战之时，令其公使布告各国曰：‘我与中国打仗，所争者朝鲜自主而已，非贪中国之土地也’”。若“徒恃其一时兵力，任情需索，则中国臣民势必尝胆卧薪，力筹报复”。“日本所索赔款，既名为兵费，较之日本所索之数恐不及其”，“且限年赔费，复行计息，更属过重不公，亦难照办”。“中国如准洋商在华造土货，势必尽夺小民生计。中国以此等利益准予日本，各国皆援一体均沾之例，则华商之制造厂所立即挤倒矣。”

伊藤博文：“希中国使臣能深切考虑现在两国之间的形势，即日本为战胜者、中国为战败者之事实。若不幸此次谈判破裂，则我一声令下，将有六七十艘运输船只搭载增派之大军，陆续开往战地。如此，北京的安危亦有不忍言者。如再进一步言之，谈判一旦破裂，中国全权大臣离开此地，能否再安然出入北京城门，恐亦不能保证。此岂吾人尚可悠悠迁延会商时日之时期乎？”李鸿章：“难道不准分辩？”伊藤博文：“只管辩论，但不能减少”。

李鸿章：“即以此已译三端开议。第一，赔款二万万，为数甚巨，不能担当。”伊藤博文：“减到如此，不能再减，再战则款更巨矣。”李鸿章：“赔款如此，固不能给，更巨更不能给，还请少减。”伊藤博文：“万难再减，此乃战后之事，不能不如此。”李鸿章：“核计贵国开销之数，远不及二万万两。负担如此巨款，必借洋债。洋债本息甚巨，中国实无偿还此等债务之财源。”伊藤博文：“中国之地，十倍于日本。中国之民四百兆，财源甚广，开源尚易，国有急难，人才易出，即可用以开源。”李鸿章：“中国请尔为首相，何如?”伊藤博文：“当奏皇上，甚愿前往。”

李鸿章：“奏如不允，尔不能去。尔当设身处地，将我为难光景，细为体谅。果照此数，写明约内，外国必知将借洋债，方能赔偿，势必以重息要我。债不能借，款不能还，失信贵国，又将复战。何苦相逼太甚!”伊藤博文：“借债还款，此乃中国之责。”李鸿章：“不能还，则如之何?”伊藤博文：“已深知贵国情形为难，故减至此数，万难再减。”李鸿章：“总请再减。”伊藤博文：“无可减矣。”

李鸿章：“再讲让地一节。历观泰西各国交兵，未有将已据之地，全行请让者。以德国兵威之盛，直至法国巴黎都城，后将侵地让出，唯留两县之地。今约内所定奉天南部之界，欲将所据之地全得，岂非已甚？恐为泰西各国所訾笑。”伊藤博文：“如论西国战史，不但德法之战而已。”李鸿章：“英法兵亦曾占据中国城池，但未请割寸土尺地。”伊藤博文：“彼另有意在，不能以彼例此。”李鸿章：“即如营口者，中国设关收税，乃饷源所在。贵国又要偿款，又要夺关，是何情理?”伊藤博文：“营口关税，乃地生之货所出。”李鸿章：“既得地税，尚要赔款，将如之何?”伊藤博文：“无法。”李鸿章：“譬如养子，既欲其长，又不喂乳，其子不死何待?”伊藤博文：“中国岂可与孩提并论?”

李鸿章：“台湾全岛，日兵尚未侵犯，何故强让?”伊藤博文：“此系彼此定约商让之事，不论兵力到否。”李鸿章：“我不肯让，又将如何?”伊藤博文：“如所让之地，必须兵力所到之地。我兵若深入山东各省，将如之何?”李鸿章：“总之，现讲三大端，二万万为数甚巨，必请再减；营口还请退出；台湾不必提及。”伊藤博文：“如此，我两人意见不合。我将改定约款交阅，所减只能如此，为时太促，不能多办，照办固好，不能照办，即算驳还。”李鸿章：“不许我驳否?”伊藤博文：“驳只管驳，但我如意不能稍改。贵大臣固愿速定和约，我亦如此。广岛有六十余只运船停泊，计有二万墩运载，今日已有数船出口，兵粮齐备，所以不即运出者，以有停战之约故耳。”

李鸿章：“赔款还请再减五千万，台湾不能相让。”伊藤博文：“如此，当即遣兵至台湾。”李鸿章：“索债太狠，虽和不诚。我说话甚直，台湾不易取，法国前次攻打，尚未得手。海浪涌大，台民强悍。”伊藤博文：“我水师兵弁，不论何苦，皆愿承受。去岁，北地奇冷，人皆以日兵不能吃苦。乃一冬以来，我兵未见吃亏，处处得手。”李鸿章：“台地瘴气甚大，从前日兵在台，伤亡甚多，所以台民大概吸食鸦片烟，以避瘴气。”伊藤博文：“但看我日后据台，必禁鸦片。”李鸿章：“台民吸烟，由来久矣。”伊藤博文：“鸦片未出，台湾亦有居民；日本鸦片进口，禁令甚严，故无吸烟之人。”李鸿章：“至为佩服。”

李鸿章：“无论如何，总请再让数千万，不必如此口紧。”伊藤博文：“屡次说明，万万不能再让。”李鸿章：“又要赔钱，又要割地，双管齐下，出手太狠，使我太过不去。”伊藤博文：“此战后之约，非如平常交涉。”李鸿章：“讲和即当彼此相让，尔办事太狠。”伊藤博文：“此非关办事之才，战后之效，不得不尔。”

伊藤博文：“换约后一月内，两国各派大员办理台湾交接。”李鸿章：“一月之限过促，总署与我远隔台湾，不能深知情形。最好中国派台湾巡抚与日本大员即在台湾议明交接章程，其时换约后两国和好，何事不可互商?”伊藤博文：“一月足矣。”李鸿章：“头绪纷繁，两月方宽，办事较妥，贵国何必急急？台湾已是口中之物。”伊藤博文：“尚未下咽，饥甚。”

李鸿章："两万万足可疗饥，换约后尚须请旨派员，一月之期甚促。"伊藤博文："可写一月内，奉旨派员云云。"

最后议定的《马关条约》内容如下：第一，中国承认朝鲜独立自主；第二，中国割让辽东半岛、台湾全岛及所有附属各岛屿、澎湖列岛给日本；第三，中国将库平银二亿两交与日本，以赔偿军费；第四，开放沙市、重庆、苏州、杭州为商埠，日本臣民可在各口岸自由通商设厂。

73 岁的李鸿章面对 55 岁的伊藤博文，战败国面对战胜国，弱国既无外交，也无体面。丘吉尔有句名言："如果我们事先做了充分的准备而战争没有爆发，我们失去的可能只是黄金。但如果我们事先没有做好准备而战争突然爆发了，我们失去的将是整个大英帝国。"军威不存，国威何堪！

（二）"天下虽安，忘战必危"

对于一个国家、一个民族来说，最大的危险是看不到危险。尤其是"鼎盛和平"而产生的所谓"盛世心态"，刀枪入库，马放南山，歌舞升平，对潜在威胁抱有幻想，最终只能被动挨打。对军队来说，在相对和平时期不思作战、安而忘危，必然葬送大好发展机遇；不备战，假备战，必然导致实力不济；关键时刻不敢战，没有狭路相逢勇者胜的决心和勇气，最终必然酿成悲剧。

《清史稿·兵志》开宗明义："有清以武功定天下"。17 世纪前期，在白山黑水之间，崛起了一支横扫华夏、弓马无敌的八旗铁骑，以骁勇的作风和骄人的战功称雄于世，为农耕文明侵蚀日久的华夏民族精神注入了一股雄悍的血液。在塞外苦寒之地，森林荒野艰苦的自然环境造就了他们勇猛顽强的意志，与豺狼野兽搏斗的马上生活练就了他们强壮彪悍的体魄，频繁的部族厮杀激发了他们崇尚武功的民族个性。在定鼎中原的过程中，从长城内外、天山南北、西南边陲、闽粤海疆，到宝岛台湾，神州大地到处都留下了他们战斗的足迹，成为一直威震四方的精锐之师，为清王朝的建立和中华民族的统一作出重要贡献，同时也为当代中国奠定了版图。就是这样一支军队，随着国内战事的平息，在四海升平、国家安定的环境下，往日那种枕戈待敌、崇尚武功的战斗意志迅速消失，追求享乐、追名逐利渐渐成为他们生活的常态。这支令对手闻风丧胆的虎狼之师，醉倒在和平的熏风中，遇有战事，败如山倒。这样的案例，历史上比比皆是。

古罗马的兴盛，曾凭借崇尚武备、军队严整。但到 3 世纪以后，逐渐贪图安逸，疏修武备，以致“造就世界征服者的疲劳的训练制度开始为人们所厌弃；仆役和豪华奢侈对军队已成为必需，辎重随着军队吃苦耐劳的精神的削弱而增加了”。于是，罗马帝国很快走向了分裂和衰退。我国的唐朝，太宗时文武并重，军队战斗力强盛。之后承平日久，各项兵制日益废弛。到玄宗时，毁戈收马，罢将休兵，疏于训练，兵不知战。及“安史之乱”，突然生变，军士听到攻城的鼓角之声，有的竟吓得从城墙上跌落下来，两京（长安、洛阳）很快陷落。法国曾一度被称为“欧洲最强的陆军强国”，第一次世界大战以后，贪恋和平，厌战畏战，部队缺乏训练、作风松弛。在“奇怪的战争”中，军官不思作战，而是安排休假，组织舞会、音乐会和球类比赛。以致在希特勒的闪击之下，7 周内就亡国了。

最典型的案例还有我们的宋朝。如陈寅恪所言：“华夏民族之文化，历数千载之演进，造极于赵宋之世”，可以说，宋代在经济、文化、科技上独领风骚，并在全球首先发明了火药武器。但先进的生产力和雄厚的经济力量没有转化为强大的国防实力，火器这种巨大革命性技术的投入，也未能引发军事变革和应有的效用。从宋太宗后期开始，宋朝军队不再以积极防御、开疆拓土为能事，而以维护域内统治为首要任务，结果是长期被动挨打，一败于辽，再败于金，三败于西夏，终亡于蒙古。宋代的“崇文抑武”政策，一是攘外必先安内，首先主动放弃对外用兵，而集中力量稳定内部；二是惧敌畏战，在对外形势不利的情况下，主动采取以和止战的方略；三是苟且偷安，满足于眼前的既得利益，缺乏对国家、民族发展的长远规划。尽管这种观念带来的是失败、屈辱，但滋生这一观念的土壤在中华大地上长久存在。当面临外邦入侵时，无论是在晚清还是在民国，这种观念以各种形式呈现出来，值得当代中华儿女反思。

（三）“军队只管打不管和”

1951 年 6 月，抗美援朝战场上双方的力量已经趋于均势，战争进入相持阶段。为了应对复杂多变的战场形势，中央在处理和平与战争问题上总结出了十四字方针——“争取和，准备打，军队只管打不管和”。志愿军坚决执行了这个战略方针，最终取得了抗美援朝战争的最后胜利。这十四字方针，尽管是对抗美援朝战争提出来的，但其中所包含的战争与和平的辩证法以及对军队在战争与和平中地位和作用的表述，其意义已经远远超出了抗美援朝战争的范围。

军队因为战争而存在，军人的职责就是准备战争和打赢战争，古今中外，概莫能外。一个只有嘴上要和平的国家必将被战争蹂躏。在和平时期加强基本战备，才会有和平可言。战国时期，楚国造云梯准备攻打宋国。墨子解带为城、以牒为械，九次推演大败公输盘，迫使楚王放弃攻宋图谋。第二次世界大战前期，苏军在诺门罕一战痛击日本关东军，使其彻底放弃“北进”企图。自此，苏联东线无战事，即使后来纳粹德军兵临莫斯科城下，日军也不敢与之配合。中欧小国瑞士，四周强国环伺，却几百年保持中立而免遭战火，两次世界大战都毫发未损。纳粹德国曾三次准备入侵，每次让希特勒放弃计划的，不是瑞士著名的中立政策，而是全民皆兵的国防能力。古人云“止戈为武”“战以止战”，就是告诉我们一个简单的道理：当战争不幸来临，只有勇敢地站起来去战斗才能换来和平。一个不敢去战斗的民族、一个战败的国家，伸手向侵略者要和平，同与虎谋皮何异？第二次世界大战前，英法对纳粹德国的侵略采取绥靖政策，最终引火上身，自食其果；“九一八”事变后的蒋介石将解决东北问题寄希望于国联，等来的却是日本的全面入侵。而全世界各地经常可见荷枪实弹的美国大兵，美国国内几百年来却未遭受战争的创伤。古罗马也留下一句名言：“你想要和平吗？那就准备战争。”强胜弱败，是自然界的一条无情的法则。只有在战争中赢得胜利，才有权利拿回自己想要的和平。

能战方能言和，敢打方能言胜。一般情况下，作为试图用战争去获得某种战略目标的国家，只有在它的军事实力具有某种程度的优势时，才会去发动战争；而作为试图制止侵略战争的国家，要遏止侵略、避免流血，其前提和根本条件也是要拥有战胜对手的实力。你不想打仗，就必须准备打仗，准备得越充分，就越能避免那些你不希望发生的战争。任何一个挑起战争的国家，其战争步骤一般来说总是先寻找借口进行挑衅，以试探对手的反应。因而，要以决不姑息的态度回击对手的冒险试探。当战争已经来临的时候，是被动地防御敌人的进攻，还是以积极的攻势行动来打乱敌人的战争计划，这是关系到能否掌握战争主动权、将自己的牺牲减少到最低限度的重要问题。因而，要以积极主动的攻势行动粉碎打乱敌人的战争计划。一个国家，只有当它拥有相对强大的军备，并且有敢于在关键时刻亮剑的决心时，它在国际舞台上才能发挥左右形势的影响，它的对手才不敢轻举妄动、发动战争。

中华民族是善良的，但战争是无情的。战争不会因我们的善良而感动，战争也不会因我们付出巨大牺牲而流泪。中华民族历来就热爱和平，然而中国也是世界上遭受战争创伤最为深重的国家之一。中国不会侵略别人，但总有些人对征服中国始终念念不忘。惨痛的历史告诉我们，有备才能无患，才能让大使馆无故被炸、战斗机无故被撞的悲剧不再重演。

第三章 无法回避的挑战

当前，虽然和平发展是世界的主流，但远未到可以刀枪入库、马放南山的时候。世界依然面临现实和潜在的战争威胁。“安而不忘危，存而不忘亡，治而不忘乱。”[①] 必须清醒地看到，新形势下我国国家安全与社会安定面临的威胁和挑战增多，特别是各种威胁和挑战的联动效应明显。习近平强调：“当前我国国家安全内涵和外延比历史上任何时候都要丰富，时空领域比历史上任何时候都要宽广，内外因素比历史上任何时候都要复杂”[②]，“我们必须保持清醒头脑、强化底线思维，有效防范、管理、处理国家安全风险，有力应对、处置、化解社会安定挑战”。[③] 我们看到，一些西方国家打心眼儿里不愿看到我国走上世界强国的位置，不愿看到社会主义中国发展壮大，千方百计对我国进行战略遏制和围堵。我们家门口生乱生战的可能性增大，维护国家政治安全和社会稳定的任务更加艰巨。我们也看到，我国有漫长的边防线、海岸线，同周边多国存在领土主权和海洋权益争端。这不仅对维护领土完整和国家安全提出重大挑战，也给一些外部势力插手干预以可乘之机。正如党的十八大报告所指出的：“我国面临

---

① 语出自《周易·系辞下》，参见刘建生主编：《周易精解》，海潮出版社2013年版，第535页。

② 《坚持总体国家安全观 走中国特色国家安全道路》，《人民日报》2014年4月16日第1版。

③ 《切实维护国家安全和社会安定》，2014年4月25日，习近平在主持中共中央政治局第十四次集体学习时的讲话，《人民日报》2014年4月27日第1版。

的生存安全问题和发展安全问题、传统安全威胁和非传统安全威胁相互交织，要求国防和军队现代化建设有一个大的发展。”① 这一重要论断指明了我国所面临的复杂而特殊的安全形势，对加强国防和军队建设提出了更为紧迫的要求。为实现国家富强、民族复兴、人民幸福的中国梦，我们必须怀揣伟大的强军梦，忠诚使命，无私奉献，切实维护国家的安全和发展。

一、 国际大变局带来了严峻安全挑战

当今世界大变革、大调整、大发展进程加快，国际形势发展中的一些深层变动显露，深刻反映当前世界正经历冷战结束以来又一场影响深远的重要变局。美国为继续称霸世界加速提升军事力量，抢占世界战略要冲，干涉别国内政，策动颠覆他国政权，是世界不得安宁的主要根源。世界一些地区局部军备竞赛升温，国际军控和防扩散体制受到冲击。民族、宗教矛盾和边界、领土争端导致的局部冲突时起时伏。国际恐怖主义依然猖獗，重大恐怖事件不断发生。国际安全问题的综合性、关联性、整体性、突发性明显上升。不太平的世界安全形势必然对我国安全环境产生深刻影响，构成巨大挑战。

（一）美国为维护其霸权不断刻意搅局

“天下之患，最不可为者，名为治平无事，而其实有不测之忧。”② 当今世界，正步入冷战结束后的重大调整期。以中国为代表的新兴国家群体崛起，推动世界多极化趋势向深度演进，国际事务长期以来由西方少数国家垄断的局面正走向终结。在和平力量的推动下，世界格局虽可能以和平、合作方式实现转换，但这一过程也不可避免地贯穿着新旧力量摩擦的矛盾。在旧秩序瓦解与新体系构建过程中，存在着崛起大国与守成大国的

① 胡锦涛《坚定不移沿着中国特色社会主义道路前进　为全面建成小康社会而奋斗——在中国共产党第十八次全国代表大会上的报告》，人民出版社 2012 年版，第 41 页。

② 语出自苏轼《晁错论》，参见吴明贤：《兵书战策现代版（上、下卷）》，巴蜀书社 1999 年版，第 1377 页。

潜在冲突风险。处于旧格局中心位置的大国，总是竭力反对其他大国的兴起，以免对自己的中心位置构成威胁、对自己的既得利益造成损害。世界历史上，这种崛起与反崛起的冲突多次导致战争。由于当今世界正在经历的是西方大国整体实力下降与新兴国家群体崛起这一颠覆性的变革，其中的复杂性与不确定性将会前所未有。也正是在这一大的国际安全背景下，习近平特别强调“我们都应该努力避免陷入‘修昔底德陷阱’①”。

西方大国对世界主导权的争夺，在不同的时期有不同的方式和内容。冷战时期，对主导权的争夺主要表现为美苏两极争霸，美苏双方都利用自己的意识形态来加强对各自仆从国和附庸国的控制，每一方在自己的地盘内都明显地处于主导地位。冷战结束后，随着世界战略格局的改变和全球化时代的到来，西方国家则力求建立在自己价值观指导下的国际新秩序，争夺国际社会的组织领导权和国际秩序的规则制定权成为主要目标。

在争夺世界主导权的斗争中，美国是一个急先锋，并且一度占得先机。作为一个有着强烈“民族优越感”和“历史使命感”的国家，美国从20世纪以来，一直把充当世界领袖作为其对外战略的总目标。早在1918年，威尔逊总统在巴黎和会上就提出了著名的“十四点计划”，但因遭到国内孤立主义的掣肘而搁浅。1945年，第二次世界大战快要结束之时，罗斯福总统和他的继任人杜鲁门企图按照美国模式重新塑造整个世界，但是与社会主义阵营的对垒使其相对孤立于西半球。苏联的解体给美国带来了新的历史机遇。冷战后当政的美国历届总统，都宣称要发挥领导世界的作用，致力于建立在美国价值观指导下的世界新秩序。美国于1999年公布《新世纪国家安全战略》声称：“如果要想在国内获得安全，就必须在国外实行领导”，“美国在世界上发挥领导和参与作用对美国的安全来说是至关

① 所谓“修昔底德陷阱”，是指一个新崛起的大国必然要挑战现存大国，而现存大国也必然会回应这种威胁。这样，战争变得不可避免。此说法源自古希腊著名历史学家修昔底德的观点。这位历史学家认为，当一个崛起的大国与既有的统治霸主竞争时，这种挑战多数以战争告终。

重要的”。[①] 美国前总统国家安全事务助理布热津斯基为美国政府出谋献策，提出了建立“新型霸权”的主张。他在《大棋局》一书中指出，由于苏联的解体，美国成为唯一的全面的全球性超级大国，这是美国确立世界领导地位的最好机会。为此，美国要利用这一有利时机，加紧建立并维护符合美国安全观的国际秩序。

进入21世纪，美国打造“单极世界”、维护全球首要地位的战略连续遇挫，对国际体系的主导力受到削弱。欧盟通过加强一体化建设，日本通过自我变革，国际地位和影响力相对稳定。中国、俄罗斯、印度、巴西等国在全球化和区域化进程中快速发展，国际地位和影响力显著提升。世界主要战略力量的变动，使得多极化趋势更加明朗，“一超多强”的格局日益呈现多极化的特征。可以这样说，旧的格局已经被打破，新的格局还未形成，美国的单极化或霸权系统的发展受到了极大阻遏。但是，美国只是受伤的巨人，其超级大国地位和巨大影响力依然无人可代。这说明，单极化并未完全消亡。美国在单极化与多极化并存的复合型国际格局中一定不会善罢甘休，而是极力维护其霸权地位。一方面，进一步强化其军事实力，为世界安全稳定平添隐患；另一方面，调整其战略，及时抢占未来世界战略布局的制高点，这一点从其重返亚太、遏制中国的战略转移中已经得到了充分显现。

从美国强化军事实力带来的安全祸患看，为了更好地因应国际局势变化和确保自身战略安全，即使在遭受金融危机和财政困难的背景下，美国仍加大军费投入，加速调整军事战略，提高武器和作战人员水平，引发新一轮军备竞赛。奥巴马上任伊始就轻松捧回一个诺贝尔和平奖，这是极具讽刺意味的，因为从某些角度看，他实则是一个“战争总统”。仅在2014年，美国国防预算就超过6000亿美元，占到世界军费开支的一半多，重点发展信息武器和“全球即时打击系统”等新型常规威慑性武器；继续谋划

① 钱洪良、刘建民：《美国新世纪安全战略取向及其对我国周边安全环境的影响》，《世界经济与政治论坛》2000年第2期。

在全球部署导弹防御系统，先后成功试飞 F－35、X－37B 和 X－47B 先进战机，以及 X－51A 高超声速巡航导弹等武器，并加快各类大型主战装备前沿部署，由此引发了其他国家的不安和追赶。俄罗斯虽然也遭受金融危机的沉重打击，但在加强军事实力方面也不甘示弱。2013 年的俄罗斯国防预算达 2.1 万亿卢布，约合 668 亿美元，较 2011 年和 2012 年继续增长。到 2020 年前，俄罗斯的军事改革计划将拨款 20 万亿卢布，约合 6360 亿美元，主要用于增加新型战略导弹、加大“伊斯坎德尔”战术导弹部署、建造新型航母群与核潜艇、研制第五代战机、部署“格洛纳斯”定位导航系统等。其他国家，像日本、印度、澳大利亚等国也不断加大国防投入，积极发展军事实力。有能力自主研发的国家加大研发力度，推出一些新型高新武器。无力自主研发的国家则斥巨资从发达国家购买可能购买到的先进武器装备，更新或加强已有的武器装备水平。军火是维系军事威慑和进行战争的物质力量。美国加大对一些国家和地区的军火销售量，自然导致其他国家的安全指数下降，也自然刺激其自身发展或从其他渠道获取足以维持战略平衡的武器装备。这就使得安全困境进一步加深，也是引发军事摩擦甚至冲突的一大诱因。而搅局作恶者自己，却可以在其中赚个盆满钵满。据美国国防部对外军售计划处主管官员披露，现阶段美国国防部对外军售计划处堆积着大批订单。包括往年签约但尚未交付的订单在内，处理中的订单总数达 1.3 万份，涉及 165 个国家和地区，合同总额 3270 亿美元。

从美国重返亚太、遏制中国看，美国实际上从来没有完全离开过亚洲，过去 10 来年，更是一直在进行着“战略东移”的各种实质性准备。2003 年 5 月，美军攻陷巴格达不到一个月，美国国防部部长拉姆斯菲尔德就宣布了大力加强美军在亚太地区军事部署的实战规划，强化应对中国崛起的长期性同盟责任。2009 年 1 月，奥巴马在就职演说中宣告“反恐”不再是美国的战略重点。2010 年 6 月推出的美国《国家安全战略报告》，提出了“亚太战略重心”的新概念。紧接着，美国加快步伐，并打出一系列“组合拳”，强化与亚太国家在政治、军事、外交和区域一体化等领域的全方位合作，以确保其在该地区的战略利益和主导地位。

比如，美国不断强化在亚太地区的军事部署和战场建设，给我国外部安全环境增添了新的变数和不确定性。2010 年由时任美国国防部部长盖茨发布的新版《4 年防务评估报告》，正式确认“空海一体战”的新概念，并授权美国空、海军加紧研究制订相关政策与计划。2011 年夏，接替盖茨任国防部部长的帕内塔下令，将这一新的作战理论作为核心准则予以全面贯彻实施，并在国防部专门成立了“空海一体战办公室”。2012 年 1 月 5 日，奥巴马打破惯例，亲往五角大楼，与帕内塔和参谋长联席会议主席邓普西一起，向全球宣布题为《维持美国全球领导地位：21 世纪防务的首要任务》的美国新战略指针，正式从国家军事战略层面上，公开推出“空海一体战”，并使之成为牵引美国战略转型和全球战略重心东移的支撑点与理论基础。实际上，这个概念要求制订一项重要的空军和海军的系统计划，以遏制中国的“反介入”和“区域拒止”武器。这一作战概念，遏制中国的军事战略意图尽显。在这一概念的指导下，美国海军将改变在太平洋与大西洋分别部署 50% 的格局，变成在太平洋部署 60%、在大西洋部署 40%，并把 11 个航母编队中的 7 个部署到太平洋，把 18 艘核潜艇中的 12 艘部署在亚太地区。随着战略重心的转移，美国亦开始积极推进亚太地区的导弹防御网络建设。据报道，美国计划在日本南部岛屿部署“X 波段雷达”，与日本北部早已部署的另一雷达系统互相补充，形成完整的防御网。

再比如，美国加速在亚太地区投棋布子，不断对我国进行战略遏制和打压，试图牵制我国的快速发展。在战略定位上，美国将亚太视为“未来世界力量中心”，并把经略跨太平洋关系提升至与构建跨大西洋体系同等重要的地位。奥巴马于 2009 年 11 月访问日本时高调宣布，他是美国首位“太平洋总统”，将继续保持并增强美国在亚太的“主导地位”。美国前国务卿希拉里·克林顿提出，21 世纪世界的战略和经济重心将在亚太地区，要打造“美国的太平洋世纪”。2012 年新年伊始，美国即系统阐述了新的亚太战略构想。奥巴马把美国在亚太地区的存在与使命看作美国国家安全团队的首要任务。在战略布局上，美国不断扩大与亚太地区国家的接触，加强与日本、韩国、澳大利亚、菲律宾等传统盟国的同盟关系，建立与印度、越南、印度尼西亚等国的新型伙伴关系，强化美日韩、美日澳等地区多边机制。总的来看，美国不断加大周边国家对中国的离心倾向，使中国同周边国家的政治互信有所降低，使中国周边安全环境的不确定性大大增加。

奥巴马说："我不接受美国成为世界第二，虽然这可能面临重重困难，虽然可能会有种种不好听、争论不休的声音，但是，现在是时候认真解决这些阻碍我们发展的问题了。"① 为此，稳居世界第一的美国需要找到一个敌人。分析、比较之后，它觉得中国的发展态势最具备这种可能性。这就是中美关系日益困难的一个重要背景。越是在这样的背景下，坚持和发展中国道路、中国制度，越关乎我们的核心利益和战略底线。只有努力"建设与我国国际地位相称、与国家安全和发展利益相适应的巩固国防和强大军队"②，不断提高"能打仗、打胜仗"的能力，才能有效应对国际体系加速演变和深度调整的大变局所带来的风险与挑战，为中华民族伟大复兴提供安全保证。

（二）冲突频仍的天下局势还远未太平

冷战结束后的20年间，国际格局不断演进，亚洲金融风波、"9·11"事件、阿富汗战争、伊拉克战争、国际金融危机、中东局势震荡等世界大事层出不穷，世界范围内的全球化、多极化、区域化趋势持续发展，和平、发展、合作三大潮流交织前行，国际关系、国家关系发生新的变化，恐怖主义、分裂势力和极端势力成为世界和平与安全的新威胁。这些都使全球安全秩序呈现出前所未有的新特点。③

第一，国际形势虽然总体稳定，但不稳定、不确定的因素增加，局部

---

① 《奥巴马发表首份国情咨文不接受美国成为世界第二》，参见 http://intl.ce.cn/zgysj/201001/29/t20100129_20885249.shtml。

② 胡锦涛：《坚定不移沿着中国特色社会主义道路前进　为全面建成小康社会而奋斗——在中国共产党第十八次全国代表大会上的报告》，人民出版社2012年版，第41页。

③ 参见李慎明、张宇燕主编：《国际形势黄皮书：全球政治与安全报告（2013）》，社会科学文献出版社2012年版，第1—17页。

地区战乱和冲突有较大幅度的增加。以 2011—2012 年度为例，全球重大武装冲突在数量上与 2010—2011 年度相比有所增加，但冲突地区没有变化，仍然集中在中东、南亚和非洲东北部。具体而言，全球重大武装冲突发生的国家或地区包括：亚洲的阿富汗、印度、巴基斯坦、泰国，中东的叙利亚和伊拉克，南美洲的哥伦比亚，非洲的索马里、苏丹、南苏丹、刚果（金）和尼日利亚。其中，有一些新的冲突动向值得关注。比如，阿富汗战争进入尾声，北约部队在 2014 年年底之前撤出阿富汗。但是，撤军并不意味着战争的结束与和平的到来。美国、阿富汗政府与塔利班之间的和谈陷入僵局。美国将会长期保留在阿富汗的军事存在，三者之间的较量将长期持续。再比如，叙利亚内战正酣，叙利亚政府与反政府武装互不妥协，武力对抗不断升级。叙政府相对孤立。一方面，大量政府高官的倒戈和变节削弱了巴沙尔政权的力量；另一方面在国际社会仅得到了中国、俄罗斯、伊朗等少数国家的支持。相比之下，叙利亚反政府武装却得到了西方国家，沙特、卡塔尔、土耳其以及利比亚新政府的多方面支持，实力不断壮大。由于安理会成员之间存在严重分歧，联合国在冲突中的调停作用十分有限。

第二，中东、北非局势持续动荡，给世界安全形势带来不少变数。国际军事热点很多，最热的地方位于大中东地区。这一地区一向极不稳定。近年来，经济危机导致该地区民生困顿，加之美国等西方世界插手地区内部事务，更加剧了地区局势的动荡。随着“茉莉花革命”席卷中东，部分一党独大的威权国家或迅速垮台，或岌岌可危，长期受到打压的伊斯兰势力、中左翼反对派及民间组织的影响迅速上升，地区传统政治格局面临重大调整。在突尼斯，执政多年的本·阿里政权在不到一个月的时间内迅速垮台；在埃及，执政 30 余年的穆巴拉克在动乱发生 18 天后就被迫宣布辞职；在利比亚，靠政变夺权上台的卡扎菲政权于国内反对派和北约的双重打击下土崩瓦解；在也门，民众抗议迫使萨利赫总统下台，执政集团内部发生分裂，国家陷于内战。中东国家面临的深层矛盾无法得到根本解决，国家稳定的根基短期内难以建立，地区乱局还将延续。我们已经看到，突尼斯、埃及、利比亚和也门等国实现了政权更迭，但仍不时出现暴力冲突，整个地区继续处于动荡之中。在后卡扎菲时代的利比亚，新政权尚未稳固，国内武装派别林立，东、西部分化，卡扎菲的支持者多次发动袭击，试图颠覆新政府。在埃及，2012 年 6 月 18 日，埃及穆斯林兄弟会候选人穆罕默德·穆尔西赢得总统选举。2013 年 7 月 3 日，埃及军方宣布罢免总统穆尔西，而其所在政党穆斯林兄弟会也被驱逐下台。2013 年 10 月 9 日，埃及社会团结部部长宣布，正式解散穆斯林兄弟会（穆兄会）注册的非政府组织。动荡和纷争带来政治分裂、经济停滞，埃及国内的安全形势不容乐观。从局势的发展看，叙利亚愈演愈烈的内战成为地区动荡的焦点。伊朗核问题的僵局仍在持续。在西方国家经济制裁的高压下，伊朗国内经济严重受损，社会不满情绪日增。对于伊朗核问题，以色列一直坚持强硬立场，谋划以军事手段解决。可以说，战争的阴影一直笼罩在伊朗上空。特别是近来异军突起的 ISIS 组织①，给世界安全形势带来了巨大威胁。

第三，从军备与裁军的整体情况来看，我们还很难看到安全和稳定的曙光。以 2011 年为例，全球军费开支总额为 1.738 万亿美元，与 2010 年基本持平。根据斯德哥尔摩国际和平研究所公布的数据，2011 年，军费开支居前 10 位国家的军费总和达到 1.2899 万亿美元，占世界军费总额的近 74%。美国仍然是世界上军费开支最大的国家，达 7110 亿美元，占世界军费总额的 41%；中国排名第二，占世界军费总额的 8.2%。无论是数额还是比例，美国的军费都远远高于后面 9 个国家的总和。重视军事技术创新和发展的美国，在未来一段时间内，有可能将多种关键技术应用于军队装备并投入实战。在亚太地区，军备发展的规模和速度值得关注。俄罗斯计划在 2020 年以前花费 7300 亿美元重新武装、升级军队，打造武器现代化；

---

① ISIS，即 The Islamic State of Iraq and Greater Syria（ISIS 或 ISIL），是 2014 年新锐恐怖组织“伊拉克和大叙利亚伊斯兰国”的英文名称缩写，详见 http://baike.haosou.com/doc/7485720.html。

澳大利亚计划在今后20年花费2730亿美元，对军队进行现代化改造；日本在2012年投入14亿美元采购P-1反潜巡逻机和“苍龙”级潜艇等装备，以提高对周边海、空域的情报侦察和作战能力；2010年以来，印度军队不断加强北部边境地区陆、空军基础设施建设并强化前沿兵力部署，其数量、规模及覆盖范围为近年来之最；此外，东盟国家也开始全面加强成员国间的防卫产业合作。

第四，恐怖主义仍然是世界安全形势的一个毒瘤。随着各个国家反恐力度的加大，全球恐怖主义活动进入了一个低潮期，“基地”等恐怖主义组织暂时失去了发动有组织、大规模恐怖主义袭击的能力。根据美国国务院的统计，2013年，全球发生恐怖袭击9707起，比2012年增长43%。[①]反恐形势不容忽视。一方面，欧美国家面临的恐怖主义威胁出现了本土化趋势，“独狼式个人恐怖主义”凸显，主要原因是国内极端主义思潮上升以及不同族群间的矛盾和宗教差异激化；另一方面，中东、北非动荡，为国际恐怖主义势力“暗度陈仓”提供了机遇。“基地”组织的分支机构四散开花，趁乱坐大，从西亚的伊拉克、阿拉伯半岛的沙特和也门、西北非的马格里布地区，最后到南亚的阿富汗和巴基斯坦，已形成了一条恐怖新地带。而且，高科技、大规模杀伤性武器与恐怖主义的结合渐露苗头。据英国《泰晤士报》的消息，2009年10月9日，法国特工秘密逮捕了一名在瑞士日内瓦的欧洲粒子物理研究所工作的科学家。他是阿尔及利亚裔法国人，一同被捕的还有其弟弟。他们涉嫌向伊斯兰马格里布“基地”组织提供了一系列可供恐怖袭击的核设施目标清单。紧接着，英国《每日邮报》又曝出这名核物理学家曾经在英国顶级研究机构牛津某重要实验室工作过一年。这对兄弟可能曾密谋将核原料从一个实验室偷运出去，用于制造并发动“脏弹”袭击，或者在敏感设施内放置炸弹。

第五，现行国际安全机制举步维艰，运行效果喜忧参半。联合国作为

① 美国《2013年国家反恐报告》，参见 http://club.kdnet.net/dispbbs.asp boardid = 1&id = 10030088。

唯一具有权威性的国际安全机制，应该说在重大国际安全事务中发挥了不可替代的积极作用，特别是在维护全球的战略稳定、防止大规模武装冲突、进行人道主义救援、组织国际维和行动、应对各个领域的全球性危机等方面，发挥了不可替代的重要作用。但在处理某些地区热点问题和应对单边主义行为时，它显得力不从心和无可奈何，其权威性受到极大挑战。在叙利亚问题上，2012 年 2 月 25 日，联合国前秘书长安南出任联合国—阿盟叙利亚危机联合特使，领导联合国叙利亚监督团的工作。尽管安南和联叙监督团开展了大量的斡旋、监督与维和工作，但叙利亚危机并未得到缓解。8 月 2 日，安南宣布因“无法有效督促叙政府和反对派采取必要措施开启和平进程”，到 8 月底时将不再续任联合国—阿盟叙利亚危机联合特使一职。8 月 16 日，联合国安理会决定，在 8 月 19 日授权结束后，不再继续联叙监督团的任务。我们看到，在东北亚、南亚、中东等冲突不断的地区，至今尚没有建立起有效的地区安全机制。

二、 周边狼烟中弥漫着多重安全威胁

我国陆海兼备，边境辽阔，不仅有大批邻国，而且强邻多，是当今世界地缘环境最复杂的大国之一。我们的邻居里，既有像日本这样的世界发达国家，也有当今世界最贫困的国家。在 40 多个贫困国家当中，有近 10 个国家都是中国的邻国；当今世界有 25 支最强大的军队，其中 8 支在中国的周边；当今世界人口超过 1 亿的国家有 11 个，其中 7 个在中国周边；当今世界公开宣称拥有核武器的国家有 8 个，其中 5 个在中国周边；21 世纪，世界有五大潜在热点冲突地区，除了中东的波斯湾以外，其余 4 个从中亚、南亚、台湾海峡到东北亚朝鲜半岛都在中国周边。最近几年，随着中国和平发展步伐的加快、世界战略格局的不断调整，中国面临的维护周边安全与稳定的挑战增大了，与周边国家的领土主权和海洋权益争议升温，面对的军事压力加大，周边存在的安全隐患增多。可以说，中国周边环境中的紧张化和不确定因素的影响增大，安全形势严峻。

（一）扑朔迷离的东北亚安全形势

朝鲜半岛始终是东北亚安全形势的焦点。朝鲜半岛在东北亚具有特殊的地缘价值，有人曾形象地称朝鲜半岛是“扼制俄罗斯南下的咽喉，刺向日本心脏的尖刀，敲击中国头部的铁锤和美国抢占东亚的桥头堡”。[①] 有战略家指出，如果美国控制了朝鲜半岛，就控制了挤压俄国、威逼中国首都的主要方向，并可牵制日本，收一石三鸟之利。可见，朝鲜问题在东北亚安全形势中的重要性。

冷战结束后的东北亚地区一直处在不确定的状态之中，局势时紧时缓。朝鲜半岛局势涉及一系列问题。首先是朝核问题，该问题产生于20世纪90年代初，先后发生多次朝核危机。第二次朝核危机发生于2002年，为解决此次危机，自2003年起，中、朝、美、韩、俄、日在北京举行六方会谈。到2008年，六方会谈已进行六轮并达成了一系列文件协议。至此，朝核危机似乎出现转机，但次年，朝鲜突然进行核试验导致危机延续，六方会谈由此中断。我们看到，2007年年底李明博当选韩国总统后，他放弃已执行10年的“阳光政策”，对朝鲜采取敌视、对抗政策，导致朝鲜半岛局势升级。2010年3月，朝韩之间发生“天安舰”事件，造成韩国47名士兵死亡；11月23日，又发生延坪岛炮击事件，造成韩国2死2伤，东北亚局势骤然紧张，战争一触即发。之后，韩美两国在黄海多次举行联合军演，美军核动力航母“乔治·华盛顿”号首次开进黄海参加军演，加剧了地区紧张局势。中国提议召开六方会谈团长紧急磋商会议，商讨半岛局势，遭到美、日、韩拒绝。美、日、韩三方，尤其是美国不断向中国施压，要求中国影响朝鲜，放弃其核计划和挑衅行为，甚至改变其现政权，遭到中国拒绝。在中方的斡旋下，半岛危机暂时和缓。但韩国在12月16日宣布将于12月21日在延坪岛举行实弹演练后，12月17日，朝鲜人民军司令部表示坚决反对，声称如果韩国不停止在延坪岛演习，朝鲜将施以

---

① 刘胜志：《东北亚战略局势之朝鲜半岛给我军实战化训练的启示与思考》，《科技视界》2013年12月15日。

更猛烈的报复，半岛局势再次紧张。中俄要求朝韩双方冷静、克制，并要求韩国放弃军演，遭到韩国拒绝，而美国称韩国有权利举行军演。同时，美国宣布其核动力航母“卡尔·文森”号正在驶向东亚的航程中。在中国的斡旋下，朝鲜未对美韩军演进行反击，让国际社会松了一口气，但战争的危险仍然存在。

2013 年，朝鲜半岛的局势骤然紧张起来。2 月 12 日，朝鲜进行了第三次核试验。3 月 7 日，联合国安理会一致通过第 2094 号对朝制裁决议。3 月 1 日至 4 月 20 日，20 余万名韩军和 1 万余名美军联合进行地面、海上、空中以及特殊作战演习，美核潜艇、B－52 战略轰炸机、B－2 隐形轰炸机参加演习。3 月 8 日，朝鲜祖国和平统一委员会发表声明，称全面废除朝韩之间的互不侵犯协议，废除朝鲜半岛无核化共同宣言，同时切断朝韩热线电话等板门店联络渠道。朝鲜人民军也宣布 1953 年签订的《朝鲜停战协定》“完全无效”，朝鲜从 3 月 17 日起可在任意时刻对任意对象发动无限制的精确打击，提前完成祖国统一的夙愿，并将针对美国等各种敌对势力的敌对行为采取更加强有力的第二次、第三次应对措施。3 月 11 日至 21 日，韩美举行“关键决心”联合军演。1 万多名韩军和 3500 多名美军在韩国联合参谋本部的主导下，联合进行计算机模拟、实弹射击、空中打击和城市巷战等演习。3 月 28 日，朝鲜人民军宣布进入一级战斗值勤状态。4 月 3 日，朝方下令开城工业园区内的韩方人员仅许离开，不得入内。4 月 6 日，朝鲜建议所有外国驻朝使馆撤离。4 月 8 日，朝鲜政府宣布撤出全部朝方工人，暂时关闭开城工业园区。4 月 27 日，韩方开始撤离滞留在开城工业园区内的全部韩方人员。但是到了 5 月 24 日，朝鲜突放积极信号，派特使访华并递交金正恩的亲笔信，称愿意参加六方会谈。由此，半岛局势又一次趋于缓和。

朝鲜半岛对抗双方的战争边缘政策，使中国的国家安全受到了严重威胁。美国、韩国对中国在“天安舰”事件和延坪岛炮击事件后的反应颇为不满，指责中国“不主持公道”，一味“偏袒朝鲜”。延坪岛炮击事件发生后，中方关于迅速重启六方会谈、进行紧急磋商的提议遭到美、韩、日三国的拒绝，使中国的外交遭遇挫折。中美关系和中韩关系因此受到损害，韩国国内对中国的不满情绪也迅速上升。显然，朝鲜半岛局势始终是中国安全环境的一大隐患。更进一步说，如果朝鲜半岛形势恶化，出现了战争，我们可以想象，最直接的，必然导致半岛敌对双方两败俱伤，7000 多万生灵涂炭，会造成数以百万计的难民涌入中国，给中国边境安宁造成困难。更巨大的潜在安全威胁还不在此，朝鲜成了美国和日本在东亚建立导弹防御“盾牌”的借口。这一系统表面上旨在保护美日两个国家免受平壤导弹的威胁，但它最终将被用来针对中国，让中国不要认为自己的导弹会使其成为无可匹敌的地区强国。我们已经看到，在半岛局势持续紧张升级的过程中，美日、美韩之间不断加强协同，特别是在联合作战领域进一步采取了协调措施，一个攻防兼备、海空一体的美、日、韩三边安全机制雏形初现。这不仅助推了半岛局势的进一步紧张，而且也给中国国家安全带来了严峻的挑战。

（二）随时可能升温的东海局势

第二次世界大战后，特别是改革开放以来，中日两国的联系日益紧密，但分歧和安全隐患常在。在经济方面，中日贸易额从中国改革开放初期的几十亿美元发展到近年的 2000 多亿美元，增长了 20 多倍。日本成为中国第一大贸易伙伴，日本还是中国引进外资和技术最多的国家之一。但在政治方面，一个时期以来，中日之间出现一系列问题，历史教科书问题、参拜靖国神社问题、日美加强军事同盟问题、东海大陆架划界问题、钓鱼岛问题等，严重干扰两国关系的发展，特别是我在东海方向与日本的海洋权属争端日趋激烈。

20 世纪 90 年代以来，由于中国迅速发展，“中国威胁论”首先在日本国内出现。小泉纯一郎执政时期，因为参拜靖国神社问题导致两国关系恶化，两国首脑长达六年没有进行互访，双边关系出现“政冷经热”。2007 年安倍晋三上台后，经过双方共同努力，实现了“破冰之旅”“融冰之旅”和“暖春之旅”，双方承诺建立面向新世纪的战略互惠关系。后来的福田康夫和麻生太郎政权也基本坚持这一大方向。2010 年，民主党掌握日本政权，鸠山由纪夫新政府试图进一步改变日本“脱亚入美”的外交政策，实现真正的“脱美返亚”，与中国合作，结果因为美军驻冲绳基地问题处理不当而被美国逼下台。新首相菅直人只好对美国亦步亦趋。正在此时，2010 年 9 月 7 日，中日在钓鱼岛发生撞船事件。由于日本内阁中“鹰派”抬头，打破中日前辈领导人在钓鱼岛问题上达成的默契，逮捕中国船长，并用日本国内法处理，导致中国反制。在中国禁止对日稀土出口、停止东海油气田谈判等一系列强力反制措施的压力下，日本无条件释放了中国船长，但日本国内的对华友好态度急剧下降。据参考消息网 2014 年 12 月 22 日报道，日本政府的调查结果显示，有越来越多的日本人对中国和韩国“不抱亲近感”，比率分别高达八成和六成以上，创下自 1978 年开始调查以来的最差纪录。① 中日关系跌入建交以来的最低点，而且日本民主党政府借钓鱼岛撞船事件，加强日美安保合作，把钓鱼岛及其海域纳入日美安保条约适用范围，并在钓鱼岛附近海域举行历年来最大规模的军事演习，还邀请韩国作为军事观察员参与军演，有意加强美、日、韩三国同盟，围堵中国。2010 年 12 月 17 日，日本政府通过新的《防卫计划大纲》，决定把军事防御重点从北方海域转移到西南海域，即冲绳附近海域。新军事布局以应对朝鲜局势、中国军力，以及多元化的恐怖袭击为重。日本首次在防卫大纲里，指中国的军事动向是“地区和国际社会的担忧事项”。

上面提到的钓鱼岛撞船事件，是多年来中日之间领海主权之争的一次集中爆发。钓鱼岛及其附属岛屿处于东海大陆架边缘，总体面积 5.6 平方公里，独特的地缘位置决定了其重要战略价值。根据《开罗宣言》，钓鱼岛应与台湾一道归还中国，但由于中国当时的实力不强，没有采取必要的行动。第二次世界大战后，钓鱼岛和冲绳一直由美国管辖。到 1969 年，美日之间签订归还冲绳的协议，擅自将钓鱼岛也划入了归还区域。美方将钓鱼岛的管辖权交予日本，为中日今天的争端埋下隐患。1978 年中日缔结和平友好条约时，中国提出了“搁置争议”的解决办法，日本当时也予以了

① 参见 http://www.dzwww.com/xinwen/shehuixinwen/201412/t20141222_11594524.htm。

积极回应。但是，到20世纪90年代后，由于日本政权变换频繁，保守派势力增大，对华关系出现严重倒退，日本控制钓鱼岛的企图也愈发明显。直到今天，矛盾进一步激化。

日本公开宣称钓鱼岛是“日本固有的领土”，并与我争夺东海大陆架与专属经济区的权益，加剧了中日之间的矛盾与冲突。目前，日本不断加大对西南地区的军事部署和东海方向的海、空军作战兵力；同时，还与美国重订日美安保条约，并将所谓“周边地区”纳入其防卫范围，力求在中日领海、岛屿之争中取得军事优势，使钓鱼岛相关海域的形势更加尖锐复杂。2012年伊始，日本接连在钓鱼岛问题、历史问题上搞起小动作：先是石垣市地方4位议员悍然登岛，接着又给钓鱼岛附近的所谓“离岛”命名，随后又将钓鱼岛附属岛屿北小岛登记为“国有财产”。2月，名古屋市市长公开否认南京大屠杀的历史，使原本良好的名古屋市和南京市的民间交流中断。另外，日本海洋测量船在东海进行单方面海洋调查，引发中日双方主权争执。3月初，日本司法部门强制起诉2010年钓鱼岛撞船事件中的中国船长。4月中旬，日本东京都知事石原慎太郎再次挑起事端，声称要从“私人”手里“购买”钓鱼岛。随后，这幕闹剧从募集资金、提交法案，到议员视察、垂钓大赛，再到所谓的“国会质询”，表演得愈发出格。然而，日本政府对右翼势力的这些冒险举动非但没有制止，反而与前者合演双簧，借机推出钓鱼岛的“国有化”政策，打着所谓“稳定管理”的旗号，趁机强化对我钓鱼岛的非法占领。9月11日，日本内阁无视中方的一再警告，决定从2012年度国家预算中拨出20.5亿日元，“购买”钓鱼岛的主岛、南小岛以及北小岛。这一恶意挑衅行径，严重侵犯中华民族的领土主权和海洋权益，严重破坏亚太地区与世界的和平稳定。伴随着日本在钓鱼岛问题上得寸进尺的举动，中国国内反日情绪高涨，多地爆发反日游行示威，中日两国间的文化交流活动全面停滞。由于日本的行为使得领土争议不可能再搁置，中国采取了坚决的维护主权的措施。中国宣布了钓鱼岛及其附属岛屿的领海基线，出动公务船开始对钓鱼岛及其附属岛屿进行常态化巡逻。

从当前的形势来看，由于中日两国政府在领土问题的立场上无路可退，钓鱼岛争端的持续会使两国关系长期处于对立状态。现在，这一对立状态已直接影响到了两国的经贸关系。虽然两国政府都清楚恢复正常关系符合双方利益，但不可调和的领土问题已成了维护大局的症结。目前看来，如果日本政府或者右翼极端分子进一步作出加剧摩擦的动作，加强日本自卫队对于相关岛屿的防卫力和威慑力，那么，中日关系和东北亚地区的安全稳定势必会面临更为严峻的挑战。

（三）波谲云诡的南海主权争端

南海问题即南海岛屿及其水域的主权归属问题，涉及中国与越南、菲律宾、马来西亚、印度尼西亚、文莱六国的争端问题。南海诸岛自古属于中国。到了现代，中国在南海拥有主权的最主要依据，是1947年国民党政府根据中国传统疆域线绘制完成的U形线，这条线的最南端到达曾母暗沙。这条线公布后的20多年里，周边国家一直没有提出异议。但20世纪60年代末以后，由于油气资源的发现和1982年联合国海洋法的出台，南海问题开始出现。南海诸岛地处太平洋和印度洋之间国际航道的要冲，是扼守马六甲等重要海峡的关键所在。同时，南海诸岛及其周边海域蕴藏大量油气资源且具有重要的经济价值。所以，南海沿岸各国对南海岛屿及其水域觊觎已久，甚至不择手段，窃为己有。加之近几年美国的战略重心转移到亚太，一些国家更以为找到了靠山，狐假虎威，在南海问题上不断制造事端。

南海的现状异常复杂。虽然南海自古以来就是中国领土，中国对南沙群岛及其附近海域拥有无可争辩的主权，但现实情况是，南海的岛礁大多被周边国家占领，海底资源被周边国家大肆开采。其中，越南占据的岛礁最多，达29个；菲律宾其次，占据9个；马来西亚占据5个。针对南海主权争端，中国一直主张和平解决。早在20世纪80年代中期，中国政府就提出“主权属我，搁置争议，共同开发”的主张，愿意在争议解决之前，同有关国家暂时搁置争议，开展合作。1997年，中国—东盟非正式首脑会晤发表《联合声明》，一致赞同以和平方式与友好协商妥善解决南海问题。

2002年，中国与东盟10国签署《南海各方行为宣言》，承诺在争议解决之前，有关各方共同保持南海地区的和平与稳定。近年来，中国还与有关国家就南海问题多次进行磋商，达成一定共识。但奥巴马政府上台后，美国的战略重心从中东向亚太转移，开始重新重视东南亚在遏制中国方面的重要战略地位。2009年7月，美国加入《东南亚友好合作条约》，高调宣布重返东南亚，意图制衡中国。2010年3月，当时的国务委员戴秉国向美国政府高官表示南海是关系到中国领土完整的核心利益之后，美国国务卿希拉里·克林顿在7月举行的东盟地区论坛上发言表示反对，称美国在南海具有重要国家利益，主张建立国际机制进行合作与磋商，反对任何国家使用或威胁使用武力，企图把南海问题进一步国际化。在美国的怂恿下，2011年6月以来，中越、中菲的南海主权争议持续升级。越南率先在争议海域举行军演。菲律宾则先把南中国海更名为“西菲律宾海”，然后派军舰巡航，再与美国举行联合军演，要求美国重新武装菲律宾，2013年1月22日，菲律宾向中方提交了就南海问题提起国际仲裁的照会及通知。2月19日，中方声明不接受菲方所提仲裁，并将菲方照会及所附通知退回。菲外长德尔罗萨里奥对外宣称，中国拒绝参加有关南海争议的仲裁不会阻挠这场诉讼的进行。[①] 越南一方面从俄罗斯增加军购，加强海、空军实力；另一方面，积极拉拢美国，抗衡中国。针对南海局势不断升级，2011年6月28日，美国国会参议院通过“南海决议”，指责中国在南海争端中动武，要求采取多边的和平方式解决争端，并支持美军采取行动，确保“航行自由”。美国在南海问题上的一系列动作表明，它正在东南亚构筑围堵中国的包围圈。美国重新介入南海，将使该地区的安全形势变得更加复杂，使南海问题的最终解决更加困难。南海问题“被核心”，使中国的南海政策受到围攻。中国站在风口浪尖，维护局部地区安全所面临的挑战更加艰巨。

---

① 参见新华网2013年4月27日的报道，http://news.xinhuanet.com/world/2013-04/27/c_124639566.htm。

当前，在南海问题上最需要引起关注的，是菲律宾和越南与中国的领土、海洋权益争端。菲律宾小动作不断，一再制造事端，搞一些自欺欺人的小把戏，其泼皮嘴脸着实让人生厌。越南官方对南海争端的立场日趋强硬。2012 年 6 月 21 日，越南国会通过《越南海洋法》。该法将中国的西沙群岛和南沙群岛包含在所谓的越南“主权”与“管辖”范围内，试图通过最高层级的海洋基本法律对西沙群岛和南沙群岛作出明确规定的方式，为其炮制“西沙争议”、固化南沙所谓“主权”提供新的“法律依据”。与此同时，越南还不断派出空军战机对南沙群岛一些岛礁进行所谓的“巡逻侦察”。同时我们看到，越南、菲律宾等有关声索国背靠东盟，企图凭借东盟一体化“抱团”制华。值得注意的是，在 2012 年 11 月举行的东亚峰会上，除柬埔寨、缅甸外，其余 16 个国家都谈到了海上安全问题，其中大部分国家表达了对南海问题的关心。2012 年 7 月，在柬埔寨举行的东盟外长会议上，因为菲律宾执意要将中菲黄岩岛争端写入联合公报，遭到柬埔寨等国反对，进而导致东盟成立 45 年来首次未能发表联合公报。不难看出，这种强行用一己私利绑架东盟集体意志的做法，其本质是要推动南海问题的多边化，约束中国手脚，强化非法利得。

除此之外，其他一些国家也趁机出来搅局，使南海局势愈益复杂化，出现军事摩擦和冲突的危险性大大提高。比如日本，它不仅出资帮助菲律宾训练沿海警备部队，而且还与菲律宾建立了有关南海问题的情报交换机制。日本在南海问题上搅局，一方面是有意促成南海、东海两翼策应之势，借扩大南海问题来给中国的东海政策施加压力；另一方面，则是希望通过南海问题拉拢一些东盟国家，加深同这些国家的关系，夺取东亚整合的主导权，抗衡中国的地区影响力。

（四）不容忽视的西南边防安全

西南边防安全最让人关注的是中印边境问题。目前，中印关系基本稳定，但印度对中国的军事防范心理仍然很强。其中最掣肘的问题，就是领土争议问题。中印之间的领土争议涉及三块地区：西段、中段和东段，共计 12 万多平方公里。西段为阿克塞钦地区，面积约 3 万平方公里，由中国控制。中段 2000 多平方公里被印度控制。东段为“麦克马洪线”① 以南的藏南地区，大约 9 万平方公里，被印度控制。1986 年，印度在该地区成立了所谓“阿鲁纳恰尔邦”。中印关系中的另一个问题是西藏问题。2003 年，印度政府明确承认西藏是中国领土的一部分，不允许包括达赖在内的西藏人在印度领土上参与反对中国的政治活动。但是，印方对自己的承诺只兑现了一半，达赖的“流亡政府”在印领土上长期存在并进行分裂祖国的活动，这与印度政府的暗中支持有着密切的联系。

最艰难的中印边界问题谈判已举行 10 多轮，自 2003 年开始的边界问题特别代表会晤也举行了 14 次，但边界争端至今仍无法解决。印度一边利用谈判为幌子；一边通过移民进行实际控制和永久占领；一边宣扬“中国威胁论”，发展核武器，加强常规军力，在中印边境增兵，还不断加强与美国的安全合作，制衡中国。美国除了在东北亚和东南亚积极组建包围圈围堵中国之外，还在南亚拉拢与中国有边界纠纷的印度，共同遏制中国。2010 年 11 月，奥巴马率领 215 人组成的庞大代表团访问印度，一方面加强与印度的经贸合作，以实现其上台执政时承诺的贸易倍增计划；另一方面，加强与印度的战略合作，尤其是核合作，在中国的西南边境加强对中国的遏制与围堵。此外，自 20 世纪 90 年代以来，印度就采取“东进”政策，加强与东北亚和东南亚国家的国防关系；近年来，更加强与日韩的关系，以便在与中国的关系出现危机时，对华有一定遏制作用。另外，在复杂的中、印、巴三角关系中，虽然近年来中国在印巴之间采取中立立场，尽力调解两国争端，但印度对中国的战略猜疑很难消除。

实际上，自中印边境自卫反击战以来，印度一直不服气，始终把中国作为发展其军事力量，特别是核武器和远程洲际导弹的借口与对手。2012

---

① “麦克马洪线”（Mc Mahon），是一条由英国探险家为印度测量时划的一条位于英属印度和西藏的边界，把原本在西藏境内资源最丰富的南部 9 万多平方公里土地（俗称为“藏南”），划进了英国的印度殖民地，导致中国西藏历来有效行使统治权的领土向北压缩了 100 多公里。中国历届政府均未承认“麦克马洪线”。（http://baike.haosou.com/doc/1445357.html）

年4月，印度成功试射了可搭载核弹头的“烈火-5”型远程弹道导弹。除此之外，为了加强对印度洋的军事和战略控制，印度军方以安达曼—尼科巴群岛为中心，新建大量军事据点。这个群岛处于孟加拉湾中、缅甸以南，距离印度大陆800公里，控制着通往马六甲海峡的国际海上通道，是从西亚到南海所有海上运输的重要“咽喉”。印度海军还正式启用了巴兹海军航空站，该航空站位于安达曼—尼科巴群岛的最南端，处于马六甲海峡入口处，对印度在布莱尔港的海军航空兵基地和卡尔尼科巴岛上的空军基地可以起到补充作用。与此同时，印度海军还宣布逐渐增加部署在布莱尔港的军舰数量。这一系列动作表明，印度正有意识地强化在南海地区的军事存在。

2013年发生的“帐篷对峙”事件，更说明了中印两国关系中的隙痕。2013年4月15日，印度方面宣称，中国士兵“越过实际控制线入侵印度”并搭起帐篷，印度军方随即也在附近搭帐篷，双方形成特有的“帐篷对峙”局面。印度外交秘书兰詹·马塔伊召见了中国驻印度大使魏苇。魏苇被告知，印度希望立即解决问题，这意味着中国军队必须从扎营点撤退。4月13日，有媒体报道称，印度军方已从附近军区调集一个步兵团到拉达克地区，向中国施压，但两国的对峙并无丝毫弱化的趋向。事件持续20多天后，中印两国军队在边境克什米尔拉达克地区的“帐篷对峙”以平静的方式告一段落。双方军队同时向后撤退，结束了紧张局势。2014年9月15日，据《印度斯坦时报》报道，中国军队于前一周与印度安全部队处于剑拔弩张的对峙状态，超过130名印度军人和230名中国军人参与了对峙，事件前后持续了5天。这一事件严重到足以惊动印度总理莫迪办公室的程度。①

三、 国内发展中面临着复杂安全形势

对中国自身来说，传统安全威胁与非传统安全威胁都对国家安全形成挑战。中国作为一个尚未实现完全统一的大国，“台独”势力的一系列分

---

① 参见 http://news.sina.com.cn/c/2014-09-17/131730871924.shtml。

裂行径给国家领土完整带来严重威胁；“东突”“藏独”等民族分裂势力继续得到西方势力支持，危害边疆的发展和稳定；西方敌对势力利用一些热点问题兴风作浪，实施西化、分化中国的图谋并未改变，一直力图用西方的社会制度、意识形态和价值观念来改造中国。对这些安全威胁，我们要有清醒认识，进行有效应对。

（一）解决台湾问题仍旧任重道远

台湾问题是中国的核心利益。近年来，由于中国大陆和台湾当局的共同努力，两岸关系开启了和平发展的良好势头，取得突破性发展。目前，大小“三通”都已实现，《海峡两岸经济合作框架协议》（ECFA）已签订，两岸经贸关系更加密切，军事互信期待建立，和平发展与互利双赢的局面初步形成。

应该说，当前台湾问题的发展势头总体平稳，但也不可否认未来仍存在很大变数。马英九当局执政以来，台海局势趋向积极变化。在“九二共识”“一中各表”的政治大前提下，双方在诸多问题上均能达成共识，岛内政治生态渐现缓和。但当前阻碍两岸关系的根本矛盾并未得到解决，两岸关系发展仍面临诸多考验。就国民党而言，马英九当局奉行“不统、不独、不武”政策，在多种场合表明“任内不会谈统一”的立场，在发展两岸关系上采取“只经不政”的做法，回避、拖延两岸政治谈判，同时大力发展与美国的实质性关系。就民进党而言，在2011年8月出台所谓“十年政纲”，重弹“台独”老调，拒绝承认“九二共识”，推销“台湾共识”，力图将其“法制化”，视美国为台湾的主要依靠，谋求发展与日本的实质关系。特别是2014年11月29日，台湾地区举行历史上最大规模的“九合一”选举，蓝、绿执政板块出现大幅变动。全台22个执政县市中，国民党的席次从原来的4都11县市，变成1都5县，遭遇极大挫折。而民进党的席次则由原来的总共6个县市翻倍至13个，取得选举的巨大胜利。

虽然两岸关系暂时缓和，但仍然有不少隐忧，因此，决不能放弃维护安全、实现统一的军事决心。我国军事安全的核心，仍是坚定不移地反对“台独”、解决好台湾问题。这事关中华民族的伟大复兴，事关中国的长治久安和长远发展。但解决台湾问题，我们将面临复杂挑战。我们既要反对“法理台独”“以武拒统”和外部干涉，也要反对隐性“台独”分裂活动。2011 年，台湾《联合报》公布的一个民调结果显示，赞成两岸永远维持现状的比例为51%，赞成两岸尽快统一的占 5%，而赞成台湾尽快独立的占16%。这和该报在 2000 年做的同一民调结果相比，主张急统或缓统的比例，10 年来一共减少了 15 个百分点，主张急独或缓独的比例则略多 5 个百分点。尽管签署并通过了两岸经济合作框架协议，两岸经贸关系更为紧密，但我们对政治对立、军事紧张的形势不能有丝毫的幻想，军事斗争准备不能有丝毫的懈怠。

还要清醒地看到，阻碍两岸关系可持续发展的另一个大障碍是美国周期性对台军售，严重破坏两岸关系和损害中美关系。虽然美国一再表示乐见两岸关系改善，但一直口惠而实不至，坚持不放弃对台军售，继续把台湾当作“不沉的航空母舰”，通过台湾遏制中国大陆，防止中国海军突破第一岛链。2010 年年初，奥巴马政府批准小布什时期的对台军售法案，高达64 亿美元，导致中美军事交流全面中断。2011 年年初，胡锦涛对美国进行国事访问。在双方发表的联合声明中，美国表示欢迎两岸对话协商，但只字未提对台军售问题。这些年来，台湾当局为了增强自身防卫能力，不断要求美国对台军售，这是美国对台军售长期不能停止的重要原因之一。2011 年9 月21 日，奥巴马政府又宣布对台军售 58. 5 亿美元，给台湾现有的 145 架 F－16A/B 型战机提供性能升级，并提供飞行员训练及后勤备料；2014 年 12 月 4 日，美国国会参院审议通过对外转让海军舰只法案，授权美国总统以出售方式向台湾转让“佩里”级导弹护卫舰。美国政府故意搞军事平衡、搅局收利的用心毕现无遗。

（二）成长中带来的安全烦恼

“落后就要挨打”，通常也可以理解为落后就不安全。但是今天，我们要反过来思考这样一个问题：先进、发展了就一定会获得安全吗？那也不一定。落后有落后的安全威胁，发展以后会带来新的安全挑战。事实上，经济上去了，并不意味着其他所有问题都能自然而然地解决。它只是为解决其他问题奠定了雄厚的经济基础，不能取代其他能力和手段。比如，经济只是为安全提供重要的物质基础，但它不能成为替代安全的手段和能力，这是我们改革开放30多年总结出来的一条重要的经验教训。我们的经济搞上去了，但是在相当一段时期，保障国家安全的能力和手段与经济发展的需求尚存在明显差距，这是导致国家安全风险局部加大的一个重要原因。

改革开放30多年来，中国在综合实力增强的同时，面临的外界压力不是在减小，而是在加大，这就是当前形势给我们带来的第一大困境。即实力的增强，一方面改善了我们的安全环境，另一方面也导致了“中国威胁论”甚嚣尘上。如今，“中国威胁论”五花八门，不仅美、日有，一些发展中国家也有程度不同的“中国威胁论”。近年来，“军事威胁”“能源威胁”“生态环境威胁”“文化威胁”“信息威胁”不一而足。尤其是近来西方媒体又大肆炒作“中国食品威胁”“中国制造威胁”，这给我国带来了新的安全困扰，使我国处在两难选择之中。

随着我国改革开放的不断深入和越来越融入经济全球化，国家利益已开始超越国家的领土范围，向外大大拓展了，如海外市场、海洋和外太空都有我国的利益所在。过去，国家利益的拓展是殖民扩张和势力范围争夺，是血与火的强夺，那是大国、强国的专利，其结局是对抗和战争。全球化时代，利益的拓展是国家与国家之间利益的相互延伸和相互融合，其结果是合作、双赢和共赢。国家利益拓展客观上要求国家的安全能力要与之相适应，但现在我们面临的问题是国家利益拓展了，但维护国家安全的实力和能力还达不到这样的要求，这之间尚存在差距。差距就是安全风险，一个国家的利益与实力、能力之间的差距越大，安全风险就越大。

比如，近年来，我国的能源对外依存度上升较快，特别是原油对外依存度。2014年，我国的原油对外依存度为59.6%。[①] 国际能源机构预计，

① 参见《每日经济新闻》2015年1月14日。（http://www.cs.com.cn/xwzx/cj/201501/t20150114_4617930.html）

到2030年，中国石油消耗量的80%需要依靠进口。我国原油进口尚未摆脱来源地过于集中，且多为政局不稳定地区的矛盾。石油海上运输安全风险加大，跨境油气管道安全运行问题不容忽视。国际能源市场价格波动，增加了保障国内能源供应的难度，能源安全形势严峻。我国石油进口大多须经过马六甲海峡这条重要的海上通道，而目前，这条通道事实上被置于美国军事力量的控制之下。在中国对这条海上通道如此依赖的情况下，谁控制了马六甲海峡和印度洋，就等于把手放在了中国的战略石油通道上，就能随时威胁中国的能源安全。一旦出现意外，将给中国的能源安全造成极大隐患。再比如，随着中国海外企业增多、出境游人数逐年激增、留学人员广布各国，海外人员面临突发社会安全事件也成为国家安全不可忽视的重要方面。一个国家的安全边界在哪里？不是领土边界，而是利益边界。也就是说，国家利益走到哪里，就应该有相应的安全能力和手段保卫国家利益；否则，国家利益将随时面临丧失的危险。

总体上看，当代中国的崛起和发展，面临着极为复杂的安全和发展态势：传统安全威胁与非传统安全威胁相互交织，现实安全威胁与潜在安全威胁相互交织，国内安全问题与国际安全问题相互交织，军事安全威胁与其他安全威胁相互交织，国家战略利益拓展与维护国家安全相互交织。这些都是我们在发展中必须面对的烦恼。

（三）分裂破坏势力不可小视

受冷战结束后国际大气候的影响，中亚地区出现了“三股势力”，即民族分裂主义、宗教极端主义和国际恐怖主义。其目标是企图推翻中亚各国的世俗政权，并按照所谓“纯粹民族教义”建立“纯粹伊斯兰政权”。“三股势力”的典型代表为“乌兹别克伊斯兰运动”组织（简称“乌伊运”），其次是“乌兹别克伊斯兰解放党”（简称“伊扎布特”）。20世纪90年代后期以来，人数一度高达几万人的“乌伊运”得到阿富汗前塔利班政权和“基地”组织的大力支持，并在阿富汗接受训练、获取武器和经费，然后对乌兹别克斯坦、吉尔吉斯斯坦、塔吉克斯坦等中亚国家进行武装袭扰，从而成为中亚地区动乱的主要因素。进入21世纪以后，在中亚各国政府联合打击下，“三股势力”的嚣张气焰一度有所收敛。但近年来，由于受到阿富汗和巴基斯坦境内的塔利班势力的影响与支持，中亚地区“三股势力”重趋活跃。例如，2010 年 9 月，塔吉克斯坦军方一支车队在追捕越狱逃犯时，就遭到被认为是来自巴基斯坦、阿富汗和俄罗斯车臣地区的极端组织的恐怖袭击。“三股势力”的长期存在及其猖獗活动，不仅对中亚国家的安全构成威胁，也对中国西部地区的稳定造成重要影响。

多年来，以“疆独”“藏独”为主要表现形式的暴力恐怖势力、民族分裂势力、宗教极端势力“三股势力”，在新疆、西藏等地制造了种种暴行，严重影响了新疆、西藏的经济发展、社会稳定以及人民群众的生命、财产安全。

2009 年 7 月 5 日，新疆乌鲁木齐市发生的“7·5”打砸抢烧严重暴力犯罪事件，导致 197 人死亡、1700 多人受伤，其中绝大多数是无辜平民。事件中，受损房屋为 633 户，共计 2.135 万平方米；被砸烧的车辆达 627 辆；许多市政、电力、交通等公用设施遭到严重破坏。“7·5”事件给新疆的社会治安带来极大危害，给各族群众的生命、财产造成极大损失，给社会稳定构成严重破坏。无数事实雄辩地证明：新疆“7·5”事件是一起由境内外“三股势力”精心策划组织的打砸抢烧严重暴力犯罪事件。

2008 年 3 月，在西方反华势力的支持、操纵下，达赖集团精心策划、煽动、组织所谓的“西藏人民大起义运动”。3 月 10 日至 13 日，拉萨哲蚌寺、色拉寺、甘丹寺、大昭寺的部分僧人相继聚集闹事；为进一步制造轰动效应，达到分裂祖国的目的，3 月 14 日，在拉萨市及周边县城制造了举世震惊的“3·14”打砸抢烧暴力犯罪事件。18 名无辜群众被活活烧死或打死，382 人受伤，100 余户民宅，30 余处医院、学校、银行、新闻机构和机关、企事业单位被烧被砸被抢，80 余辆车辆被烧毁，造成直接经济损失近 2.8 亿元，严重破坏了社会稳定。

2013 年 6 月 26 日，发生在东疆小镇鲁克沁的暴力恐怖袭击事件，成为自乌鲁木齐“7·5”事件发生近 4 年来最为严重的暴力恐怖案件。鲁克沁镇是一个盛产哈密瓜和葡萄的“甜蜜小镇”，在它的主干道上，从西向东依次分布着派出所、镇政府、特巡警中队，沿街两侧多是商铺。镇中心的十字路口附近，聚集了来自甘肃、陕西、新疆石河子等地的上千名务工人员。每到收获季节，他们就聚集在这里采摘、搬运瓜果。6 月 26 日，一个很普通的日子，谁也没有想到，灾难会突然降临。早上 6 时许，暴徒先后袭击了鲁克沁镇派出所、特巡警中队、镇政府、建筑工地、个体商店和美容美发厅，并烧毁多辆汽车、摩托车。据公安部门提供的数据，“6·26”严重暴力恐怖袭击案件共造成 24 人死亡，其中维吾尔族 16 人、汉族 8 人，有 2 名女性。另有 21 人受伤。鲁克沁一中退休教师阿不力米提有早起散步的习惯。6 月 26 日清晨，他走到鲁克沁镇政府附近时，看到暴徒正在砍杀一名路人，立刻上前劝说制止，暴徒毫不留情地将屠刀砍向了这位善良、正义的老人；看见暴徒的疯狂举动，一位维吾尔族保安立即拨打“110”报警，并大声制止，也招来杀身之祸；鲁克沁镇棚户区改造项目工地遇到袭击，多名工人遇难……公安机关指出，受境内外敌对势力的影响，非法宗教活动、宗教极端思想近年来在新疆日渐突出。在宗教极端思想的蛊惑下，一些当地青年观看“圣战”视频，思想急剧发生裂变。此外，“三股势力”频繁通过互联网络造谣蛊惑，煽动民族对立和民族仇恨，加紧内外勾连，发展壮大组织。一些宗教极端组织和宗教极端分子，通过互联网进行非法宗教活动，传播宗教极端思想，鼓吹“圣战”，发展成员，组织、策划恐怖活动。

（四）新型安全问题提上日程

信息时代的来临将人类社会带到了网络世界中，人们越来越离不开网络。然而，网络世界是建立在非常脆弱的基础之上的：一方面，国家网络特别是政府、机关、军队、高校、研究所、金融、银行、电力、水利等重要国家机构的网络，时刻会遭到各种病毒的入侵和黑客的攻击；另一方面，国际互联网上陷阱密布，犯罪活动层出不穷，严重危害国家安全和青少年身心健康。打击网络犯罪、净化网络空间和环境、维护网络的正常和健康运作，已日益成为维护国际安全和国家安全的重要内容。

近年来，随着社会信息化迅猛发展，网络空间的安全问题日益凸显。

网络正成为一种新型作战平台、攻击武器和打击目标。网络攻防是大国竞争的新焦点，虚拟世界越来越成为现实战场。当前，各国都把掌控信息网络视为维护国家安全、保障国家竞争能力的基本任务之一。2011 年世界主要国家普遍把维护网络安全提升到新的战略高度，把“网军”建设作为军力建设的重要内容。美国国会公布多份关于网络空间安全问题的报告，明确地把网络空间列为与陆、海、空、天同等重要的第五大作战空间，提出“要像在其他战场一样，夺取在网络空间的绝对优势”，甚至提出必要时将采取常规军事手段慑止或反击重大网络攻击。① 其他主要国家也开始大力推进“网军”建设，纷纷组建网络战部队。网络空间的攻防较量逐渐趋于实战化。

与核恐怖主义和生物恐怖主义相比，网络恐怖主义是一种相对简单和容易得多的恐怖主义威胁形式。国际恐怖主义组织既可以将网络作为一个宣传平台，将恐怖主义推向虚拟世界，更可以通过虚拟空间对有形目标如供水、供电和通信等系统发动攻击。2007 年，爱沙尼亚遭受大规模的网络攻击，整个经济和社会秩序一度瘫痪。2008 年，格鲁吉亚在与俄罗斯的战争中同样遭遇了网络战，政府重要的网站全部瘫痪，直接影响到格鲁吉亚的战争动员与支援能力。2009 年 9 月，出现了一种名为“震网”的计算机病毒。它可自动寻找并攻击特定软件中的特定程序，并可能让设备自毁，成为第一种被发现的、能够通过虚拟空间对现实世界造成破坏的计算机病毒。2011 年 3 月初，韩国总统府、外交通商部及国家情报院等政府部门和金融机构等 40 个主要网站遭到了分布式拒绝服务攻击。一个月后的 4 月 12 日，韩国主要银行之一的农协银行再次遭到黑客袭击，导致电脑网络系统出现故障，客户无法提款、转账以及使用信用卡。这一事态持续了三天，造成了极大的损失。这些袭击虽然不一定是恐怖势力所为，但是网络攻击的易操作性和由此造成的巨大破坏不禁让人担忧。

---

① 马晓天：《当前我国外部安全环境的新变化及相关思考》，《学习时报》2012 年 1 月 2 日。

随着网络攻防对抗日趋激烈复杂，网络空间正成为国际战略博弈的重要战场。一些大国利用在网络空间拥有的技术优势，试图通过制定网络空间规则，抢抓“制网权”，主导网络空间的国际状序。一些国家将我国作为网络战的重要对象。我国面临的网络空间安全压力逐渐增大。除此之外，如今，外层空间的竞争和斗争日益尖锐。某些太空强国从太空对我国实施的侦察、干扰日益频繁，从太空对我国发动攻击的风险进一步上升。我国面临着日趋严峻的太空安全形势。这些网络、太空以及海洋等方面的新型安全问题必须引起我们的高度重视，必须加强研究、寻找对策、正确化解，我们才会不至于在未来新型安全领域手忙脚乱、无策应对。

弱肉强食不是人类共存之道，穷兵黩武无法带来美好世界。作为国际社会的重要一员，中国将通过争取和平国际环境发展自己，又以自身发展维护并促进世界和平。无实力而乞和平，则和平危；有实力去保和平，则和平存。在国防建设中，我们不能做妄自菲薄的弱者，也不能做盲目乐观的愚者，更不能做碌碌无为的庸者。我们要紧紧凝聚在强军梦的旗帜下，奋力做能打仗、打胜仗的英勇战士，努力做中国梦、强军梦的筑梦人。

第四章　瞄准现代战争

习近平关于军队能打仗、打胜仗的重要思想，从根本上确立了军队建设的目标，要求军队建设必须坚持围绕国家核心安全需求，加快推进国防和军队现代化，确保有效维护国家主权、安全和发展利益。军队首先是一个战斗队，是为打仗而存在的；而当今之“仗”不是任何别的战争，乃是以信息化为本质特点的现代战争。信息技术在军事领域的广泛使用，催生了信息化军队和信息化战场，促使战争形态由机械化战争逐步向信息化战争过渡。随着世界新军事革命的加速发展，信息主导成为制胜关键，体系对抗成为基本形态，网络空间成为崭新战场，精确作战、立体作战、全域作战、多能作战、持续作战成为新质战斗力的重要体现。因此，在实现强军目标的伟大征程中，必须聚焦信息化战场，时刻瞄准现代战争。

一、 战争意志的表达方式变了

20 世纪 60 年代，面对风云变幻的世界局势，毛泽东写下了“多少事，从来急；天地转，光阴迫。一万年太久，只争朝夕”的不朽词篇。在信息技术更新可以用“天”为时间标尺的今天，推进国防和军队现代化建设，既要同对手竞争，也要同时间竞争。① 从海湾战争到反恐战争，20 多年来，在美军的全球战争表演中，人们看到全新的战争形态和作战样式。战争节

---

① 任天佑：《切实加快推进国防和军队现代化》，《解放军报》2013 年 4 月 7 日。

奏骤然加快，开战即决战，发现即摧毁，从根本上改变了战争意志的表达方式。

（一）由时代塑造并塑造着时代的战争

战争，人类发展长河中最为惊心动魄，又最为司空见惯的历史现象，总是特定时代塑造的产物，同时又反身塑造着时代。著名国际政治学家赫德利·布尔有一项经典判断：战争不仅仅是权力冲突的经常性后果，同时也是创建新型秩序的可能手段。① 把握时代与战争的辩证法，是我们直面现代战争威胁而阔步走向民族复兴的必要前提。

时代特点塑造着战争形态。历史上任何一次军事与战争形态变革，都是时代特点和时代需求牵引的结果。恩格斯曾指出："一旦技术上的进步可以用于军事目的并且已经用于军事目的，它们便立刻几乎强制地，而且往往是违反指挥官的意志而引起作战方式上的改变甚至变革。"② 当前的世界新军事革命正式开始于20世纪80年代末90年代初，是在人类社会由工业时代向信息时代迈进、国际战略格局由两极向多极过渡的大背景下发生和发展的。它的实质是信息化革命在军事领域的反映，目标就是要把工业时代的机械化军队改造成信息时代的信息化军队。信息技术的发展，促使人类经过了冷兵器、热兵器、机械化战争阶段后，正在进入信息化战争阶段。

战争形态塑造着时代面貌。习近平在第十二届全国人民代表大会第一次会议上的讲话中指出："中国人民解放军全体指战员，中国人民武装警察部队全体官兵，要按照听党指挥、能打胜仗、作风优良的强军目标，提高履行使命能力，坚决捍卫国家主权、安全、发展利益，坚决保卫人民生命财产安全。"③ 这是对我军建设提出的根本要求，蕴含着关于战争能力与

---

① ［英］赫德利·布尔：《无政府社会：世界政治秩序研究》，北京大学出版社2007年影印版，"Part 2. 8 War and International Order"。

② 《马克思恩格斯选集》第3卷，人民出版社1995年版，第514—515页。

③ 习近平：《在第十二届全国人民代表大会第一次会议上的讲话》，人民出版社2013年版，第7页。

民族兴亡之间关系的科学判断。各国的军事实力、战争能力，往往决定着各民族的前途命运与全世界的竞争格局。

以史为鉴，可以知兴替。古希腊城邦斯巴达不仅远比雅典经济落后，文明程度更与之相差甚远，但是，斯巴达的军事力量大大强于文学、哲学辉煌的雅典。结果，“雅典明灯”在“斯巴达石头”上被撞得粉碎。近代中国因为错过社会变革的良机，被长久挤出世界政治和军事舞台，使国家贫弱与战斗力低下形成了恶性循环，最后沦为西方列强的半殖民地；而新中国强盛的军事面貌，终于让饱受列强欺凌了100多年的整个中华民族扬眉吐气。在当代世界，美国通过发动四场高技术局部战争，展示了以信息技术为核心的现代军事高技术对作战能力的“倍增效应”①，从而进一步巩固了其在全球的霸权地位。今天，中国如何把握世界新军事革命提供的巨大历史机遇，适时推进军事变革、有效应对现代战争，对于巩固改革开放的已有成果并推动和平发展，意义重大而深远。

（二）现代战争的特点

20世纪90年代以来，有四场战争十分引人注目，这就是美军主导的海湾战争、科索沃战争、阿富汗战争和伊拉克战争。这四场局部战争，充分展示了高技术条件下现代战争的基本特点和发展趋势。

1. 高新技术武器装备大量运用，引起作战方式方法上一系列深刻变化

第二次世界大战以后，在新技术革命的推动下，发达国家军队竞相发展高新技术兵器、加快武器装备升级换代，并在局部战争这个“试验场”上不断进行实战检验，引起作战方式方法的重大变化。其中最为明显的表现是：第一，空中力量的发展促进了战争的空中化，空中及空间力量正在成为未来战场的主力，空天战场正在确立自己新的主导地位②；第二，以巡航导弹等防区外发射武器和带卫星导航系统的航空兵器为主导的精确制

① 戴旭：《新军事变革正催生新型军队》，《中国国防报》2007年5月8日。

② 孔扬：《我国空军军事思想变革的背景与内涵》，《长春理工大学学报》（社会科学版）2010年第4期。

导武器，成为基本打击手段和主攻武器，使得防区外远程精确打击成为主要作战方式；第三，指挥手段的不断完善，大大提高了作战效能。

2. 战争要素信息化程度越来越高，战争形态向信息化方向发展

现代高技术战争将围绕信息的搜集、处理、分发、防护而展开，信息化战争成为高技术战争的基本形态，夺取并保持制信息权成为作战的中心和焦点。在海湾战争开战前24小时，美军实施宽带强功率压制式干扰，造成伊拉克军队大部分通信联络中断，达成了空袭的突然性。在科索沃战争中，北约充分发挥卫星的制天权功能和优势，自始至终掌握着空天制信息权。北约在空袭中还使用了各类性能先进的预警飞机和专用电子战飞机，分别对南联盟军队的预警、火控雷达和指挥控制系统实施“致盲”“致聋”。① 通过电子攻击，北约使南联盟的军队处于被动挨打、无力还手的境地。

3. 交战双方军事力量和装备技术水平发展不平衡，非对称作战日益成为高技术条件下局部战争的基本模式

随着战争技术含量特别是高技术含量日渐提高，各国经济、技术发展水平的不平衡使各国军事技术发展差距日益拉大，甚至出现技术上的“代差”。强的一方更加重视发展自己的技术优势，弱的一方也力争从技术外寻找出路。因而，非对称作战日益成为作战双方的选择。② 如科索沃战争中，战争的一方是由19个发达国家组成的世界上最强大的军事集团——以美国为首的北约，而南联盟只不过是一个人口刚过千万的国家，军队仅10余万人，武器装备总体质量至少落后对方一至两代。这场战争是强大的军事集团对弱小的主权国家、高技术对中低技术的非对称作战。

4. 战争的直接交战空间逐步缩小，战争的相关空间不断扩大

在上述四场战争中，美军的打击目标都集中于特定范围的一个国家或

---

① 吴鑫：《复燃的巴尔干火药桶——科索沃战争》，《军事历史》2006年第11期。

② 武战国、赵伟：《非对称作战：美军的实用性军事理论》，《解放军报》2012年1月12日。

地区。对预定目标的打击，美军也改变了以往那种“全般覆盖”“地毯式轰炸”的做法，而是精选部分要害部位实施精确打击，交战空间大大缩小，甚至在科索沃战争和阿富汗战争中基本实现了“非接触作战”。[①] 与此同时，高技术条件下局部战争的相关空间又在不断扩大。随着大量先进武器装备在战场上的综合运用，陆、海、空、天、电磁等各种复杂的战场空间相互联结、照应、重叠，形成了全方位、高立体、全领域、多层次的战场空间，军事行动扩展到整个地面、海洋战场乃至外层空间。

5. 现代战争是体系对体系的较量，战争胜负取决于作战系统的整体对抗能力

海湾战争、科索沃战争、阿富汗战争和伊拉克战争的经验教训证明，只有多种力量综合使用、各军兵种密切协同、各种武器系统优势互补，才能发挥整体威力、取得“1 + 1 > 2”的系统效应。海湾战争中，多国部队动用了大量陆军攻击直升机和大量预警机、运输机、加油机、救护机等，与海军的“战斧”巡航导弹以及由各种卫星组成的空间精确定位系统等多种宇航武器，组成一个严密的作战体系，对目标实施联合打击。[②] 美军在阿富汗战争中，将由多种侦察、预警手段构成的立体感知系统和由各军兵种、各作战单位的各种作战平台组成的火力打击系统，形成了全程近实时感知与远程精确打击有机结合的战场系统。

6. 战争消耗越来越大，战争更加依赖雄厚的经济基础和有力的综合保障

在高技术条件下，战争消耗成几何级数大幅度增加，达到了惊人的地步。单从物资消耗来看，海湾战争分别比第二次世界大战、朝鲜战争、越南战争、第四次中东战争和马岛战争提高了 20 倍、10 倍、7.5 倍、4.2 倍和 3.5 倍。据统计，海湾战争期间，美军共消耗各类物资 1.7 万余种、

① 潘新毛：《非接触作战的实质是单向接触》，载王湘江主编：《世界军事年鉴》，解放军出版社 2004 年版，第 306—307 页。

② 詹盛能：《空中发射常规巡航导弹的鲜为人知的故事——海湾战争中使用的秘密 GPS 武器》，《控制工程》1995 年第 3 期。

3000多万吨，几乎等于上千万人的苏联军队在4年卫国战争中物资消耗总量6600万吨的一半；多国部队在战争中总共花掉600多亿美元，这个数字超过了世界上绝大多数国家一年的国内生产总值。① 现代战争被许多军事专家称为富国对他国的“烧钱竞赛”。

（三）谋打赢的胜算

历史与现实告诉我们，决定世界政治、经济格局的，归根到底是大国力量对比，最终靠的还是实力。一个国家要自立于世界民族之林，既要以雄厚的经济实力为基础，又要有强大的军事力量做后盾。能打仗、打胜仗是实现强国梦和强军梦的必然要求。

习近平指出，实现中华民族伟大复兴是我们的强国梦，对军队来说也是强军梦。这一重要思想，深刻揭示了军队强大与国家发展、民族振兴的内在联系，进一步阐明了国防和军队建设的战略地位。全军一定要充分认识我国安全和发展面临的新形势新挑战，充分认识国防和军队建设的重要地位及作用，深入学习贯彻毛泽东军事思想、邓小平新时期军队建设思想、江泽民国防和军队建设思想、胡锦涛国防和军队建设思想以及习近平关于国防和军队建设的一系列重要论述，自觉担当起维护国家主权、安全、发展利益的重大责任，增强忧患意识、危机意识、使命意识，按照党的十八大的部署，艰苦奋斗，埋头苦干，锐意进取，推动国防和军队现代化建设跨越式发展，为实现中国梦提供坚强力量保证。

军队首先是一个战斗队，必须坚持一切建设和工作向能打胜仗聚焦。军事斗争准备是军队的基本实践活动，是维护和平、遏制危机、打赢战争的重要保证。虽然我军在不同时期担负的具体任务不同，但作为战斗队的根本职能始终没有改变。《内务条令》军人誓词中，有“时刻准备战斗”“誓死保卫祖国”两句话，突出强调了随时准备打仗的思想。能打仗、打胜仗，是有效履行我军职能使命的根本保证，是实现强国梦、强军梦的必然要求，是推进中国特色军事变革的核心牵引。军队建设必须把提高战斗

① 陈德照：《海湾战争后中东经济形势的变化》，《世界经济》1995年第1期。

力作为出发点和落脚点，一切活动都要围绕战斗力生成、保持和提高展开，一切工作都要向能打仗、打胜仗的要求聚焦。①

当前，我国发展仍处于可以大有作为的重要战略机遇期，同时，重要战略机遇期的内涵和条件也发生了新的变化，需要我们靠智慧去谋求、靠斗争去获取、靠力量去维护。我国面临的生存安全问题和发展安全问题、传统安全威胁和非传统安全威胁相互交织，要求国防和军队现代化有一个大的发展。我国始终不渝走和平发展道路，维护世界和平，实现和平发展，也必须立足于自身强大，具备相应的国防和军事实力。只有努力建设与我国国际地位相称、与国家安全及发展利益相适应的巩固国防和强大军队，真正做到能打仗、打胜仗，才能从战略上达成不战而屈人之兵的目的，为实现科学发展、和谐发展、和平发展提供可靠的安全保障。

二、新军事革命洪流

世界潮流，浩浩荡荡；顺之则昌，逆之则亡。在新军事革命的浪潮中，世界各主要国家都在不断采取措施重塑军事体系，大力推进武器装备更新、新型作战力量建设、军事理论创新和编制体制调整。谁都知道，在这个动荡不安的世界中，谁先完成新军事革命，谁就收获超额的战略红利。②

（一）世界新军事革命的动因、阶段及态势

当今世界正在进行的新军事革命，是20世纪90年代初冷战结束后正式开始出现的，涉及了军事理论、军事战略、战争形态、作战思想、指挥体制、部队结构、军备发展、国防工业等各个方面。这次革命，将极大地推动国防和军队建设由机械化向信息化转换。

---

① 潘庆华等：《深刻理解把握党在新形势下的强军目标——习主席在十二届全国人大一次会议解放军代表团全体会议上的重要讲话新思想新观点新论断学习释义》，《解放军报》2013年5月14日。

② 李海涛：《谁收获超额战略红利——谈谈构建中国特色现代军事力量体系》，《光明日报》2012年12月17日。

总体来看，诱发世界新军事革命的有两大动因。一是国际安全形势的演变。冷战的结束给两极对抗画上了句号。与此同时，那些积淀了近50年的地区性矛盾、危机、冲突、战乱则相继爆发，连绵不断，出现了“大战不打、小战不断”的新局面。而传统的以应对大战为重心的国防和军事体系，不得不顺应冷战后的新形势和新趋势，必须进行历史性的重大变革。二是以信息技术为核心的高新技术的迅猛发展，特别是诸多成熟的高新技术在军事领域的广泛应用，构成了加速新军事变革进程的主动力。科学技术的发展进入了一个新的空间，以高新技术为主体的众多技术群成为世界各主要国家研发的主要项目；而这些高新技术群在军事领域的应用，也成为世界各主要国家追逐的主要目标。信息技术就是在这个时候应运而生、脱颖而出，成为诸多高新技术群的龙头，也成为当今世界新军事革命的主动因之一。①

当今世界军事革命大致可以分为三个阶段，即观念转变阶段、战略更新阶段、体系调整阶段。② 冷战结束至20世纪90年代中期为观念转变阶段，即从传统的冷战思维转向冷战后思维，其中包括对新安全环境的认知、对新安全威胁的判断、对新安全需求的思考等。20世纪90年代中期至20世纪末为战略更新阶段，各主要国家纷纷针对新的安全态势，根据高新技术在军事领域所产生的效用，竞相对各自的军事战略、军事理论、建军方略、军备方针进行了跨世纪的全面更新。至21世纪初期，此次重大战略更新暂告结束，但某些小的调整仍在继续。

从21世纪初期开始，世界军事革命开始进入第三阶段，即体系调整阶段。与第二阶段相比，世界军事革命的重心开始出现三个转化。一是从军

---

① 木大力：《世界新军事变革掀高潮》，《人民日报》2003年6月19日。

② 木大力：《世界新军事变革掀高潮》，《人民日报》2003年6月19日。关于世界新军事变革的发展阶段，军事学术界有多种判断。如另有专家认为，其经历了孕育阶段（20世纪70年代到80年代末）、全面展开阶段（20世纪90年代至2002年）和质变发展阶段（伊拉克战争至今）。参见林建超主编：《世界新军事变革概论》，解放军出版社2004年版，第三章《世界新军事变革的演变过程》。

事战略的更新转向军制体系的调整，二是从高新技术的研发应用转向军备体系的调整，三是从军事理论的研究转向实战体系的调整。这三个转化、三大体系的调整，是世界新军事革命的必然发展趋势，展示出世界新军事革命正在不断走向深化、细化、精化，预示着世界新军事革命将掀起又一个新高潮。当前，新军事革命又呈现出五种明显的态势：军备体系的变革是新军事革命的基础，军制体系的变革是新军事革命的核心，指挥体系的变革是新军事革命的重心，战争体系的变革是新军事革命的关键，理论体系的变革是新军事革命的灵魂。①

（二）大国竞逐

世界主要国家都在加紧推进军事转型。军事技术和战争形态的革命性变化，对国际政治、军事格局产生重大影响。我军建设面临的历史机遇前所未有、严峻挑战前所未有，形势逼人，不进则退。我们要围绕能打仗、打胜仗的根本目标，紧跟世界军事发展潮流，加快推进中国特色军事变革，缩小同世界强国在军事实力上的差距，努力掌握军事竞争战略主动权。

美国是眼下这场世界新军事革命的发起者和带动者，也是领先者。海湾战争之前，美国就在大幅度更新传统军种，陆军模块化，空军隐形化，海军两栖化，之后更通过一系列局部战争，实验新型战争理论和兵器。美军就这样像袋鼠一样，始终跳跃在世界的前头。一个不容置辩的事实已呈现在世界面前：美国的全球快速常规打击体系已构建完毕。美国的这种全球快速打击体系是核常两用型的，一般情况下以常规弹药打击，如遇强大对手，或对方有用核意图，则立即转换为核攻击模式。很显然，这一体系和美国以往的局部战争模式有天渊之别，不仅将彻底改变美国军队现行的理论和编制，也将完全颠覆世界关于现代战争的基本设想。美国计划在2015—2020年将新型军队打造完毕，从而再次领先世界。

其他各大国乃至所有国家都在拼命追赶美国的脚步。2008年后，俄罗

① 木大力：《世界新军事变革掀高潮》，《人民日报》2003年6月19日。

斯军队在指挥体系、人员结构和武器装备等方面发生了根本性变化。梅德韦杰夫表示，俄军事发展将致力于在2017—2018年可以应对美国及北约的反导系统。根据普京的军事发展计划，俄军未来将主要在陆基、海基和空基三个方面同时发展先进的战略核力量，以保持对美国反导系统的军事打击优势。[①] 德国正在实验取消陆、海、空三军体制，其他欧洲国家的军队也在悄悄地快速革新中，以跟上“第一梯队”。亚洲历史上曾因为军事变革步伐最慢而吃尽苦头，今天，各新兴强国都在加速追赶世界军事潮流。日本要成立太空战略司令部，印度则自建航空母舰，韩国要组建战略空军，越南则重点发展现代海军，连新加坡也喊出要当“亚洲以色列”的口号，无论国体大小，基本都是进攻的态势。[②]

木秀于林，风必摧之。发展使我国成为拥有广泛陆、海、空、天战略利益的新兴大国，也使我国成为亚太乃至世界竞争格局中的多矢之的，发展的风险与日俱增。我们要紧盯世界新军事革命潮流，紧盯战争形态和作战样式演变，只争朝夕、时不我待，抓紧快干、埋头苦干，加快转变战斗力生成模式，加速推进中国特色军事变革，奋力推进国防和军队现代化。

（三）中国的军事变革

在浩浩汤汤的世界新军事革命中，在围绕国家利益而展开的激烈博弈中，赢家只能是激流勇进者。近年来，人民解放军按照革命化、现代化、正规化相统一的原则加强军队全面建设，不断把中国特色军事变革推向前进。人民解放军按照政治合格、军事过硬、作风优良、纪律严明、保障有力的总要求全面建设部队，把推进中国特色军事变革作为军队现代化发展的必由之路，实施科技强军战略，逐步实现由数量规模型向质量效能型、由人力密集型向科技密集型转变，制定“三步走”发展战略，走以机械化为基础、以信息化为主导的跨越式发展道路。[③]

---

① 陈志新：《俄罗斯军事改革基本结束　发生“革命性”变化》，《人民日报》2012年3月30日。

② 戴旭：《新军事变革正催生新型军队》，《中国国防报》2007年5月8日。

③ 国务院新闻办公室：《2010年中国的国防》，人民出版社2011年版，第11页。

1. 陆军、海军、空军和第二炮兵建设

陆军按照机动作战、立体攻防的战略要求，加大改革创新和建设力度，推进部队整体转型。海军按照近海防御的战略要求，注重提高综合作战力量现代化水平，增强战略威慑与反击能力，发展远海合作与应对非传统安全威胁能力。空军按照攻防兼备的战略要求，有计划推进现代化转型建设。第二炮兵按照精干有效的原则，推进部队现代化建设，提高快速反应、有效突防、精确打击、综合毁伤和生存防护能力，战略威慑和防卫作战能力逐步提高。①

2. 加快信息化建设

人民解放军紧紧围绕建设信息化军队、打赢信息化战争的战略目标，整体设计，分步实施，努力解决制约体系作战能力形成和提高的突出问题，部队信息化条件下的作战能力明显提升。推进信息基础设施建设实现跨越式发展，国防通信光纤总里程与十几年前相比大幅增长，建成以光纤通信为主，以卫星、短波通信为辅的新一代信息传输网络。人民解放军坚持把联合作战体系建设作为军队现代化建设和军事斗争准备的重点内容，提高基于信息系统的体系作战能力。深化作战理论研究，加强作战力量建设，提高综合保障能力。②

3. 推进军事训练转变

人民解放军坚持把军事训练作为生成和提高部队战斗力的基本途径，全面深化训练改革，积极推进机械化条件下军事训练向信息化条件下军事训练转变。改革军事训练内容。按照新一代《军事训练与考核大纲》组织实施训练，加强首长机关指挥训练，强化指挥信息系统和信息化武器装备操作训练。加强使命课题训练，推进维护海洋、太空和电磁空间安全的研究与训练，有针对性地开展非战争军事行动训练。坚持以上带下，以战略训练统领战役训练，以联合战役训练引领军种战役训练，以战役指挥训练

---

① 国务院新闻办公室：《2010 年中国的国防》，人民出版社 2011 年版，第 13 页。

② 国务院新闻办公室：《2010 年中国的国防》，人民出版社 2011 年版，第 15 页。

带动部队训练，促进各层次训练有机衔接。优化训练领导管理体制，完善训练法规，落实训练责任制。[①]

4. 创新政治工作

创新新形势下我军的政治工作，一是着力抓好铸牢军魂工作。坚持党对军队绝对领导是强军之魂，任何时候都不能动摇。坚持党对军队绝对领导，必须坚持党委统一的集体领导下的首长分工负责制，把党领导军队的一系列制度贯彻到部队建设各领域和完成任务全过程，确保党指挥枪的原则落地生根。二是着力抓好高中级干部管理。军队好干部的标准，就是要做到对党忠诚、善谋打仗、敢于担当、实绩突出、清正廉洁。坚持党管干部、组织选人，坚持五湖四海，坚决整治用人风气，纯洁干部队伍，真正把好干部选出来、任用好。三是着力抓好作风建设和反腐败斗争。坚持抓常、抓细、抓长，坚持以改革的思路和办法推进反腐败工作，确保改进作风规范化、常态化、长效化，以锲而不舍、驰而不息的决心把作风建设和反腐败斗争引向深入。四是着力抓好战斗精神培育。发扬一不怕苦、二不怕死的精神，从难从严从实战要求出发摔打部队。五是着力抓好政治工作创新发展。提高政治工作的信息化、法治化、科学化水平，形成全方位、宽领域、军民融合的政治工作格局，增强政治工作的主动性和实效性。

5. 实施人才战略工程

人民解放军深入推进人才战略工程，努力培养造就大批高素质新型军事人才。坚持以提高思想政治素质为根本，以加快推进能力转型为主线，以联合作战指挥人才、信息化建设管理人才、信息技术专业人才、新装备操作和维护人才培养为重点，深入推进指挥军官、参谋、科学家、技术专家和士官队伍建设。2009 年 1 月发布的《军队干部选拔任用工作程序规定（试行）》，要求进一步扩大民主、规范程序、强化监督，提高选人用人的科学性、准确性和公信度。同时，印发了参谋军官、专业技术军官考核评

① 国务院新闻办公室：《2010 年中国的国防》，人民出版社 2011 年版，第 17—18 页。

价实施办法和通用考核评价标准，制定了专业技术人才政策制度调整改革总体方案。①

6. 全面建设现代后勤

人民解放军整体推进全面建设现代后勤，加快保障体制一体化、保障方式社会化、保障手段信息化和后勤管理科学化步伐，提高完成多样化军事任务的后勤保障能力。以调整职能、理顺关系、优化结构、提高效益为重点，完善战区大联勤运行机制。继续推进生活保障社会化，分步实施通用物资储备、军民一体化、装备维修等其他保障社会化。加快现有后勤装备升级改造、新一代后勤装备发展论证和关键技术预研，推广军人保障卡系统，展开以战略后勤仓库、战储物资包装和军交运输动态监控为重点的军事物流信息系统建设。②

7. 加强高新技术武器装备建设

人民解放军加快高新技术装备发展，加强现有装备改造和管理，推进武器装备机械化、信息化复合发展。基本建成以第二代为主体、第三代为骨干的武器装备体系，陆军形成以直升机、装甲突击车辆、防空和压制武器为骨干的陆上作战装备体系，海军形成以新型潜艇、水面舰艇和对海攻击飞机为骨干的海上作战装备体系，空军形成以新型作战飞机、地空导弹武器系统为骨干的制空作战装备体系，第二炮兵形成以中远程地地导弹为骨干的地地导弹装备体系。推广现代管理手段，提高装备管理规范化和精细化水平。发挥院校、科研院所和生产厂家的作用，加强新型装备人才培养。③

三、 差距就是威胁

战争从来不同情弱者。战争史一再证明，战争的胜负虽然直接表现于战场上，却决定于平时军事发展的竞争中，军事实力的差距就是最为现实

① 国务院新闻办公室:《2010 年中国的国防》，人民出版社 2011 年版，第 20 页。

② 国务院新闻办公室:《2010 年中国的国防》，人民出版社 2011 年版，第 21—22 页。

③ 国务院新闻办公室:《2010 年中国的国防》，人民出版社 2011 年版，第 23 页。

的威胁。“落后必然挨打”，在以新军事变革为核心的角逐中，落在后面的国家和军队实际上就是未来战争的被淘汰者。面对美国的高技术军事优势和咄咄逼人的战略扩张，增强军队实力、确保国家安全，就成为世界各主要国家军队建设一个无法回避的紧迫课题。

（一）我们的差距

习近平在十二届全国人大一次会议解放军代表团全体会议上的重要讲话中指出，我军现代化水平与国家安全需求相比差距还很大，与世界先进军事水平相比差距还很大，必须以只争朝夕的精神抓起来、赶上去。[①] 这一重要论断深刻揭示了我军现代化建设的阶段性特点，进一步阐明了我军现代化建设的矛盾与问题、主要任务与努力方向。

当前，我国面临的生存安全问题和发展安全问题、传统安全威胁和非传统安全威胁相互交织，对加快推进国防和军队现代化提出了新的更高要求。与此同时，世界新军事革命加速发展，战争形态正加速向信息化战争演变。世界主要国家普遍采取许多新的重大军事举措，加紧推进军事转型。我军的武器装备建设、军队组织形态、国防科技水平和保障方式，以及军事训练水平、人才建设状况等，与履行使命任务的要求、与世界主要国家军队现代化水平比较都还有差距。按照国防和军队现代化建设“三步走”战略构想，如期实现“到2020年基本实现机械化，信息化建设取得重大进展”的战略目标，任务艰巨、时间紧迫。

21世纪，在追求“全谱优势”“全球即时打击”的态势下，军队达不到信息化时代的基准，威胁就会从四面八方涌来。因此，对我军来说，重要的不单是在某种关键武器装备上“补级差”“补代差”，而是要在整体上消除信息化这个时代差，从而在思想观念、管理方式、训练和作战样式等方面全面跨入信息时代，形成敌人无法压制的、基于信息系统的体系作战

---

① 潘庆华等：《深刻理解把握党在新形势下的强军目标——习主席在十二届全国人大一次会议解放军代表团全体会议上的重要讲话新思想新观点新论断学习释义》，《解放军报》2013年5月14日。

能力和整体交战能力。①

兹以我国火箭技术和运载能力为例，清醒地认识我军现代化水平与世界先进军事水平的差距。中国工程院院士、战略导弹与运载火箭技术专家龙乐豪在接受记者专访时表示，近10年来，我国的运载火箭技术与国际先进水平的差距加大了。美国的重型火箭，起飞重量将近3038吨，低轨的运载能力大概在120吨，我国现在还没有这个技术储备。在当今世界主要航天国家中，中国大推力火箭的运载能力仅领先于印度。目前，美、俄、欧、日的大推力火箭，技术与推力均领先中国。冷战结束后，国际航天界普遍认为会迎来静止轨道通信卫星应用的大爆发。因此，美国、欧洲和日本都竞相发展新一代运载火箭，俄罗斯和中国则将发射报价低廉的"质子"火箭和"长征三号"火箭投入市场。

美国研制航天飞机、降低发射费用的努力失败。1986年"挑战者"号航天飞机发生事故后，美国空军和美国国家航空航天局分道扬镳，并在20世纪90年代主导研制了渐进一次性运载火箭（EELV）。欧洲航天局新研制的"阿里安5"运载火箭于1996年首次发射，其同步转移轨道运载能力约6.2吨、近地轨道运载能力约16吨。用于发射自动转移飞行器的"阿里安5ES"火箭的近地轨道运载能力达到了21吨，完全具备了和美俄主流运载火箭分庭抗礼的水平。日本宇宙开发集团（NASDA）研制的"H－II"型运载火箭于1994年首次发射；2001年，"H－IIA"火箭首次发射成功。美、欧、日、德的新一代运载火箭彻底摆脱了弹道导弹技术的影子，是为航天发射尤其是商业发射专门研制的运载火箭，具有通用化、组合化和系列化的特点，不仅使用了各种新技术，还显著降低了发射费用。虽然技术上有所不如，但俄罗斯的"质子"火箭在运载能力上仍可与美、欧、日的新一代火箭媲美，同时，发射报价要低得多。② 相比之下，中国的运载火

① 郭凤海、吕宏：《从北洋水师败绩说开去——小议我军整体跨入信息时代若干问题》，《光明日报》2012年12月10日。

② 赵成鑫等：《美国军事装备高技术创新战略解析》，《科技风》2012年第10期。

箭就要逊色得多。1997 年首次发射成功的“长征三号乙”运载火箭的同步转移轨道运载能力仅有 5. 1 吨，“长征二号 E”火箭的近地轨道运载能力仅有 9. 2 吨，与世界主流水平拉开了很大差距。中国火箭发动机的差距比火箭本身的差距更大，火箭发动机技术制约中国火箭推力提高。

2003 年 5 月份——伊拉克战争刚刚由美国宣布结束，美国外交委员会独立特别工作组由前国防部部长布朗和前驻华大使普里赫挂帅，组织 50 多名专家，历时一年就推出了《中国军力报告》。该报告说：“中国现在的军力结构和军事方针可以对任何来犯之敌进行有效的纵深防御，可以在周边小国的陆地边界进行兵力投送……但从海洋、航空航天和技术方面的军事力量来看，长期以来中国都是最弱的，这些却是美国的最强项。”① 由于拥有这些“最强项”，美国横行全世界；由于这些方面“长期以来中国都是最弱的”，所以，中国甚至不能确保家门口的安宁——2001 年的中美南海撞机事件隐含的寓意即在于此。在利益全球化的时代，任何一支军队如果固守国土防卫思想，就会禁锢现代化战争思维，致使从武器装备到战役、战术思想循环影响，交替退化，军队履行使命的能力就会落后于现实需要。今天，有的国家得寸进尺，几乎把领海线画到中国的“洗脚盆”里，“台独”分裂势力更是甚嚣尘上。这些都是对中国军队的变革提出的非常现实的课题。

军事落后将直接拖累和平发展的国家战略目标。没有军事现代化，经济现代化就只能是一相情愿的幻想。为中国和平发展赢得时间的神圣使命，要求中国军队必须拥有吓阻、遏止战争的能力。从外交层面上说，军事形态与国际形象的树立紧密相连。在中国特色新军事变革中，中国军队的发展取得巨大进步，但和世界先进国家的军队发展比起来，这种进步无论深度和广度都有差距。因此，中国军队应以更加紧迫和认真的心情，对待新军事变革。战争不是歌咏比赛，而是硬碰硬的拳击，必须强化忧患意

① 转引自佚名：《美国国防部中国军力报告解读》，《山西晚报》2006 年 5 月 25 日。

识。自抗美援朝战争之后，中国已有半个多世纪没参加过现代化的战争，因而，中国应以更加紧迫和认真的心情，又好又快地推进军事变革。中国军队要学习赵武灵王的胆魄，也要借鉴美军永不停歇的革新精神和俄军敢于自我扬弃的决心。

在新形态战争的现实面前，传统的战争观和战略思想需要不断更新，过时的战役、战术原则必须坚决改进。沉舟侧畔千帆过，病树前头万木春。今天，我军军事变革的浪潮一浪高过一浪。唯有急起直追，才能避免出现新的军事“代差”。①

（二）直面威胁

毫无疑问，我们今天面临的安全问题超过以往任何时代。中国面临多元复杂的安全威胁和挑战，生存安全问题和发展安全问题、传统安全威胁和非传统安全威胁相互交织。尽管今日中国已非昔比，但生存威胁依然寒气逼人。个别邻国在涉及中国领土主权和海洋权益方面采取使问题复杂化、扩大化的举动，日本在钓鱼岛问题上制造事端，恐怖主义、分裂主义、极端主义“三股势力”的威胁上升。我战略生存空间不断受到挤压，人民军队保卫国家主权和领土完整的任务十分艰巨。②

美国主动重返亚太，对于中俄的核力量采取了漠视的态度。通过对最新顶级新军科技与战略模型下的当前作战理论的分析，原来，美国追求绝对安全，先发制人，全球一小时精确打击。美国的最新军力科技发展，图谋让中国和俄罗斯不管是战略理论还是战略军备“整军淘汰”，也就是说，使中国和俄罗斯这样国家的海、陆、空和导弹部队集体整军淘汰。中俄提议禁止在外太空部署武器，但遭美国拒绝。美国是当今世界上对太空依赖程度最大的国家。美军目前90%的军事通信、100%的导航定位、100%的气象信息和将近90%的战略情报，均来自于其部署在太空的航天器。一旦这些航天器被损毁，美军的战争机器将停转。所以，美国认为，它必须发

① 戴旭：《新军事变革正催生新型军队》，《中国国防报》2007年5月8日。

② 毕京京：《四边伐鼓看三军》，《光明日报》2012年11月19日。

展绝对的太空军事力量。时任美国空军部部长詹姆斯·罗奇曾经表示，任何国家（包括美国的盟国在内），都对美国军事占领太空的计划不具有“否决权”。美国五角大楼于2006年考虑斥资数十亿美元，尝试在太空部署拦截导弹。根据这一方案，美国将于最初阶段在太空部署1—2枚拦截导弹，它们可以击落可能搭载核生化弹头的弹道导弹。美空军甚至提出到2025年要在外太空部署太空战斗机部队，保卫美国的航天器。

随着改革开放，中国的国家利益迅速扩大，捍卫合法的利益边疆显得日益紧迫。一位美国的战略学者说，中国经济的要害就是在能源储备上远远落后于西方发达国家。国际能源斗争十分激烈。美国正竭力阻止中国成为世界的一极。21世纪的国际政治的核心是能源，21世纪的战争样式也围绕这一核心来设计。美国在一系列局部战争中展现的信息化军事能力，迷住了很多人的双眼。其实，那只是军事超级大国对小国的不对称打法。对付一个大国特别是核大国，这种常规军事打击是不会草率进行的，而会首先从战略层面着手：掐断它的能源和原料管道，就等于拔掉了一个人的营养管道。一个现代工业化或正处于工业化进程中的国家没有能源和原料，会是什么情形？根本用不着进行精确式摧毁打击，更不用占领，而只需在远洋拦截和围堵，即可让一个大国的经济濒于崩溃，从而达成自己的战略目的。2004年，美国海军同时调动7艘航母在全球五大洋进行联合作战演习，就已经将其掌控全球制海权的大战略明白无误地展示出来。美国学者将此举命名为“新炮舰政策”。这一政策的政治含义是毫不含糊的：所谓“公海”只是一个世界地理名词，在美国海军的望远镜里，那就是一个“美利坚湖”，顺我者“通”，逆我者“断”。一双鹰爪钳握着多少国家的命脉和咽喉！①

国家的发展利益延伸到哪里，军队的使命任务就要拓展到哪里，海天边疆、信息边疆、文化边疆等，都要摄入大国防观。党的十八大报告强调，要高度关注海洋、太空、网络空间安全。这是当前安全问题的前沿地

① 戴旭：《新军事变革正催生新型军队》，《中国国防报》2007年5月8日。

带。其一，伴随“蓝色圈地”时代的到来，海洋利益争夺成为国际冲突的焦点，我国近年来面临的威胁多与此有关。其二，“善攻者动于九天之上”，国际上对制天权的争夺已近白热化。面对太空安全威胁，我国必须加大征天步伐。其三，中国的网络规模和用户量均居世界首位，但核心技术与关键资源的自主可控能力不强，网络攻击、信息窃取、病毒传播呈多发态势，网络安全风险在不断增大。因此，时代要求我们将生存与发展面临的严重威胁，转化为升腾的动力。

（三）知己知彼

知己知彼，百战不殆。“兵圣”孙子的古老智慧，在当今中国具有非同寻常的时代意义。近代以来连续错过热兵器取代冷兵器、机械化取代热兵器两次军事革命的中国军队，由于历史的惯性，和当今世界军事列强比起来，无论装备技术还是军事理论，都存在差距。我们只有直面威胁，才能摆正心态，奋发有为；我们只有知己知彼，才能取长补短、扬长避短，赢得未来战争。

新中国成立以来，中国军队始终坚持人民战争思想。这一战略的核心是国土（主要指大陆本土）防卫。中国经过半个多世纪的卧薪尝胆，拥有核武器、联合国安理会常任理事国地位、名列世界前茅的国内生产总值和外汇储备，加上世界第一的人口、一定规模的常备军、世界第三的国土面积等传统优势，可以断言：昔日亡国灭种的危险已不存在。今天，那些对中国存有敌意或疑惑的国家没有一个具备占领中国本土的力量。在党的领导下，我军大力发扬压倒一切敌人而不被任何敌人所压倒、征服一切困难而不被任何困难所征服的大无畏精神，始终保持克敌制胜的强大战斗力，圆满完成了党和人民赋予的各项任务。另外，一些反华势力仍然在不约而同地以延缓、牵制中国发展，阻止中国走向世界为目标。中国应该思考和应对的是：如何从政治上、外交上、经济上瓦解，从军事上突破这一牵制，以成功融入世界，顺利实现国家现代化发展目标。当今，求发展明显取代求生存，成为国家新时代的主要矛盾。在这一转折性的新情势下，以传统国防战略为指导的现行军事体系需要重新审视。

在美国的带动下，“老欧洲”国家、日本、俄罗斯的军队都相继走过观念转变、战略更新阶段，即将完成以体系调整为核心的军队形态的质变。如今以美国为首的西方军队，已经以电磁和太空速度为特征了。在中国军队积极推进中国特色军事变革的同时，世界军事先进国家军事变革的步伐正在急速前行。今天，我们正在着力推动军事理论创新、军事技术创新、军事组织体制创新和军事管理创新，但不能太慢，因为其他国家的军队已经从技术、战术到战略思想，从地区到全球，从军事到政治，开始了全方位的跨越。美国近20年来连续发起战争，且一场战争一个打法，基本形成了理论提出—实验室模拟—战争检验—新的理论提出的循环促进模式。1991年海湾战争时，美军的战争指导是“五环打击”理论，2003年的伊拉克战争已是“震慑与畏惧”，现在又在搞“一小时打遍全球”计划。

从目前各方面的条件来看，一旦发生中美之间直接的或间接的军事冲突，我们将面临一系列的不利因素。在国际环境上、国家经济实力上、军事实力上，我们与美国都不可同日而语。我军的军事理论、军队编制体制、军人素质和军队装备，都与美军存在较大差距。我军建设面临着“两个不相适应”的主要矛盾，即现代化水平与打赢信息化条件下局部战争的要求不相适应，军事能力与履行新世纪新阶段我军历史使命的要求不相适应。这就决定了我军必须把提高军事能力摆在战略全局的中枢位置。这是当代中国军队发展的关键。偏离了这个主要矛盾，发展机遇就会丧失，生机活力就会窒息。[①] 正如党的十八大报告所指出的，我们要“紧跟世界新军事革命加速发展的潮流，积极稳妥进行国防和军队改革，推动中国特色军事变革深入发展。坚持以创新发展军事理论为先导，着力提高国防科技工业自主创新能力，深入推进军队组织形态现代化，构建中国特色现代军

① 林培雄、刘光明：《凌绝顶而小天下——谈谈如何走好能力强军之路》，《光明日报》2012年12月3日。

事力量体系”。[①]

四、 敢于在关键时刻亮剑

习近平指出，在民族复兴的伟大征程中，在新的历史起点上，人民军队要“敢于在关键时刻亮剑”。我们要深刻认识习近平明确的军队能打仗、打胜仗根本目标的重大政治意义，强化战斗队思想，把英勇善战、敢打必胜的优良传统发扬光大，确保党中央、中央军委和习近平主席一声令下，能够决战决胜、不辱使命。

（一）战争与和平的辩证

“能战方能止战，准备打才可能不必打，越不能打越可能挨打，这就是战争与和平的辩证法。”[②] 习近平的这一重要论断深刻揭示了战争与和平的辩证关系，为我们坚持不懈地拓展和深化军事斗争准备指明了方向。

历史经验证明，战争与和平，是一对矛盾的两个方面，既相互对立，又相互转化。“天下虽安，忘战必危”。越是武备废弛、精神懈怠，战事越有可能发生；越是枕戈待旦、厉兵秣马，越能保持长久和平。和平并不等于安全，发展也会蕴含风险。当前，我国的安全形势复杂多变。作为执干戈以卫社稷的人民军队，必须准备打仗。军事斗争准备水平既关系战争时期能否打赢战争，也关系和平时期能否遏制战争。无论国家安全形势紧张还是缓和，军事斗争准备任何时候都不能有丝毫放松。军事斗争准备做得越充分，战争越不容易打响，国家安全和发展利益就越有保障。

“不战而屈人之兵，善之善者也。”[③] 军事力量的运用从来不仅在战时。打开人类历史画卷，战争时期军事力量运用以其激昂惨烈、惊心动魄而夺

① 胡锦涛：《坚定不移沿着中国特色社会主义道路前进　为全面建成小康社会而奋斗——在中国共产党第十八次全国代表大会上的报告》，人民出版社 2012 年版，第 43 页。

② 转引自潘庆华等：《深刻理解把握党在新形势下的强军目标——习主席在十二届全国人大一次会议解放军代表团全体会议上的重要讲话新思想新观点新论断学习释义》，《解放军报》2013 年 5 月 14 日。

③ 《孙子兵法·谋攻篇》。

人眼球，和平时期军事力量运用则以其暗流涌动、纵横捭阖而引人入胜。和平时期军事力量运用与战争时期军事力量运用相伴相生，不可分离。中国用兵谋略的最高境界是“不战而屈人之兵”，凭借非战争军事行动所产生的道义效果与军事威慑，达至既定的政治目的，形成运筹和平时期军事力量运用的典范。春秋时期，齐桓公在管仲协助之下“九合诸侯不以兵车”，通过“尊王攘夷”成就首霸之业，便是古代和平时期军事力量运用的成功范例。

21 世纪，伴随世界新军事革命浪潮，中国特色军事变革深入推进，军队现代化建设取得长足进步，和平时期军事力量运用具备了坚实能力基础。从国际看，和平与发展依然是时代主题，经济全球化、世界多极化进一步发展，各国之间利益相互交织、依存度提高，国际安全呈现出多元化趋势，和平时期军事力量运用成为各国共识。从我国情况看，随着中国经济社会快速发展，利益边界不断拓展，传统安全威胁和非传统安全威胁相互交织，运筹和平时期军事力量运用成为时代课题。①

中国国防政策的防御性与捍卫国家核心利益的坚定性是统一的。我们热爱和平，致力于和平发展，但决不会以牺牲国家核心利益为代价。我们反对战争，不希望打仗，但如果有人要把战争强加到我们头上，我们就必须能够决战决胜、不辱使命。中国政府和军队维护国家领土、主权等核心利益的决心和意志坚定不移。

（二）亮剑的时机

近年来，美国重兵重返亚太，南海水域风起云涌，钓鱼岛周围剑拔弩张……敢不敢适时亮剑？我军必须给出响亮的回答。威慑，是一种军事战略，包含军方发动的舆论攻势和实际的军事行动。既可以是战争前的准备，也可以是避免战争的一种压力。它以迅速和压倒一切的军事部署，兵临城下，有效地威胁其对手，使对方感到恐惧。如果奏效，也可以达到不

① 黄书进、刘西山：《伐谋用兵者善——积极运筹和平时期军事力量运用》，《光明日报》2012 年 11 月 26 日。

战而屈人之兵的目的。

近年来，随着国际势力的插手，南海争端越演越烈。我军能否有效地控制南海海域，已经成为检验我国国防实力、外交能力和国内政治形势的重要标准。因此，南海方向将成为我军今后军事斗争的重点区域，成为我国国防战略规划的一个重要的组成部分。近来，对于日益升级的中菲对峙局势，中国在渔政执法、外交施压、经济制裁的同时，也开始实施军事威慑。就军方发动的舆论攻势而言，从国防部部长到国防部发言人的表态，再到一系列将军发出的强烈呼声，立场不可谓不鲜明，态度不可谓不强烈，形成一种强大的军事舆论攻势。2012 年，中央军委批准组建三沙警备区，为正师级单位，主要担负城市警备任务，指挥民兵和预备役部队遂行军事行动任务等。

战争不怜悯“礼让者”。面对威胁，退缩就等于失败，只有亮出寒气逼人的宝剑，才能捍卫生存的权利与民族的尊严。2013 年发表的国防白皮书《中国武装力量的多样化运用》，披露了我军加强战备建设的情况，并首次单独成节介绍了中国武装力量维护国家海外利益。

该白皮书指出：“海军是海上作战行动的主体力量，担负着保卫国家海上方向安全、领海主权和维护海洋权益的任务……2012 年 9 月，第一艘航空母舰‘辽宁舰’交接入列。中国发展航空母舰，对于建设强大海军和维护海上安全具有深远意义。”① 白皮书中不但出现了航母，维护海洋权益也单独成为一小节。这预示着建设海洋强国成为国家重要发展战略。坚决维护国家海洋权益，是中国人民解放军的重要职责。这版白皮书首次单独成节介绍了中国武装力量维护国家海外利益，这意味着如果我国海外公民或国家利益受到侵犯，我国会根据具体情形向海外派出战斗部队。

（三）力量与勇气

人民军队的建设和发展，历来同党的事业发展紧密相连，是为党的政

---

① 国务院新闻办公室：《中国武装力量的多样化运用》，新华网北京 2013 年 4 月 16 日电。

治任务和奋斗目标服务的。强国梦，对军队来说，也是强军梦。强国梦的实现，既依赖经济实力的增强，又依赖国防实力的提升。强军梦不仅是强国梦的内在组成，也是其强大支撑。没有一支强大的军队，没有一个巩固的国防，强国梦就难以真正实现。我们要紧紧抓住历史机遇，在波澜壮阔的民族复兴进程中，推动国防和军队现代化建设跨越式发展，为实现中国梦提供坚强力量保证。

习近平指出，任何时候任何情况下，我军都必须铸牢听党指挥这个强军之魂，坚持党对军队绝对领导的根本原则和人民军队的根本宗旨不动摇，贯彻执行党的理论和路线方针政策不动摇，始终忠于党、忠于社会主义、忠于祖国、忠于人民，做到一切行动听从党中央和中央军委指挥。① 这一重要论断深刻阐明了听党指挥的具体要求，明确了加强军队思想政治建设的根本，体现了党和人民对军队的最高政治要求。坚持党对军队绝对领导不是一句空洞的口号，必须落实在行动上，以行动来检验。铸牢听党指挥的强军之魂，必须落实“两个不动摇”“四个忠于”的要求，始终在思想上、政治上、行动上同党中央保持高度一致，坚决维护党中央、中央军委和习近平主席的权威，一切行动听从党中央、中央军委和习近平主席指挥。②

“为建设一支听党指挥、能打胜仗、作风优良的人民军队而奋斗。”③ 这是总结我们党建军治军成功经验、适应国际战略形势和国家安全环境发展变化、着眼于解决军队建设所面临的突出矛盾和问题提出来的，是党在

---

① 潘庆华等：《深刻理解把握党在新形势下的强军目标——习主席在十二届全国人大一次会议解放军代表团全体会议上的重要讲话新思想新观点新论断学习释义》，《解放军报》2013 年 5 月 14 日。

② 潘庆华等：《深刻理解把握党在新形势下的强军目标——习主席在十二届全国人大一次会议解放军代表团全体会议上的重要讲话新思想新观点新论断学习释义》，《解放军报》2013 年 5 月 14 日。

③ 转引自潘庆华等：《深刻理解把握党在新形势下的强军目标——习主席在十二届全国人大一次会议解放军代表团全体会议上的重要讲话新思想新观点新论断学习释义》，《解放军报》2013 年 5 月 14 日。

新形势下的强军目标。这一重要论断，为我们在新的起点上推进军队建设确定了发展方向、明确了发展思路、确立了更高标准。建设强大的人民军队是我们党的不懈追求。我们党总是根据形势任务的变化，及时提出明确的目标要求，引领我军建设不断向前发展。毛泽东领导制定了建设优良的现代化革命军队的总方针，邓小平提出了建设一支强大的现代化正规化革命军队的总目标，江泽民提出了政治合格、军事过硬、作风优良、纪律严明、保障有力的总要求，胡锦涛提出了按照革命化现代化正规化相统一的原则加强军队全面建设的重要思想。习近平立足实现中华民族伟大复兴的强国梦，提出了党在新形势下的强军目标。这一强军目标，是对我军建设目标的新概括新定位，是对党的军事指导理论的继承和发展，为加快推进国防和军队现代化提供了根本遵循。党在新形势下的强军目标，体现了有效履行我军使命任务的现实需要，展示了我们党建设一支强大人民军队的决心意志，必将指引军队建设在新的起点上实现大的发展。[①]

“坚定党对军队绝对领导的政治自信和政治自觉。”[②] 这一重要论断，进一步指明了军队思想政治建设必须着力打牢部队听党指挥的思想根基，增进信党爱党的思想情感，锤炼忠诚于党的政治品格。坚持党对军队绝对领导，是我军的根本建军原则、基本军事制度和特有政治优势。从这些年思想政治领域的斗争形势看，敌对势力极力鼓吹“军队非党化、非政治化”和“军队国家化”，进一步加大了对我军意识形态渗透的力度，幻想在我军这座钢铁长城上打开缺口。当前，我军所处的社会环境、担负的使命任务、官兵成分结构都发生了很大变化，一些同志对党指挥枪的极端重要性缺乏足够认识。占领思想、铸牢军魂，是我军的根本力量所在。我们

① 潘庆华等：《深刻理解把握党在新形势下的强军目标——习主席在十二届全国人大一次会议解放军代表团全体会议上的重要讲话新思想新观点新论断学习释义》，《解放军报》2013 年 5 月 14 日。

② 转引自潘庆华等：《深刻理解把握党在新形势下的强军目标——习主席在十二届全国人大一次会议解放军代表团全体会议上的重要讲话新思想新观点新论断学习释义》，《解放军报》2013 年 5 月 14 日。

必须坚持把从思想上政治上建设和掌握部队摆在突出位置，按照走在前列要求深入学习贯彻党的十八大精神，深入开展中国特色社会主义宣传教育，持续培育当代革命军人核心价值观，大力发展先进军事文化，扎实搞好“坚定信念、铸牢军魂”主题教育活动，组织官兵认真学习党史军史，打牢官兵高举旗帜、听党指挥的思想政治基础，确保枪杆子永远掌握在忠于党的可靠的人手中。①

文无第一，武无第二。我军素以能征善战著称于世，创造过许多辉煌战绩。但要看到，能打胜仗的能力标准是随着战争实践发展而不断变化的，以前能打胜仗不等于现在能打胜仗。特别是当前，我军建设的主要矛盾，仍然是现代化水平与打赢信息化条件下局部战争的要求还不相适应，军事能力与履行新世纪新阶段我军历史使命的要求还不相适应。这就要求我们必须紧紧围绕能打胜仗这个核心，坚持一切建设和工作向能打胜仗聚焦用力。要扭住核心军事能力建设不放松，科学安排并抓好非战争军事行动能力建设，把各项准备工作往前赶、朝实里抓。要推动信息化建设加速发展，扎实抓好新型作战力量建设，大力发展高新技术武器装备，加快全面建设现代后勤步伐，加强高素质新型军事人才培养，深化国防和军队改革，构建中国特色现代军事力量体系。要在全军形成大抓军事训练的鲜明导向，从实战出发从难从严训练部队，着力提高军事训练实战化水平，使部队都练就过硬的打赢本领。要加强战斗精神培育，教育引导全军大力发扬我军大无畏的英雄气概和英勇顽强的战斗作风，保持旺盛革命热情和高昂战斗意志。

（四）决战决胜

习近平指出：“我们坚持走和平发展道路，决不干称王称霸的事，决不会搞侵略扩张，但如果有人要把战争强加到我们头上，我们必须能决战

① 潘庆华等：《深刻理解把握党在新形势下的强军目标——习主席在十二届全国人大一次会议解放军代表团全体会议上的重要讲话新思想新观点新论断学习释义》，《解放军报》2013 年 5 月 14 日。

决胜。”[①] 这一重要论断，庄严宣示了我国和平发展的思想理念，坚定表达了维护国家利益的决心和底线。中国始终不渝走和平发展道路，坚定奉行独立自主的和平外交政策，反对各种形式的霸权主义和强权政治，不干涉别国内政，永远不称霸，永远不搞扩张，这是我们对世界的庄严承诺。中国奉行防御性的国防政策，加强国防建设的目的是维护国家主权、安全、领土完整，保障国家和平发展。我们渴望和平，但决不会因此而放弃正当权益，决不会拿国家核心利益做交易。我军作为维护世界和平的坚定力量，作为国家利益的忠实捍卫者，必须大力加强核心军事能力建设，做到一旦有事，断然出手、决战决胜。

“我们必须扭住能打仗、打胜仗这个强军之要，强化官兵当兵打仗、带兵打仗、练兵打仗思想，牢固树立战斗力这个唯一的根本的标准，按照打仗的要求搞建设、抓准备，确保部队召之即来、来之能战、战之必胜。”[②] 这一重要指示，紧紧抓住了军队建设最根本最关键的问题，深刻阐明战斗力是军队建设唯一的根本的标准，是检验部队一切建设和工作的试金石，为加强军队建设和拓展深化军事斗争准备指明了方向。战场打不赢，一切等于零。能打仗是军人的能力基础，敢打仗是军人的战斗精神，打胜仗是军人的职责使命。新形势下，必须与时俱进地加强军事战略指导，坚持不懈拓展和深化军事斗争准备，推动信息化建设加速发展，从实战需要出发从难从严抓好军事训练，切实练就过硬的打赢本领。[③]

坚持把与时俱进加强军事战略指导作为重要前提。现在，国际和周边安全环境更趋复杂，战争形态和作战方式深刻演变，国家安全领域不断拓

---

① 转引自潘庆华等：《深刻理解把握党在新形势下的强军目标——习主席在十二届全国人大一次会议解放军代表团全体会议上的重要讲话新思想新观点新论断学习释义》，《解放军报》2013 年 5 月 14 日。

② 转引自潘庆华等：《深刻理解把握党在新形势下的强军目标——习主席在十二届全国人大一次会议解放军代表团全体会议上的重要讲话新思想新观点新论断学习释义》，《解放军报》2013 年 5 月 14 日。

③ 解放军总参谋部：《总参表态：习主席一声令下我军必不辱使命》，《解放军报》2013 年 2 月 22 日。

展，我军作战力量和武器装备快速发展。这些都需要从战略层面加强筹划、科学指导，推动军事力量的建设和运用。我们要深入分析国防和军队建设的历史方位、阶段性特征、有利条件和发展难题，搞好战略筹划和顶层设计，理清发展方向、发展思路、发展重点，更好地发挥军事战略对于推动军事斗争准备和军队建设的统揽作用，从宏观上确保军队能打仗、打胜仗。

坚持把拓展和深化军事斗争准备作为基本途径。军事斗争准备是军队的基本实践活动，是维护和平、遏制危机、打赢战争的重要保证。要坚持军事斗争准备的龙头地位不动摇，立足应对复杂困难局面，统筹推进各方向各领域军事斗争准备，保持战略全局平衡与稳定。着眼实战需要从难从严训练部队，坚持仗怎么打兵就怎么练、打仗需要什么就苦练什么，突出使命课题训练，加强诸军兵种联合训练，抓好检验性对抗性训练，在近似实战的环境下摔打锻炼部队；探索和平时期军事力量运用问题，科学组织非战争军事行动准备，促进军事斗争准备水平和履行使命任务能力全面提高。

坚持把推动信息化建设加速发展作为内在要求。坚定不移把信息化作为军队现代化发展方向，正确处理信息化与机械化的关系，以信息化为主导，以机械化为基础，加快机械化、信息化复合发展和有机融合。要把加强新型作战力量建设作为战略重点，把培养高素质新型军事人才作为有力支撑，把加强指挥信息系统统管作为重要抓手，推动信息化建设向形成新质战斗力深化，向自主创新发展跃升，向推动建设成果运用转化拓展，努力实现高标准高层次建设与战备、训练、工作中广泛应用的有机结合，发挥信息力在战斗力生成中的主导作用。

坚持把积极稳妥推进军队改革作为强大动力。军事领域是竞争和对抗最为激烈的领域，也是最具创新活力、最需创新精神的领域。要坚持解放思想、实事求是、与时俱进、求真务实，更新军事思维方式和思想观念，把改革创新精神贯彻到各项工作中，加快重要领域和关键环节改革步伐。调整优化作战力量结构，重点加强海军、空军、第二炮兵部队建设，加快信息作战、军事航天等新型作战力量建设，优化军兵种内部结构和部队编成；建立健全联合作战指挥体制、联合训练体制、联合保障体制，着力提高我军信息化条件下联合作战能力；深化军事人力资源、后勤政策制度和军队保障社会化调整改革，调整完善军官和士兵政策制度，推进退役军人安置、文职人员制度改革，不断增强军队建设的生机活力。

坚持把依法治军、从严治军作为有力保证。习近平强调，要牢记依法治军、从严治军是强军之基，必须保持严明的作风和铁的纪律，确保部队高度集中统一和安全稳定。必须以实现党在新形势下的强军目标为根本着眼点和着力点，进一步把党关于国防和军队建设的主张和治军的成功经验制度化规范化，从法制上强化党对军队绝对领导的根本原则和制度，保证我军绝对忠诚、绝对纯洁、绝对可靠。确保能打胜仗，必须坚持军事法治建设始终聚焦战斗力、服务战斗力、保障战斗力，形成有利于提高战斗力的政策导向、制度体系和监督机制，用法治强制力保证战斗力生成、巩固和提高，保证部队召之即来、来之能战、战之必胜。确保作风优良，把我军长期培养与形成的一整套光荣传统和优良作风制度化，全面加强纪律建设，坚决查处和纠治不正之风，保证部队始终保持严明的作风和铁的纪律，永葆红军本色，传承红色基因，树好人民军队好样子。坚持在法治轨道上积极稳妥推进国防和军队改革。深化军队领导指挥体制、力量结构、政策制度等方面改革，加快完善和发展中国特色社会主义军事制度。

“但使龙城飞将在，不叫胡马度阴山。”站在新的历史起点上，中国武装力量的使命崇高而神圣，责任重大而光荣。

第五章　铸牢强军之魂

“金星闪耀在军旗上，我们的原则是党指挥枪，人民军队党缔造，成长壮大党培养……”这首《听党指挥歌》气势恢宏、铿锵有力、饱含深情，生动诠释了听党指挥是我军永远不变的军魂，充分抒发了全军官兵对党的无限拥护和无比忠诚。我军之所以能够战胜各种艰难困苦、不断从胜利走向胜利，最根本的就是坚定不移听党话、跟党走。这是我军的军魂和命根子，永远不能变，永远不能丢。在新的历史条件下，习近平再次强调：“要铸牢听党指挥这个强军之魂，坚持党对军队绝对领导的根本原则和人民军队的根本宗旨不动摇，确保部队绝对忠诚、绝对纯洁、绝对可靠，一切行动听从党中央和中央军委指挥。”① 在进行具有许多新的历史特点的伟大斗争中，在实现强军目标的伟大征程上，必须把听党指挥作为最高的政治要求来遵守、作为最高的政治纪律来维护，确保全军部队始终在思想上、政治上、行动上同党中央保持高度一致，坚决维护党中央、中央军委和习近平主席的权威，一切行动听从党中央、中央军委和习近平主席的指挥。

一、听党指挥是我军的强军之魂

听党指挥是人民军队的命脉所在，是我军自诞生以来毫不动摇坚持的立军之本、建军之魂，是经由井冈雷电、长征雨雪、抗日烽火、解放硝

---

① 《人民日报》2013 年 3 月 12 日第 1 版。

烟、和平熏风、改革浪潮反复检验和证明了的真理。对于这个我军建设和发展的首要问题，我们党历来高度重视、紧抓不放。早在革命战争年代，毛泽东就鲜明提出："我们的原则是党指挥枪，而决不容许枪指挥党。"[①] 进入改革开放新时期，邓小平反复告诫，军队要听党的话，"不能打自己的旗帜"。[②] 江泽民指出："一个军队要有军魂。我看，我们军队的军魂就是党的绝对领导。"[③] 胡锦涛强调："坚持党对军队的绝对领导，是我军建设和发展的首要问题。我们对这个问题要始终关注、抓住不放，任何时候任何情况下都不能有丝毫含糊和动摇。"[④] 在党的十八大召开后不久，习近平就特别指出："保证党对军队的绝对领导，关系我军性质和宗旨、关系社会主义前途命运、关系党和国家长治久安，是我军的立军之本和建军之魂。"[⑤] 习近平要求全军："要牢记，坚决听党指挥是强军之魂，必须毫不动摇坚持党对军队的绝对领导，任何时候任何情况下都坚决听党的话、跟党走。"[⑥] 听党指挥既是我们党对人民军队建设的一贯政治要求，更是实现党在新形势下强军目标的首位要求，是强军兴军的根本力量所在。如果这个最根本的问题守不住，军队就会变质，就不可能有向心力、凝聚力、战斗力。

（一）听党指挥决定军队建设的政治方向

一个人的脊梁，不是骨头，而是精神；一支军队的脊梁，不是武器，而是军魂。强军必先强魂，魂固方能军强。习近平指出："听党指挥是灵魂，决定军队建设的政治方向"。[⑦] 对军队来说，政治方向就是归谁领导、听谁指挥，为谁扛枪、为谁打仗的问题。这是一支军队安身立命的首要问

① 《毛泽东选集》第二卷，人民出版社 1991 年版，第 547 页。

② 《邓小平文选》第三卷，人民出版社 1993 年版，第 317 页。

③ 《江泽民论有中国特色社会主义》（专题摘编），中央文献出版社 2002 年版，第 447 页。

④ 《树立和落实科学发展观理论学习读本》，解放军出版社 2006 年版，第 71 页。

⑤ 《人民日报》2012 年 11 月 18 日第 1 版。

⑥ 《人民日报》2012 年 12 月 13 日第 1 版。

⑦ 《人民日报》2013 年 3 月 12 日第 1 版。

题，直接关系这支军队的兴衰成败。我军自诞生以来，正是在党的绝对领导下，才有了光明的政治前途，为党和人民建立了卓越功勋。新形势下，我军要为实现国家富强、民族振兴、人民幸福的中国梦作出新的贡献，就必须坚决听党指挥，始终以党的旗帜为旗帜、以党的方向为方向。

这是我们党建军治军的伟大创造。中国近代以来，从强盛一时的太平军，到装备精良的北洋新军，再到挥师北伐的国民革命军，之所以最终走向衰亡没落，说到底就是因为缺乏先进阶级及其政党的领导，成为个人和狭隘利益集团的工具，走上了背离人民的道路。我们党坚持把马克思主义建党建军学说创造性地运用于中国革命实际，提出并实行党对军队绝对领导的根本原则和制度，在中国历史上第一次改变了军权私有的军事制度，使军权真正掌握在人民自己手中，使军队成为执行革命政治任务的武装集团，成为赢得人民解放、国家独立的重要保证。这是中国政治军、事制度的历史性进步，实现了军权由私人掌握向工人阶级政党组织领导的飞跃，从根本上铲除了军阀政治生长的土壤，使中国摆脱了军阀操纵政党、政治的梦魇，也使我军这支以旧军队为基础、以农民为主要成分的武装成为完全新型的人民军队，始终保持了统一的意志、坚强的团结、铁的纪律，既没有被外敌所撼倒，也没有被内部的野心家所分裂，从小到大、由弱到强，无坚不摧、无往不胜。历史雄辩地告诉我们，坚持党对军队绝对领导不是凭空产生的，是经过艰难探索形成的，是经过血雨腥风洗礼的，是经过严酷战争检验的，是我们党和人民军队的正确抉择，是我们党建设新型人民军队的伟大创造。

这是实现国家长治久安的重要法宝。“国家大柄，莫重于兵。”“兵权之所在，则随之以兴；兵权之所去，则随之以亡。”兵者，国之大事、国之重器，直接关系国家兴衰治乱。军队掌控得好，就能成为国家政治稳固、社会稳定的重要支柱。邓小平曾深刻指出：“我们国家所以稳定，军队没有脱离党的领导的轨道，这很重要。”① 新中国成立以来，正是由于我

① 《十四大以来重要文献选编》（中），人民出版社 1997 年版，第 1596 页。

们有一支听党指挥的人民军队，敢于在关键时刻亮剑，勇于在危急时分出征，有效维护了国家的主权安全、领土完整和发展利益。从抗美援朝战争到边境自卫防御作战，从1976年唐山大地震救援、1987年大兴安岭灭火救灾到1998年抗洪抢险、2008年汶川抗震救灾，从海外护航撤侨到国内大型活动安保，人民军队为经济社会发展、人民安居乐业提供了坚强保证。事实充分证明，只有中国共产党领导下的人民军队，真正把党的任务、国家利益、人民幸福与军队使命高度统一起来，真正为国家和人民的利益赴汤蹈火、浴血奋战，成为捍卫国家的坚强柱石、保卫人民的钢铁长城、建设国家的重要力量。反观古今中外，由于军队领导权问题没有解决好，国家分裂者有之，外敌入侵者有之，民不聊生者有之。当年，苏共放弃对军队的领导。危急关头，苏联军队袖手旁观，还美其名曰"保持中立"，甚至有的部队直接投靠反对派。最后瞬时间，苏联就分崩离析了、苏共就土崩瓦解了，演出了一幕"苏联共产党同它的将军们手挽手、肩并肩地走向灭亡"的"世纪悲剧"，教训深刻啊！近年来，西亚、北非一些国家，由于军权问题没有解决好，军事政变频发，战乱不断、政局动荡、民不聊生。

这是建设强大军队的首位要求。在新的形势下，我们清醒地认识到，当前，听党指挥、铸牢军魂面临一系列新考验。特别是世界范围两种社会制度、两种价值体系的较量日趋加剧，人们价值取向的多样化更加明显和突出，信息网络条件下的思想舆论环境更加复杂多变，官兵思想活动的独立性、自主性、选择性不断增强，国内外敌对势力对军队进行思想政治渗透的力度也在加大，等等。所有这些，都从不同侧面、以不同方式对听党指挥构成了严峻挑战。拿西方对我意识形态渗透来说，看似不动刀枪、不见硝烟，实际上却折射着刀光剑影，是一场你死我活的斗争。值得警惕的是，一些西方国家媒体出于不可告人的目的，对我军说三道四，刻意丑化、妖魔化我军。近几年一些西方媒体播发的与我军有关的新闻中，负面信息占到一半以上，而正面的不足一成。2008年以来，其涉军热点问题年均增长33.5%，其中负面信息增长33.8%。现在，西方敌对势力每年都组织多次全球性的网上反华宣传活动，大肆诋毁我党我军形象。而国内某些异己势力与西方敌对势力遥相呼应，一些所谓的“公知”，通过网络平台对公众“放炮”，制造诋毁我军形象的杂音噪音；有的敌对分子还直接给军人写信、塞传单、发“反宣币”，蓄意进行煽动、拉拢、策反，妄图使我军摆脱中国共产党的领导。因此，我们应该清醒地认识到，现在各种敌对势力总是幻想着在我军这座钢铁长城上打开缺口，千方百计对我军进行意识形态渗透，极力鼓吹“军队非党化、非政治化”和“军队国家化”，说到底就是妄图使我军脱离党的领导。在这种情况下，如何加强对部队的思想政治领导、强化广大党员和全军官兵的军魂意识、增强坚持党对军队绝对领导的自觉性和坚定性，是摆在我们面前的一个现实而紧迫的课题。在这个问题上，我们必须头脑特别清醒、态度特别鲜明、行动特别坚决，决不能有任何动摇、任何迟疑、任何含糊、任何闪失。

（二）听党指挥是我军能打胜仗的政治保证

军队打不赢，一切等于零；军队打得赢，党和人民才放心。能打胜仗是党和人民对军队的根本要求，是军队存在的根本价值所在。在长期的革命、建设和改革的历史进程中，我们党始终坚持用先进的思想和进步的精神贯注部队，使我军始终保持旺盛的革命热情、高昂的战斗意志和不怕牺牲的战斗精神；我们党能够深刻认识战争规律，把握科学的制胜之道，运用灵活机动的战略战术，领导我军战胜一个又一个强敌，创造一个又一个战争奇迹。现代信息化条件下，战争形态、作战样式虽然发生了深刻变化，但党的领导始终是人民军队的政治优势和组织优势，始终是人民军队克敌制胜的根本法宝，永远都不会过时。

党指挥枪，既出凝聚力，又出战斗力，这是我军夺取战争胜利的根本保证。美国军界有个说法：不怕中国军队现代化，就怕中国军队毛泽东化。所谓“毛泽东化的中国军队”，一个本质的特征就是坚持党对军队的绝对领导。我军在建军之初，武器装备远远落后于敌人。而正是这支从山沟里、窑洞里、地道里、青纱帐里“钻”出来的红军和“土八路”，用小米加步枪打败了日本侵略者和国民党反动派，解放了全中国。毛泽东曾深刻总结："红军所以艰难奋战而不溃散，'支部建在连上'是一个重要原因。"[①] 美国人大卫·哈伯斯塔姆的《最寒冷的冬天》一书，是描写朝鲜战争的。其中写道，美国及"联合国军"最敬佩中国人民志愿军的就是战士们冒着强大火力勇敢冲锋的不怕死精神，让他们胆战心惊。这本书的一个鲜明特点，是揭示了在惨烈战争背后的信仰较量。书中写道："毛泽东的军队正因为有信仰，他的军队就具有强大的力量。""信仰极其坚定，面对敌人无所畏惧。"朝鲜战争开始之初，以美军为首的"联合国军"不可一世，麦克阿瑟称中国军队不过是衣衫褴褛的"一大群中国洗衣工"，但敌人的猖狂是短暂的。大卫·哈伯斯塔姆着重描写了清川江战役和长津湖战役，即志愿军的第二次战役。"在中国军队呼啸的军号声和刺耳的哨子声中"，美军"四散奔逃，溃不成军"，"没有最悲惨的故事，只有更悲惨的故事"，"都浑浑噩噩地在对手编写的剧本中扮演着悲情角色"，就连"原本能全面掌控新闻发布会的总统（杜鲁门）突然变得语无伦次"。朝鲜战争告诉美国人："以种族歧视的态度对亚洲对手嗤之以鼻的时代一去不复返了。"[②] 面对失败，美军咒骂志愿军官兵是"用烈性酒麻醉了的疯子"，甚至怀疑中国军人"很可能服用了一种特殊药物"。药物当然没有，"特殊"却是千真万确。这种"特殊"，就是党的坚强领导。据我军军史资料统计，建军至今，我军先后打了400多个较大规模的战役，消灭了上千万的敌军。我军之所以能够以弱胜强、以劣胜优，创造中外战争史上的奇迹，其根本原因就是党中央、中央军委的坚强领导和正确指挥，在于政治工作提供了精神动力、人才支撑和制度保障。

信息化条件下，听党指挥仍然是人民军队能打仗、打胜仗的政治保证。信息化战争仍然是政治的继续，坚持党对军队绝对领导，才能靠我们党的政治智慧赢得政治上、全局上的主动。信息化战争改变的只是战争形

---

① 《毛泽东选集》第一卷，人民出版社1991年版，第65—66页。

② ［美］大卫·哈伯斯塔姆：《最寒冷的冬天——美国人眼中的朝鲜战争》，重庆出版集团重庆出版社2010年版，第280、337、373、407、399、411、433页。

态和作战样式，而不是战争的本质属性，军事仗的背后仍然是政治仗。只有坚持党的领导，才能确保站在政治和道义的制高点，做到进退有度、收放自如，成为得道多助的正义之师，最大限度赢得国内外民众的广泛支持，把我党我军政治上的优势转化为军事上的胜势，把我党在军队的组织优势转化为制胜能力。信息化战争中，人的精神意志作用没有降低，反而更加突出。坚决听党指挥，才能用我们党先进的精神贯注部队，激发英勇无畏的战斗精神。信息化战争的伟力最深厚根源，仍然存在于民众之中。坚决听党指挥，才能把我们党强大的号召力、动员力变成战胜一切敌人的无穷力量。

（三）听党指挥是保持人民军队优良作风的关键所在

古往今来，作风优良才能塑造英雄部队，作风松散可以搞垮常胜之师。能否始终如一保持我党我军光荣传统和优良作风，是关系我军政治本色、关系党和军队形象、关系军队生死存亡的大问题。我军一开始在党的领导和教育下，就建立了严明的纪律。当年，解放军进入上海后，为了不惊扰市民，官兵和衣睡在潮湿的马路边。许多官兵连续作战，口渴得嘴唇干裂，但谁也不进入民房取水。老百姓正是从一点一滴的具体事情上，认识到我军是人民自己的队伍。

作风优良是我军的鲜明特色和政治优势。作为党缔造和领导的人民军队，我军的优良作风从根本上说传承着党的红色基因。正是在党的绝对领导下，我军始终坚持全心全意为人民服务的宗旨，始终具有崇高的理想信念、远大的志向抱负，为着中国最大多数人的利益而战斗。正是在党的英明决策下，我军始终注重维护军队严明的纪律，处处做到秋毫无犯，从根本上树立了正义之师、文明之师、威武之师、胜利之师的光辉形象。正是在党的正确培育下，我军注重弘扬千百年来中华民族的伟大民族精神，秉承中国人民爱国奉献、吃苦耐劳、脚踏实地的优秀品格，形成了优良作风和光荣传统。可以说，听党指挥是我军光荣传统的核心和精髓，是保持人民军队优良作风的前提与基础。抓住了听党指挥这一条，才能不断传承红色基因，保持精神底色，把我党我军的光荣传统和优良作风发扬光大。

在新挑战新考验面前，保持我军的优良作风，坚守精神高地，尤其离不开党对军队的绝对领导。当前，我们处于一个变革的时代，我军建设发展的内外环境与过去相比有很大不同，使命任务、组织形态与官兵成分发生深刻变化，多元多样多变的思想文化和一些消极腐败现象也对官兵思想产生影响。面对这种形势，只有毫不动摇地坚持党对军队的绝对领导，靠党的先进性保证军队的先进性，才能使我军在日益复杂的斗争面前，始终保持人民军队的性质宗旨和优良作风。优良作风说到底是党性修养问题，党性是作风的内在根据，作风是党性的外在表现。党性纯洁，则作风端正；党性不纯，则作风不正。加强作风建设，必须坚持用党的科学理论武装头脑，自觉加强党性修养，增强党员意识、宗旨意识，牢固树立全心全意为人民服务的价值取向，强化为祖国而战、为人民而战的使命感、责任感，永远当人民子弟兵，永远做人民利益的忠实捍卫者。

二、 充分发挥政治工作的生命线作用

在具有我军政治工作奠基意义的古田会议举行 85 周年之际，2014 年 10 月底，习近平亲自领导在古田召开全军政治工作会议并发表重要讲话。在讲话中，习近平强调：“革命的政治工作是革命军队的生命线。实行革命的政治工作，保证了我军始终是党的绝对领导下的革命军队，为我军战胜强大敌人和艰难险阻提供了不竭力量，使我军始终保持了人民军队的本色和作风。”① 政治工作是我军的看家本领，是我军的最大特色、最大优势，是我军同一切其他性质军队的最大区别，也是我军保持人民军队性质、宗旨、本色的重要保障，它始终在与时俱进过程中彰显和拓展着生命线作用。生命线强，则军魂强；生命线弱，则军魂弱。党在军队中的绝对领导地位，与我军政治工作的生命线地位是融为一体的。历史和现实表明，只有通过强有力的政治工作，党在军队中才能形成实施集中统一领导的坚强中枢，才能把党的理论、纲领和路线、方针、政策贯彻到军队之

---

① 《人民日报》2014 年 11 月 2 日第 1 版。

中，才能把全军官兵的意志和力量高度凝聚在党的旗帜之下，才能确保军队忠实执行党的政治任务，高标准履行好党和人民赋予的使命责任。因此，习近平强调："当前，国内外形势发生深刻复杂变化，面对深化国防和军队改革这场考试，我军政治工作只能加强不能削弱，只能前进不能停滞，只能积极作为不能被动应对。"①

（一）时刻聚焦政治工作的时代主题

习近平高瞻远瞩地指出："军队政治工作的时代主题是，紧紧围绕实现中华民族伟大复兴的中国梦，为实现党在新形势下的强军目标提供坚强政治保证。"② 在我军历史上，明确提出军队政治工作的时代主题还是第一次。习近平确定的军队政治工作时代主题，实际上就是当代中国时代主题、军队建设时代主题在军队政治工作领域的具体化。它明确了党和军队中心任务对政治工作的总规定，指明了政治工作在强军兴军中的方位和坐标，赋予政治工作新的使命任务，是政治工作的魂和纲，对新形势下政治工作具有统领作用。

军队政治工作的时代主题，目的是"强军"，核心在"保证"，力度在"坚强"。对政治工作来说，"坚强政治保证"是很高的要求，也是很实的标准。要把政治工作的全部精力、能量和资源，都集中投放到实现政治工作的时代主题上来，以强军实践提出的新要求作为政治工作的努力方向，以解决强军实践遇到的矛盾问题作为加强改进政治工作的突破口，把政治工作的时代主题贯穿到政治工作的各个方面、各个环节、各个部位，形成以时代主题的是非为是非、以时代主题的得失为得失的军队政治工作总基调和主格调。

（二）大力弘扬政治工作的优良传统

"千淘万漉虽辛苦，吹尽黄沙始到金。"越是伟大思想，越经得起历史检验；越是优良传统，越具有恒久魅力。我军政治工作的优良传统，是长

---

① 《人民日报》2014年11月2日第1版。

② 《人民日报》2014年11月2日第1版。

期以来政治工作宝贵经验的结晶。习近平在全军政治工作会议上的重要讲话中，精辟概括了我军政治工作的优良传统，主要包括：坚持党指挥枪的根本原则和制度，坚持全心全意为人民服务的根本宗旨，坚持实事求是的思想路线，坚持群众路线的根本作风，坚持用科学理论武装官兵，坚持围绕党和军队中心任务发挥服务保证作用，坚持公道正派选拔干部，坚持官兵一致、发扬民主，坚持实行自觉的严格的纪律，坚持艰苦奋斗、牺牲奉献的革命精神，坚持党员干部带头、以身作则。

习近平概括的这11条，承续血脉、观照现实、着眼未来，赋予我军政治工作优良传统更加深刻的思想内容和更加鲜明的先进特质，体现了我军政治工作本质特征与基本内容的统一、根本目标与根本方法的统一、理性认识与实践要求的统一。把握住这些优良传统，就真正掌握了我军政治工作的真谛。特别是，在古田召开全军政治工作会议，让我们深切体会到“五个意味深长”：习近平亲自决策在古田召开全军政治工作会议，意味深长；习近平出席会议的第一个动作，是亲率全体代表参观古田会议旧址，意味深长；习近平带领大家向毛泽东雕像隆重敬献花篮，意味深长；习近平亲切会见老红军、军烈属和“五老”代表并与基层代表同吃“红军饭”，意味深长；习近平带领大家观摩“红色印迹——红军标语展示”，意味深长。从这些意味深长的情景教育中，我们深刻感受到习近平对我党我军光荣传统的高度尊重、自觉传承。我们要立足新的时代条件，传承红色基因，强固政治根基，把先辈们用鲜血和生命铸就的优良传统一代代传下去，确保我军血脉永续、根基永固、优势永存。

（三）紧紧扭住政治工作的根本要求

“秉纲而目自张，执本而末自从。”习近平明确指出，加强和改进新形势下我军政治工作，当前最紧要的是把四个带根本性的东西立起来：把理想信念在全军牢固立起来，把党性原则在全军牢固立起来，把战斗力标准在全军牢固立起来，把政治工作威信在全军牢固立起来。“四个牢固立起来”体现了政治建军的本质要求，切中了正本清源的要害，是政治工作服务保证强军兴军的根本所在。

“四个牢固立起来”是我军政治工作的命脉所系、力量所在，立起来就是凝聚力，立起来就是战斗力，立起来就是生命力。所谓“立”的过程就是实践过程，实践是“立起来”的根本途径。没有实践，信念、原则、标准、威信都立不起来。春秋战国时期，商鞅用“立木取信”兑现改革承诺。今天，“四个牢固立起来”同样需要在实践中去实现。具体来讲，要把理想信念在全军牢固立起来，适应强军目标要求，把坚定官兵理想信念作为固本培元、凝魂聚气的战略工程，把握新形势下铸魂育人的特点和规律，着力培养有灵魂、有本事、有血性、有品德的新一代革命军人；要把党性原则在全军牢固立起来，坚持党性原则是政治工作的根本要求，必须坚持党的原则第一、党的事业第一、人民利益第一，在党言党、在党忧党、在党为党，把爱党、忧党、兴党、护党落实到工作各个环节；要把战斗力标准在全军牢固立起来，把战斗力标准作为军队建设唯一的根本的标准，聚焦能打仗、打胜仗，健全完善党委工作和领导干部考核评价体系，探索政治工作服务保证战斗力建设的作用机理，形成有利于提高战斗力的舆论导向、工作导向、用人导向、政策导向，把政治工作贯穿到战斗力建设各个环节；要把政治工作威信在全军牢固立起来，从模范带头抓起，从领导带头抓起，引导各级干部特别是政治干部把真理力量和人格力量统一起来，坚持求真务实，坚持公道正派。

（四）着力抓好政治工作的重点任务

习近平强调指出：当前必须着力抓好铸牢军魂工作，着力抓好高中级干部管理，着力抓好作风建设和反腐败斗争，着力抓好战斗精神培育，着力抓好政治工作创新发展。这“五个着力抓好”，概括起来就是抓军魂、抓干部、抓作风、抓精气神、抓创新。这是新形势下军队政治工作必须落实好的重点任务。“五个着力抓好”反映了重点突破、推动全盘的鲜明指向。抓军魂，扭住了政治工作的核心；抓干部，扭住了强军兴军的骨干；抓作风，扭住了保持本色的根本；抓精气神，扭住了固本打赢的底气；抓创新，扭住了政治工作的活力。“五个着力抓好”是“牛鼻子”，必将起到牵动加强和改进政治工作全局的效能。

具体来讲，第一，着力抓好铸牢军魂工作。坚持党对军队绝对领导是强军之魂，铸牢军魂是我军政治工作的核心任务，任何时候都不能动摇。坚持党对军队绝对领导，必须坚持党委统一的集体领导下的首长分工负责制。各级党委要把落实党对军队绝对领导的制度作为第一位责任，把党领导军队的一系列制度贯彻到部队建设各领域和完成任务全过程，确保党指挥枪的原则落地生根。第二，着力抓好高中级干部管理。军队要像军队的样子，很重要的要体现在高中级干部身上。军队好干部的标准，就是要做到对党忠诚、善谋打仗、敢于担当、实绩突出、清正廉洁。坚持党管干部、组织选人，坚持五湖四海，坚决整治用人风气，纯洁干部队伍，真正把好干部选出来、任用好。强化党组织管班子、管干部的功能，以严的要求、严的措施、严的纪律管理约束干部。第三，着力抓好作风建设和反腐败斗争。坚持抓常、抓细、抓长，坚持以改革的思路和办法推进反腐败工作，确保改进作风规范化、常态化、长效化，以锲而不舍、驰而不息的决心把作风建设和反腐败斗争引向深入。第四，着力抓好战斗精神培育。加强马克思主义战争观和我军根本职能教育，加强军事文化建设，发扬一不怕苦、二不怕死的精神，从难从严从实战要求出发摔打部队，注重发挥政策制度的调节作用，增强军事职业吸引力和军人使命感、荣誉感，培养官兵大无畏的英雄气概和英勇顽强的战斗作风。第五，着力抓好政治工作创新发展。积极推进政治工作思维理念、运行模式、指导方式、方法手段创新，提高政治工作信息化、法治化、科学化水平，形成全方位、宽领域、军民融合的政治工作格局，增强政治工作的主动性和实效性。

三、坚持从思想上、政治上建设和掌握部队

习近平主持中央军委工作以来，牢牢把握我军生存发展的政治命脉，在第一次中央军委扩大会议上就指出，要“始终把思想政治建设摆在军队各项建设首位”①，而后反复强调，要“高度重视”“更加注重”“切实”

① 《人民日报》2012年11月18日第1版。

“着力”“从思想上政治上建设和掌握部队”。

（一）打牢高举旗帜、听党指挥的思想根基

政治上的自觉来自理论上的清醒，行动上的坚定源自思想上的认同。只有对党的领导高度信赖，对党绝对领导军队的科学性坚信不疑，才能高度自觉地听党指挥。新形势下，必须紧密联系意识形态复杂形势和官兵思想实际，坚持灌输基本道理与划清是非界限相结合，坚持坚定政治信念与纯洁思想道德相结合，坚持继承优良传统与丰富时代内涵相结合，进一步筑牢官兵听党话、跟党走的思想根基。

1. 深入开展军魂教育

现在部队的战士、基层连排长大都是“80 后”“90 后”，军师级指挥员也大都是“60 后”“70 后”。一些年轻同志缺乏对马克思主义理论的系统学习，缺乏对党的优良传统的深入了解，缺乏艰苦环境和复杂斗争的锻炼，对于党指挥枪的极端重要性往往认识不足、认识不透，一些官兵“嘴上无杂音，心里有问号”。这就要求我们必须深入开展军魂教育活动，不断坚定官兵听党指挥的政治信念。要加强对中国特色社会主义理论体系的学习，用党的先进理论武装官兵头脑，增强道路自信、理论自信、制度自信。要认真学习党史军史和我党我军光荣传统，在学习了解党对军队绝对领导的来龙去脉、发展历程中，增进政治认同和情感认同，把听党指挥的红色基因一代代传下去。要着眼不同层次人员的思想特点，从“兵之初”“官之初”抓起，坚持领导干部防麻痹、年轻军官防渗透、青年士兵抓常识，提高军魂教育的针对性。特别是对领导干部来说，要强化忧患意识，始终绷紧意识形态斗争这根弦，同时要切实从思想深处解决好信仰信念和立身做人的基本问题，防止政治上、生活上、道德上的“两面人”，切实以自身的良好形象和表率作用坚定官兵听党指挥的政治信念。

2. 积极培育和践行军人核心价值观

一个国家和民族的兴旺发达、繁荣昌盛，离不开强大的精神支撑；一支军队战无不胜、攻无不克，离不开崇高的价值追求。对一个民族、一个国家来说，最持久、最深层的力量是全社会共同认可的核心价值观。社会主义核心价值观是社会主义意识形态的本质体现，是党的核心价值在现阶段的集中概括。只有把社会主义核心价值观培育好，才能从根本上保证社会和军队凝神聚气、强魂固本。全军官兵要在带头践行社会主义核心价值观的同时，紧密联系军队职能使命，结合官兵思想、工作和生活实际，采取切实措施，全面培育和自觉践行当代革命军人核心价值观，并将其作为军队思想政治建设的基础工程、铸魂工程，持续不断地抓紧抓实。

3. 积极发展先进军事文化

毛泽东指出："没有文化的军队是愚蠢的军队，而愚蠢的军队是不能战胜敌人的。"[①] 他还指出："我们要战胜敌人，首先要依靠手里拿枪的军队。但是仅仅有这种军队是不够的，我们还要有文化的军队，这是团结自己、战胜敌人必不可少的一支军队。"[②] 先进军事文化作为社会主义文化和军队思想政治建设的重要组成部分，是我军发展壮大、克敌制胜的强大精神支撑和重要力量源泉。抗战时期，《黄河大合唱》《大刀进行曲》《到敌人后方去》等战斗歌曲，激励无数中华儿女奔赴抗日前线，救民族于危难。解放战争时期，头一天流着泪看了歌剧《白毛女》的战士，第二天就在前线英勇杀敌立功。在抗洪抢险、抗击非典、抗震救灾等严峻考验面前，一面面火红旗帜、一首首时代赞歌、一句句战斗诗词、一幕幕经典剧目，催生强大精神力量，鼓舞全国军民共克时艰、奋勇向前。加强军事文化建设，大力发展体现社会主义先进文化本质要求、反映时代特征、具有我军特色的先进军事文化，就是要推动当代革命军人核心价值观更加深入人心，使我军听党指挥、服务人民、英勇善战的优良传统得到传承和发扬，官兵综合素质不断提高，部队文化设施装备和条件显著改善，军营文化生活更加丰富多彩，适应人民群众和部队官兵需要的文化产品不断涌现，高素质文化人才队伍发展壮大，进一步增强我军软实力。

4. 高度警惕和防范外部渗透

西方敌对势力正在跟我们下一盘大棋，它们有一个颠覆、遏制、改变

① 《毛泽东选集》第三卷，人民出版社 1991 年版，第 1011 页。

② 《毛泽东选集》第三卷，人民出版社 1991 年版，第 847 页。

中国的系统工程，可以说费尽心机，无所不用其极。那种指望西方发慈悲再给50年时间，让我们安安稳稳地发展成世界强国的想法，是极其幼稚的。与军事战场上的刀光剑影不同，思想战场上的较量是暗战无声，却更加致命。这方面的较量，看似不动刀枪、不见硝烟，但实质上就是你死我活的斗争。对西方势力的这种政治图谋，我们必须高度警觉，保持战略清醒和战略定力，决不能天真，决不抱任何幻想。我们必须大力加强意识形态工作，切实防范敌对势力对部队的渗透破坏，以积极主动的工作占领部队思想文化和舆论阵地，不断增强官兵的政治免疫力，始终保持政治上的坚定性。

（二）坚决贯彻执行党对军队绝对领导的根本原则和制度

党对军队绝对领导的根本原则和制度，是永葆我军性质宗旨的根本保证，是我军始终保持强大的凝聚力、向心力、战斗力，经受住各种考验，不断从胜利走向胜利的根本保证。在实践中，这些原则和制度也是防止敌对势力对我进行渗透破坏的铜墙铁壁，无论战争形态怎么演变、军队建设内外环境怎么变化、军队组织形态怎么调整，都必须始终不渝坚持。

1. 坚持和落实党对军队绝对领导的制度体系

我们党在长期革命和建设实践中，形成和确立了党对军队实施绝对领导的一系列根本原则和制度，保证了党指挥枪根本原则的有效落实。党对军队绝对领导的根本原则和制度，核心的是军队最高领导权和指挥权属于党中央、中央军委，归于军队的最高统帅。中央军委实行主席负责制，是我国宪法确立的重要制度，对于保证党中央、中央军委牢牢掌握军队最高领导权和指挥权，具有根本性、决定性作用。坚持党对军队绝对领导，起定海神针作用的是党委统一的集体领导下的首长分工负责制。对这个制度的表述是经毛泽东亲自批准，在1953年全国军事系统党的高级干部会议上定下来的，后来写进了1954年制定的《中国人民解放军政治工作条例》，并坚持和沿用至今。要加强党对军队绝对领导根本原则和制度的学习教育，增强贯彻执行的自觉性和坚定性，真正使这些根本原则和制度贯彻落实到军队建设发展各领域、部队工作任务全过程。

2. 增强各级党组织坚持党对军队绝对领导的执行力

把各级党组织建设成为实现党对军队绝对领导的坚强领导核心和战斗堡垒，是坚持党对军队绝对领导的坚强组织保证。要精干领导机关组织编成，充实基层党组织力量，不断完善优化党的组织体制和运行机制；要建立完善全面、具体、清晰的评价体系和奖惩制度，对各级党组织贯彻执行党的路线、方针、政策、决议、指示的情况及时进行优劣评价，实行奖优罚劣；要采取各种培训措施，全面提高各级党组织开展思想政治工作、领导军事实践、坚持党管干部和运用法规制度指挥管理部队的能力水平，不断加强党对军队的绝对领导；要大力加强作风建设，深入持久地反对和根除“四风”积弊，使好大喜功、弄虚作假、欺上瞒下、奢侈浪费等现象成为过街老鼠，人人喊打，努力创造有利于提高执行力的良好环境。

3. 以严明的纪律保证党对军队绝对领导落到实处

检验军队是否坚持党的领导，主要看贯彻执行党中央、中央军委的决策指示是否坚决有力、严肃认真。如果执行党中央和中央军委的决策指示搞变通、打折扣，即使你把口号喊得震天响，也是对听党指挥原则的严重背离和背弃。所以，各级党的组织必须强化号令意识，严守政治纪律和政治规矩，在事关原则的问题上决不允许跨越红线。要加强对执行命令指示情况的监督检查，严肃查处有令不行、有禁不止的人和事，把听党指挥落实到具体行动上。

（三）确保枪杆子始终掌握在忠于党的可靠的人手中

成就强军事业，要在得人。习近平强调指出：必须使枪杆子始终掌握在忠于党的可靠的人手中。这一指示要求，抓住了坚持党对军队绝对领导的要害。

1. 注重从政治上考察和使用干部

对军队干部来说，政治上纯洁可靠尤为重要。如果政治上靠不住，将是个很大的隐患。现在，一些干部的理想信念出现这样那样的问题。有的人认为：“理想理想，有利就想；前途前途，有钱就图。”有的人认为：“政治是虚的，理想是远的，权力是硬的，票子是实的。要丢掉虚的，扔掉远的，抓住硬的，捞到实的。”还有的人“两个嘴巴讲话，两张面孔做人”，台上讲理想信念，台下搞以权谋私；人前讲清正廉洁，人后搞贪污受贿。在这种情况下，坚持从政治上考察和使用干部，不仅是军队干部队伍建设的首要要求，更是确保枪杆子始终掌握在忠于党的可靠的人手中的根本保证。这一条必须牢牢把握住，任何时候都不能放松。如果在这个问题上出现闪失，后患无穷。当前，要把干部制度特别是选人用人制度的调整改革作为重点，完善和优化干部选拔任用的体制机制，以利于把那些真正忠诚可靠的干部选拔到各级领导岗位，使之成为坚决贯彻党的决策部署、完成党的指示任务的可靠力量。要完善干部考核评价体系，特别要把对德的考核具体化，重点考察贯彻执行党中央、中央军委决策指示的表现，考察在重大原则问题上的立场，考察带领部队完成急难险重任务的情况，考察对待名利得失的态度。

2. 着力在高级干部中贯彻从严治官要求

“欲治兵者，必先治将。”“将者，国之辅，辅周则国强，辅隙则国弱。”坚持党对军队的绝对领导，必须抓好高级干部。高级干部位高权重，出了问题就不是小问题，政治上出了问题，危害更大。徐才厚、谷俊山等高级领导干部严重违纪违法案件，严重损害了军队高级干部的形象，教训十分深刻。坚持党对军队的绝对领导，必须首先在高级干部中认真贯彻从严治官要求，通过严格的教育、管理和监督，促使高级干部不断提升政治忠诚度和思想道德纯洁度。

3. 坚决防止和纠正领导干部中的山头现象

在我们这支新型人民军队里，山头主义是政治上极不忠诚的一种表现，它对于党对军队的绝对领导起着分化和瓦解作用。全军是一个统一整体，军队干部都是党的干部，谁都没有资格搞小山头、小团体。这不仅仅是一个亲亲疏疏的问题，而是一个涉及政治原则的重大问题。所以，对领导干部中的山头现象，必须始终予以高度警惕，一旦发现就要坚决予以惩治，决不能让其形成气候。

（四）不断提高军队党的建设科学化水平

搞好军队党的建设，是军队建设发展的核心问题，是实现强军目标的关键。当前，我们正在进行具有许多新的历史特点的伟大斗争，这对全面推进党的建设新的伟大工程提出了更高要求。必须把军队党的建设摆在更加突出的位置，始终坚持党对军队的绝对领导，始终坚持以能打仗、打胜仗为根本着眼点，始终坚持党要管党、从严治党方针，始终坚持以改革创新精神加强军队党的建设，不断提高军队党的建设科学化水平，为实现党在新形势下的强军目标提供坚强思想和组织保证。

军队党的建设的首要任务是确保党对军队的绝对领导，这也是对军队党的建设的根本要求。军队党的建设必须紧紧围绕能打仗、打胜仗来展开，成为部队战斗力的增强剂和功放器。要强化战斗队思想，把战斗力标准贯彻到军队党的建设各个方面，加强各级党组织能力建设，造就高素质干部队伍，发挥党委领导核心作用、党支部战斗堡垒作用、党员先锋模范作用，团结带领广大官兵坚决完成党和人民赋予的光荣使命。要继承我军党的建设工作的优良传统，也要推进新形势下军队党的建设创新发展。要深入研究新形势下军队党的建设特点和规律，推进制度创新，改进方式方法，不断增强军队党的建设工作的时代感和科学性，不断增强各级党组织的创造力、凝聚力、战斗力。

四、确保部队绝对忠诚、绝对纯洁、绝对可靠

2011 年年底，新版《中国人民解放军军语》颁发施行。8587 个规范用语中，用“绝对”二字修饰的，唯有“党对军队的领导”。2012 年 11 月 15 日，习近平第一次主持召开中央军委常务会议就突出强调，在坚持党对军队绝对领导的根本原则问题上，必须头脑特别清醒、态度特别鲜明、行动特别坚决。随后，习近平在接见第二炮兵第八次党代表大会代表时明确指出，要坚持从思想上政治上建设部队，坚持党对军队绝对领导的根本原则和制度，确保部队绝对忠诚、绝对纯洁、绝对可靠。“三个绝对”深刻揭示了铸牢军魂的本质内涵和时代要求，把“三个绝对”落到实处，是

关乎人民军队根本性质、关乎党的执政地位、关乎国家长治久安的大事，必须抓紧抓好。

（一）始终坚守人民军队绝对忠诚的政治品格

绝对忠诚，是我军坚决听党指挥的核心价值，是人民军队最重要的政治品格。在词典中，忠，是崇敬、恪守的意思；诚，是言而有信、言行一致的意思；忠诚，即尽心尽力、没有二心。对党绝对忠诚的要害在“绝对”两字，就是唯一的、彻底的、无条件的、不掺任何杂质的、没有任何水分的忠诚。

忠于党、忠于国家，是我们最基本的政治品质。党和祖国是养育我们的母亲，一个人忠于母亲不需要任何理由。忠于母亲与其说是一个人的基本人格，不如说是本能。著名科学家钱学森，当年被美国当局软禁于洛杉矶。一个深夜，他偷偷给当时任全国人大常委会副委员长的陈叔通写信，请求帮助回国。钱学森回国途中，美联社一名记者问他：“你是否是共产党员？”他回答：“我还不够做一名共产党员，因为共产党人是具有人类最崇高理想的人。”到达香港九龙后，有记者用英语向他提问，钱老说：“我想每个中国人都应该讲中国话。”回国后，他把毕生心血都献给了祖国，献给了党，以实际行动诠释了对党的赤诚之心。

对党矢志不渝的忠诚，是人民军队永不倒的旗、永不断的根、永不灭的魂。正是因为坚持用党的思想和意志塑造人民军队，培育了人民军队铁心跟党的忠诚品格，才使我们这支军队在各种考验面前，都能坚决听党的话、跟党走，圆满完成党和人民赋予的神圣使命。绝对忠诚，就是始终以党的旗帜为旗帜，与党同心同德，对党忠贞不贰，时刻准备着为祖国、为人民去战斗。

首先，要坚定理想信念决不动摇。著名诗人流沙河写了一首《理想之歌》：“理想是石，敲出星星之火；理想是火，点燃熄灭的灯；理想是灯，照亮夜行的路；理想是路，引你走向光明……”理想缺失，将失去前进的正确方向；信仰动摇，将失去前进的内在动力。习近平指出：“理想信念就是共产党人精神上的‘钙’，没有理想信念，理想信念不坚定，精神上就会‘缺钙’，就会得‘软骨病’。”① 信念坚定是共产党人的永恒品质，也是人民军队听党指挥的精神之源，是站稳政治立场、经受住任何考验的精神支柱。

其次，要贯彻大政方针高度自觉。我军历来模范贯彻党的路线、方针、政策。从拥护改革到服从于国家经济建设，从支援西部大开发到参加地方生态文明建设，我军官兵始终响应党的号召，高度自觉地在党和国家大局下行动。新形势下，必须模范贯彻党的基本理论、路线、纲领、经验和基本要求，坚决执行党中央、中央军委和习近平主席的决策批示，确保党的理论和路线、方针、政策在军队的全面贯彻落实。

再次，要大是大非面前立场鲜明。绝对忠诚，不仅体现在日常工作中听招呼、守规矩，更关键的是看面对重大问题和重要关头考验时的态度与行动。新形势下，必须坚持用马克思主义的立场、观点、方法观察思考问题，始终保持政治敏锐性、政治鉴别力，始终做到政治信仰不变、政治立场不移、政治方向不偏，关键时刻不含糊，在生死关头、重大考验面前，要心中有魂、脚下有根，决不能有丝毫的含糊其辞、犹豫不决、左右摇摆。

（二）始终保持人民军队绝对纯洁的应有本色

绝对纯洁，是人民军队的本色所在，是坚决听党指挥的思想、组织和作风保证。80 多年来，在党的领导下，我军官兵始终保持思想坚定、道德纯洁、作风优良，部队始终保持高度的团结统一，经受各种斗争和考验而本色不变。2013 年 3 月 11 日上午，习近平亲切接见“南京路上好八连”指导员闫永祥，称赞“南京路上好八连”是我军的一面旗帜，勉励八连官兵要继承和发扬我军优良传统，永葆人民军队的本色。50 多年来，八连官兵换了一茬又一茬，但始终把“香风毒雾”踩在脚下，把“糖衣炮弹”拒之门外，身居闹市，一尘不染，被誉为“霓虹灯下新哨兵”。

当前，国内外环境深刻变化，社会利益多元化，价值观念多元化。特

① 《人民日报》2012 年 11 月 19 日第 2 版。

别是在敌对势力加紧进行思想文化渗透的情况下，我军抵制腐蚀、增强免疫力、保持定力尤为重要和紧迫。确保绝对纯洁，根本是永葆人民军队性质宗旨、保持我军光荣传统和优良作风，关键是内部肌体保持健康，基础是官兵思想道德纯洁。

首先，要始终保持思想纯洁。思想是行动的先导，思想纯洁是组织纯洁、作风纯洁的根基。新形势下做到思想纯洁，就是要自觉抵制各种非马克思主义和腐朽思想文化的影响，决不能白天信马列、晚上拜鬼神，嘴上讲社会主义、心里向往资本主义；恪守全心全意为人民服务的唯一宗旨，始终与人民心心相印、同甘共苦、团结奋斗，永葆人民子弟兵的政治本色；自觉践行军人道德规范，模范遵守社会公德、职业道德、家庭美德和个人品德。

其次，要始终保持组织纯洁。细胞健康才能保证肌体健康。我党我军历来高度重视组织的纯洁性。早在1926年，党中央就强调对腐化分子混入党内的现象必须高度警惕，“应该很坚决的洗清这些不良分子，和这些不良倾向奋斗，才能坚固我们的营垒”。[①] 在市场经济深入发展、社会环境日益开放、官兵成分经历更加复杂的情况下，保持军队组织纯洁尤为重要而紧迫。必须坚持从源头抓起，严把入口关，征兵提干、军校招生、引进人才、发展党员等，都要严格标准条件；巩固和发展团结、友爱、和谐、纯洁的内部关系，纠正和克服官兵之间、兵兵之间、上下级之间的关系庸俗化倾向；严肃党纪军纪，任何官兵不准擅自成立和参加军队条令条例规定之外的组织，不准参加宗教活动和迷信活动。

再次，要始终保持作风纯洁。作风是思想境界、精神追求的外在表现，体现了政治素质、个人品德和精神境界。习近平特别强调，要“做到廉洁自律、风清气正。要牢固树立正确的权力观、地位观、利益观，坚持自重、自省、自警、自励，带头遵守廉洁自律各项规定，坚决不搞特殊

---

① 《中共中央文件选集》第2册，中共中央党校出版社1989年版，第282页。

化，坚决不搞特权，坚决不搞不正之风，坚决不搞腐败”。① 当前，要坚持艰苦奋斗，反对享乐主义和奢靡之风；坚持求真务实，反对形式主义和官僚主义；坚持批评与自我批评，反对好人主义和庸俗关系；坚持雷厉风行，反对有令不行、有禁不止；坚持廉洁自律，反对不良风气和腐败行为。要把依法治军、从严治军的要求落到实处。

（三）始终践行人民军队绝对可靠的实践要求

绝对可靠，是人民军队的鲜明特征，是坚决听党指挥的最终体现和最实际检验。听党指挥、绝对忠诚、绝对纯洁不是一句空洞的口号，必须落实在行动上，体现为在党和人民需要的时候靠得住、过得硬。邓小平曾说过，世界上的事情都是干出来的，不干，半点儿马克思主义都没有。从国家讲，空谈误国、实干兴邦；从军队讲，空谈误事、实干兴军。

“枪听我的话，我听党的话。”我军官兵无论是在血与火、生与死的战场上，还是在完成抗洪抢险、抗震救灾急难险重任务的第一线，无论是在高山海岛守边关，还是在平凡岗位做贡献，都坚决服从命令、听从指挥，不畏艰险、不怕牺牲，党指到哪里就打到哪里，党让干啥就干啥。1934 年 10 月，在中央红军主力北上抗日的同时，为在中央苏区留下革命的种子，保存和积蓄革命力量，迎接新的革命高潮，党中央决定陈毅在中央苏区坚持斗争。谁都清楚，在当时严酷的斗争形势下，留下就意味着要与死神打交道，就意味着牺牲。然而，陈毅置生死于不顾，坚决服从党的安排，勇敢面对国民党反动派的分割封锁和残酷“清剿”，以“断头今日意如何？创业艰难百战多。此去泉台招旧部，旌旗十万斩阎罗”的气魄，展现了共产党人大义凛然、英勇无畏的高尚品格。新中国成立以来，我军先后有数十个大军区和兵团级单位被撤销，近千所军队院校、医院等被裁撤、缩编或改隶，全军员额从抗美援朝时的近 630 万人减为目前的 200 多万人。上至总部、军区，下到基层部队，或撤或并，或降或交。上至功勋卓著的老将军，下到千千万万的普通士兵，不讲价钱，不打折扣，始终执行命令，

① 《人民日报》2013 年 7 月 9 日第 1 版。

服从大局，一切听从党安排，把切身利益置之度外。

当前，我国面临的生存安全问题和发展安全问题、传统安全威胁和非传统安全威胁相互交织，我国安全问题的综合性、复杂性、多变性进一步增强，维护国内社会和谐稳定、周边环境和平安全的任务更加艰巨。我军必须始终做到召之即来、来之能战、战之必胜，坚决维护国家主权、安全和发展利益。

首先，要一切行动听指挥。军人以服从命令为天职。坚决听党指挥，就是要平时听招呼，贯彻党中央、中央军委和习近平主席决策批示坚决认真、雷厉风行，决不能合意的就执行，不合意的就打折扣、搞变通；战时听指挥，党中央、中央军委和习近平主席指向哪里就打到哪里，决不能出现不听指挥的人和事，决不能有令不行、贻误战机；关键时刻不含糊，决不能有不同声音和杂音，决不能有丝毫的犹豫不决、左右摇摆。

其次，要能打胜仗本领强。军队首先是一个战斗队，是为打仗而存在的。必须紧紧扭住能打仗、打胜仗这个强军之要，牢固树立战斗力这个唯一的根本的标准，紧盯世界军事发展潮流，瞄准未来作战对手，坚持怎么打仗兵就怎么练，打仗需要什么就苦练什么；要强化当兵打仗、带兵打仗、练兵打仗的思想，增强忧患意识、危机意识、使命意识，自觉培育战斗精神，做到脑子里永远有任务，眼睛里永远有敌人，肩膀上永远有责任，胸膛里永远有激情。

再次，要不辱使命勇担当。绝对可靠最终要体现到完成党和人民赋予的使命任务上。当前，要充分认清国家安全形势的复杂性和严峻性，坚决捍卫国家主权、安全和发展利益，坚持不懈拓展和深化军事斗争准备，始终保持箭在弦上、引而待发的高度戒备态势，确保党中央、中央军委和习近平主席一声令下，能够上得去、打得赢；在遂行非战争军事行动中，要坚决捍卫国家发展利益和人民生命财产安全，在人民危险之际挺身而出、勇挑重担，始终做人民和平劳动与美好生活的守护者，不负党和人民的期望与重托。

第六章　扭住强军之要

习近平从党和国家事业全局的高度出发，着眼国际战略形势和国家安全环境的发展变化，提出了“听党指挥、能打胜仗、作风优良”这一党在新形势下的强军目标。其中，能打仗、打胜仗是强军之要，是强军目标的核心。它直接反映了我军的根本职能和军队建设的根本指向，要求军队必须按照能打胜仗的标准搞建设、抓准备，确保我军始终能够召之即来、来之能战、战之必胜。

一、 军事始终是保底的手段

无论在和平时期还是在战争时期，无论是过去、现在还是未来，军事力量始终都是捍卫国家安全和利益的支柱；军事手段作为政治、经济、外交等非军事手段的支撑和保障，是军队履行使命职责的最基本形式。

（一）历史的经验教训证明，国防和军队建设始终是国家安全的坚强后盾，始终是国家强盛的支柱

任何一个国家要繁荣强盛，必须发展经济，而经济社会的发展需要有国防和军队建设作为后盾与支撑。如果只发展经济而忽视国防和军队建设，国家只富不强，那么，经济发展的成就随时都有失去的可能。在处理富国与强军的关系方面，近代以来的中国既有血的惨痛教训，也有成功的经验。19 世纪中叶，中国的黄金储备量居世界第一，中国的财富居世界前列，远超日本等国家，但由于没有强大的军事力量，属于富国弱兵。随着鸦片战争的爆发，面对西方列强纷沓而至的入侵，清政府毫无抵抗之力，惨败求和。国防和军队建设的落后使得中华民族备受欺凌，为后人留下“落后就要挨打”的惨痛教训。而新中国成立后，中国共产党领导广大人民群众在加强经济建设的同时，高度重视国防建设，克服重重困难完成了“两弹一星”等重大项目工程，使国防和军队现代化建设在较短时间内就取得了举世瞩目的成就，极大提高了中国在国际上的地位，使得诞生不久的新中国在面对各种外部压力时有了底气、撑起了腰杆。历史正反两方面的经验教训向我们证明，“兵可以千日不用，国不可一日无防”，没有一支强大的军队，便不会成为一个强大的国家，一个没有强大国防和军队保障的国家不可能真正屹立于世界民族之列。

新中国成立 60 多年来，特别是改革开放 30 多年来，我国经济社会实现了全面、快速、持续、稳定的发展。这离不开国防和军队建设提供的安全保障，是我们党正确处理富国与强军关系、高度重视国防和军队建设的成果。以毛泽东为核心的党的第一代中央领导集体，早在革命战争时期就提出“没有一个人民的军队，便没有人民的一切”① 的思想，在探索社会主义建设道路的过程中，明确地将国防与工业、农业、科学技术并列，作为四个现代化建设的目标。以邓小平为核心的党的第二代中央领导集体，立足于改革开放的探索与实践，坚持从我国的国情和军情实际出发，明确要求“把我军建设成为一支强大的现代化、正规化的革命军队”。② 此后，中国共产党领导全国人民不断探索和拓展中国特色社会主义道路，形成了包括经济、政治、文化、社会和生态在内的五位一体的社会主义事业建设总布局，始终将国防和军队建设作为其中不可分割的重要部分，在党的十八大报告中明确提出：“建设与我国国际地位相称、与国家安全和发展利益相适应的巩固国防和强大军队，是我国现代化建设的战略任务。”③ 而以习

---

① 《毛泽东选集》第三卷，人民出版社 1991 年版，第 1074 页。

② 《邓小平文选》第二卷，人民出版社 1994 年版，第 395 页。

③ 胡锦涛：《坚定不移沿着中国特色社会主义道路前进　为全面建成小康社会而奋斗——在中国共产党第十八次全国代表大会上的报告》，人民出版社 2012 年版，第 41 页。

近平为总书记的党中央，着眼于中华民族的伟大复兴，提出了“听党指挥、能打胜仗、作风优良”的党在新形势下的强军目标，要求国防和军队建设实现强军梦，从而为实现中华民族伟大复兴的中国梦提供坚强的力量保证。我们党领导的社会主义现代化建设与改革开放伟大实践再次证明：“国防建设直接关系到国家的安全与发展，任何时候都不能放松。我们不仅在战争环境下要重视和加强军队建设，在相对和平时期，同样要重视和加强军队建设。”①

（二）从当前现实来分析，军事手段在维护国家安全和发展中仍具有重要的地位与作用

1. 世界战略格局的调整与变化，决定了军事手段仍是国家主权和安全的战略支撑

当前，和平与发展是时代的主题，但霸权主义和强权政治仍未消除，世界形势正在发生冷战结束以来最为深刻复杂的变化，各种力量此消彼长、动荡变化，世界并不太平。据统计，美苏冷战时期世界范围内发生的局部战争和武装冲突年均为 4 次，而冷战后年均达 10 次之多。② 面对世界人民期盼和平的希望与和平、发展、合作、共赢的国际大势，一些军事强国依靠其经济、军事实力却越来越倾向于使用武力或以武力相威胁来解决国际争端，给世界的和平与发展带来严峻挑战。同时，国家间在综合实力、世界市场、地缘政治、战略空间、文化安全等方面的矛盾相互交织、错综复杂，而粮食问题、能源问题、网络安全、民族宗教分歧等全球性问题更加凸显。尽管国家间的利益交织在某种程度上降低了大国间爆发大规模战争的可能，但军事手段作为解决国家间矛盾冲突和维护国家利益的最高形式与最后手段，这一点仍然没有变。面对国家战略格局的复杂变化，中国共产党带领中国人民选择了走和平发展的崛起之路。和平发展意味着

① 吴杰明主编：《推动国防和军队建设又好又快发展读本》，长征出版社 2008 年版，第 118 页。

② 林建超主编：《世界新军事变革概论》，解放军出版社 2004 年版，第 233 页。

我们不是通过军事手段、战争手段来谋求国家的强大，但和平发展不能缺少国防和军队的坚强保障，不能没有军事实力的支撑。和平是通过斗争取得的，没有军事作后盾的和平只是一种虚假的表面和平，没有军事作支撑的发展也不可能在和平的环境中进行。面对全面建成小康社会和实现中华民族伟大复兴征程中的各种风险与挑战，如果我们放弃了军队和国防建设，忽视了军事硬实力的支撑，就意味着自动解除武装，国家的主权和安全必然受到威胁，和平发展就没有保障。

2. 我国面临的复杂安全形势，决定了军事手段在维护国家安全和发展中具有重要地位

当前，我国的安全状况面临着新的形势和挑战，国家政治安全与周边地区安全环境更加复杂多变。伴随着国际战略格局的调整和我国经济社会的快速发展，国内的政治社会安全问题与周边地区的多变安全局势相互交织、现实安全威胁与潜在安全风险相互交织、生存安全问题与发展安全问题相互交织、传统安全威胁与非传统安全威胁相互交织，我国面临的安全和发展形势更加复杂多变。一方面，随着我国经济总量的快速增长和综合国力的不断提升，中国对周边地区乃至世界的影响力不断增强，也使得西方敌对势力更加恐慌，加紧对我实施西化、分化战略，对我牵制、遏止的力度不断加大。同时，我国周边地区依然存在着多重不稳定因素，极易造成紧张局势，个别国家围绕我领土主权、海洋权益不断制造事端，外部势力借机渗透干预，使我国周边安全环境更趋复杂。另一方面，中国仍是联合国安理会常任理事国中唯一尚未实现完全统一的国家，反对“台独”及民族分裂势力、实现祖国团结统一，始终是实现中华民族伟大复兴的一项根本任务。与此同时，伴随着改革开放的深入、社会利益格局的调整，改革发展与利益调整的矛盾、可预见困难和难预料风险的发生等，都使得维护国家政治安全、领土主权完整和社会稳定的任务更加艰巨。我们必须时刻高度警惕各种敌对势力运用多种手段影响我国发展步伐和安全稳定大局的企图，有效防范国家被侵略被颠覆被分裂的危险、改革发展稳定大局被破坏的危险、中国特色社会主义发展进程被打断的危险。面对如此纷繁复杂的安全形势，我们必须加强国防和军队建设，宁可备而不用，不可用而不备。

（三）在维护国家利益的多种手段中，军事手段是我军有效履行使命任务的基本形式

1. 军事手段作为各种非军事手段的有力后盾，可以强化各种非军事手段的功能和作用

国家间的竞争从来都不是某一方面的单独较量而是综合实力的比拼，军力运用只是实现国家战略的手段之一。冷战结束后，国际战略格局发生重大调整，国际关系依然错综复杂。世界各国在解决国际争端时，在不放弃军事手段的前提下，更加注重硬实力与软实力、军事手段与非军事手段的综合运用。其中，非军事手段包括经济、政治、文化、外交、法律等多种手段。但就每一个国家而言，军事手段仍是维护国家利益与国家主权的最后保障。改革开放以来，我国综合国力不断提升，战略回旋空间不断扩大，维护国家安全和发展利益的手段日益多元化；但在维护国家主权、安全和领土完整的斗争中，党和国家同样将动用军事力量作为最后的手段，而军事手段作为保底手段，始终是非军事手段的支撑，强化着非军事手段的效能。

在现代国家间的博弈中，各国往往首先使用的是政治、经济、外交等手段，但不应忽视这些非军事手段背后的军事力量影子。战场上得不到的永远不可能从谈判桌上拿回来，能战方能言和。在现代国际争端中，各国的军事手段不仅能够作为显性力量走在斗争的前台，更作为隐形力量支撑、影响着政治和外交等非军事手段的作用与效果。在各国文攻武卫的“组合拳”中，经常是拳头有多硬，其说话的分量就有多重。我们要反对这种霸权主义和强权逻辑，就必须铸牢国防和军队建设这一有力后盾。

2. 军事手段是我军有效履行使命任务的基本形式

我军担负着维护国家主权、安全、发展利益的使命任务，军事手段是我军有效应对武装侵略的唯一手段，也是反对“台独”等分裂势力、打击恐怖主义等各种敌对势力最具威慑力的手段。马克思曾说：“批判的武器

当然不能代替武器的批判，物质力量只能用物质力量来摧毁”。[①] 自古知兵非好战。当前，我国的安全利益正在从领土安全向海洋、太空和网络空间安全延伸，从国土安全向海外利益安全延伸，从传统安全向非传统安全延伸。我军要维护不断拓展的国家安全利益，应对各种可能的外敌入侵，反对和打击分裂势力、恐怖分子，最根本、最有效的措施莫过于采取军事手段，运用军事力量给敌人以严重的物质和精神损害，从而对潜在和现实对手形成有效威慑，实现“打得一拳开，免得百拳来”的目的。如果没有强有力的军事手段，履行军队的使命任务将变成一句空话，军队也就不能称其为军队了。

特别要注意的是，军事手段不是一时的应急手段，国防和军队的现代化建设也并非一日之功，而是一个长期的不断积累和提升的过程，只有“养兵千日”方能“用兵一时”。军队建设不能因国际形势、国家周边环境的变化而时紧时松，必须一以贯之、常抓不懈。任何和平时期的经济、科技力量都不可能自动地转化成战时的军事能力，只有不断加强军队建设、推动军民融合发展、加紧推进军事斗争准备，才能在战时成为常胜之军。忘战必危，一支消极备战的军队不可能打赢现代化战争，一个忽视军队建设的国家和民族不可能真正实现强盛与复兴。当然，军事手段的运用还存在策略与时机选择的问题，军事服从政治，战略服从政略，只有把握时机、灵活机动，“正确处理敢用、善用军事手段与加强战备的辩证关系，合理而巧妙地发挥军事手段效能”[②]，确保我军召之即来、来之能战、战之必胜，才能使其真正成为实现中华民族伟大复兴的强大军事力量支撑。

二、 坚持一切建设和工作向能打胜仗聚焦

战场打不赢，一切等于零。面对世界军事革命引发的强军浪潮，我军

---

① 《马克思恩格斯文集》第 1 卷，人民出版社 2009 年版，第 11 页。

② 刘英：《“刀尖上的艺术”如何挥洒》，《解放军报》2013 年 3 月 15 日第 11 版。

作为执行党的政治任务的武装集团，必须抓紧现代化建设，其中最根本的就是保证能打胜仗。能打仗、打胜仗，既是党和人民对军队的根本要求，是实现强国梦、强军梦的必然要求，也是有效履行我军职能使命的根本目标，是军队建设和军事斗争准备工作的根本出发点与落脚点。

（一）军队首先是一个战斗队，要大力强化我军随时准备打仗的思想

军队作为一个武装集团，其职能使命决定了自身必然为打仗而存在，在其担负的多种任务中，应首先定位为战斗队。我军在不同的历史时期曾担负过多种职能。如在建军初期，毛泽东就提出工农革命军要执行“打仗消灭敌人、打土豪筹款子、做群众工作”三大任务；在抗日战争时期，为打破敌人的军事进攻和包围封锁，将军队的三大任务发展成为“打仗、做群众工作、生产”；新中国成立后，我军职能任务的表现形式又发生了变化，成为巩固人民民主专政的坚强柱石、保卫社会主义祖国的钢铁长城、建设社会主义的重要力量。但不管时代与条件如何变换，军队作为战斗队的根本职能始终没有变。毛泽东在 1949 年召开的党的七届二中全会上曾指出：“人民解放军永远是一个战斗队。就是在全国胜利以后……我们的军队还是一个战斗队。对于这一点不能有任何的误解和动摇。”① 不论任何时候，军人只有“打仗”和“准备打仗”两种状态。正如我军《内务条令》的军人誓词中所强调的，军人必须“时刻准备战斗”“誓死保卫祖国”。

当然，我们强化时刻准备打仗的思想，决不是要穷兵黩武、搞侵略扩张，而是要保障国家的和平发展道路、和平崛起之路。正如习近平指出的那样：“能战方能止战，准备打才可能不必打，越不能打越可能挨打，这就是战争与和平的辩证法。”② 我们不会去侵略他人，但也决不允许他人侵犯我们的正当权益，我们不会牺牲国家核心利益去换取和平。当前，只有丢掉幻想，不断强化我军随时准备打仗的意识，强化官兵当兵打仗、

① 《毛泽东选集》第四卷，人民出版社 1991 年版，第 1426 页。

② 中共中央宣传部编：《习近平总书记系列重要讲话读本》，学习出版社、人民出版社 2014 年版，第 139 页。

带兵打仗、练兵打仗的思想，时刻保持箭在弦上、引而待发的高度戒备态势，才能实现有效威慑，在战争来临时做到决战决胜，才能推动国防和军队现代化建设的跨越式发展，为早日实现中国梦提供坚强的力量保证。

要强化准备打仗的思想，必须清除“和平积习”。“和平积习”是战斗力最致命的腐蚀剂，是军事斗争准备的大敌。一段时间以来，我军未曾经历战争实践的磨炼，多年的和平环境极易使部队的打仗意识有所弱化，主要表现为：个别官兵存在做“和平官”、当“和平兵”的麻痹思想，认为“仗打不起来，打仗也轮不上我”；战备意识有所淡化，一些部队存在着“训为看、演为看”等形式主义、训练脱离实战的问题；部分官兵任期内指挥打仗、服役期内要打仗的忧患意识和责任意识仍须加强；少数领导和机关对部队情况掌握不准、若明若暗，遇到问题不是主动想办法解决而是搪塞应付等。要认真解决军队建设中诸如此类“和平积习”的相关问题，必须不断强化官兵的打仗意识，引导官兵确立“想打仗、要打仗”的价值取向，在我军职能使命不断拓展的情况下牢固树立“战斗队”的思想，让爱军精武、真打实备成为官兵的普遍共识和自觉行动；必须不断强化官兵的忧患意识和使命意识，牢记“天下虽安，忘战必危”，充分认清当前我国安全与发展面临的威胁和挑战，始终保持头脑清醒、枕戈待旦；必须培育官兵敢打胜仗的战斗精神，决不能在和平时期把兵带娇气了，要培育、磨砺军人的血性；要大力发扬我军大无畏的英雄气概和英勇顽强的优良作风，使部队始终保持旺盛革命热情和高昂战斗意志。只有军队的各项建设和工作都向提高战斗力、向能打胜仗聚焦用力，才能不断推动部队建设的全面发展和进步。

（二）拓展深化军事斗争准备，不断提高我军打赢现代化战争的能力

军事斗争准备是军队的基本实践活动，也是我军长期的主要战略任务。军事斗争准备水平的高低既关系战争时期能否打赢战争，也关系和平时期能否维护和平、遏制危机。近些年来，我军建设取得了很大的成就，综合作战能力明显提升；但同时也要看到，我军现代化水平与国家安全需求相比差距还很大，与世界先进军事水平相比差距还很大，军事斗争准备工作非但不能放松，反而要加紧拓展深化。军事斗争准备就像是一场不见终点的马拉松赛跑，稍稍放松懈怠，就可能导致前功尽弃。而坚持军事斗争准备的龙头地位不动摇，就要紧随我国安全和发展利益的拓展，不断开拓军事斗争准备的新领域，更加重视维护海洋权益的军事斗争准备，加强太空、网络等新型安全领域的军事斗争准备。必须立足于应对最困难、最复杂局面来加强军事战略指导，以主要战略方向和重要领域为重点，统筹推进各军兵种、各方向和各领域的军事斗争准备工作，确保军事战略全局的平衡与稳定。要以查找现实问题为牵引推进军事斗争准备，“成绩不讲跑不了，问题不讲不得了”，通过发现问题、查找差距、分析原因、解决问题，切实将各项军事斗争准备工作往前赶、往实里抓、往深处走。要统筹安排并抓好非战争军事行动能力建设，“探索和平时期军事力量运用的相关问题，科学组织非战争军事行动准备，促进军事斗争准备水平和履行使命任务能力的全面提高”。①

拓展深化军事斗争准备，必须不断提高我军打赢现代化战争的能力。世界上没有哪一支军队不把打赢战争作为自己追求的最高目标。正如邓小平所说：“我们在前进，敌人也没有睡觉”。② 随着世界新军事革命的迅猛发展，当前和今后一段时间内，我军军事斗争准备的基点是打赢信息化条件下的局部战争，国防和军队建设的目标是不断提高以打赢信息化条件下局部战争能力为核心的完成多样化军事任务的能力。历史上，我军素以能打大仗、善打硬仗、敢打恶仗而著称于世，创造了许多辉煌的战绩。但是，能打胜仗的能力标准是随着战争实践的发展而不断变化的，以前能打胜仗不等于现在能打胜仗。随着科学技术的加速进步，战争形态、作战样式、战斗力生成模式正发生着深刻变革，对我军能打胜仗提出了新的更高

① 解放军总参谋部：《紧紧围绕能打仗打胜仗推进军事工作》，《求是》2013 年第 3 期。

② 《邓小平文选》第二卷，人民出版社 1994 年版，第 78 页。

要求。而当前我军建设仍然存在着“两个不够”的问题，即“我军打现代化战争能力不够，各级干部指挥现代化战争能力不够”。[①] 因此，紧紧扭住打赢信息化条件下局部战争这一核心军事能力建设，不断提高部队信息化条件下的威慑和实战能力、不断培育军人打胜仗的职责使命感，成为我军现代化建设的必然要求。要突出信息化建设，将信息化作为军队现代化建设的发展方向，大力提高部队基于信息系统的体系作战能力，推动部队以信息化为主导的全面建设，推进信息化成果转变为部队的实际战斗力。要着力培养新型军事人才，把培养联合作战指挥人才等作为加强人才建设的重点，解决人才跟不上现代战争步伐和武器装备发展的矛盾，大力提高各级干部驾驭现代战争的能力，以新型军事人才的培养促进核心军事能力的提高。要不断提高军事训练的实战化水平，因为军事训练是未来战争的预演，只有进行全方位、多领域的军事训练探索实践，从实战需要出发从难从严训练部队，坚持仗怎么打兵就怎么练、打仗需要什么就苦练什么，才能在现代战争中处于不败之地。

（三）牢固树立战斗力标准，坚持用是否有利于提高战斗力来衡量和检验各项工作

要牢固树立战斗力这个唯一的根本的标准。“标准就是规则，标准就是导向，标准就是共识。战斗力是军队的价值所在，把提高战斗力作为出发点和落脚点，就是要使各种标准统一于服务于战斗力标准。”[②] 战斗力是军队履行职能使命的先决条件，是军队兴衰成败的决定力量。要树立战斗力这个唯一的根本的标准，必须使官兵从思想上重视起来、确立起来，坚持按照打仗的要求搞建设、谋发展、抓准备。要把日常战备工作提到战略高度，加快平战一体、高度戒备、随时能战的作战值班体系建设，时刻保持常备不懈的战备状态，提高快速反应和处置突发事件能力。要坚持一切

① 中共中央宣传部编：《习近平总书记系列重要讲话读本》，学习出版社、人民出版社 2014 年版，第 139 页。

② 国防大学中国特色社会主义理论体系研究中心：《牢牢把握党在新形势下的强军目标》，《解放军报》2013 年 3 月 17 日第 11 版。

活动围绕战斗力的生成、保持和提高展开，使一切工作都向能打仗、打胜仗的要求聚焦，确保一声令下，拉得出、上得去、打得赢。要防止以不打仗的心态做打仗的准备，防止战斗力标准只停留在口头上却没落实到行动中。

要把战斗力标准贯彻落实到军事斗争准备的全过程、军队建设的各领域。在新的历史条件下，要使我军真正成为能打胜仗的威武之师、常胜之师，必须把战斗力标准贯彻落实到军事斗争准备的全过程，使其成为体系作战能力建设的总要求、总纲目。军事斗争准备中的军事、政治、后勤、装备等各项工作，都要围绕提升战斗力来展开，而不能各行其是；陆、海、空、二炮等各组成单位，要围绕提升战斗力加强联合训练，而不能单打独斗；人、武器装备、人和武器装备相结合的体制机制等战斗力要素，要围绕战斗力的生成来优化，不断提高部队的实战化水平。同时，要把战斗力标准作为军队建设的鲜明导向，坚持未来仗怎么打，部队就怎么建，工作就怎么抓。要始终盯着使命任务、盯着作战对象、盯着打赢目标，在求实、务实、落实上下功夫。要在确立发展思路、实施决策指导、选拔任用干部、战备训练、教育管理、后勤装备保障等军队建设的各个方面，贯彻落实战斗力标准。只有把战斗力标准真正贯彻落实到部队建设中，才能使官兵知道工作往哪里用力、向哪里聚焦，知道哪些事该做、哪些事不该做。

坚持用是否有利于提高战斗力来衡量和检验各项工作。作为衡量我军建设成效的科学尺度和最高标准，战斗力始终是一个硬性规定、刚性标准，不容变通，更无法替代。要用战斗力这把标尺来度量军队建设工作的各领域、军事斗争准备的各项工作，使其经得起历史、实践和战争的检验。比如，我军的体制编制是否合理、法规政策是否正确、条令条例是否科学，必须以是否有利于提高战斗力、是否能打胜仗为根本标准。军事训练中有无随意降低训练难度、以牺牲战斗力为代价来消极保安全，是否存在用所谓的安全标准来代替战斗力标准现象，也需要用实战化的对抗、用战斗力的量化评估来检验。要实现战斗力标准要素与体系的统一，既要检验单个武器装备、作战单位的战斗性能，也要按照现代化战争的要求检验部队的整体结构编成、体系作战能力；要实现战斗力标准定性分析与定量分析的统一，既要衡量最终结果的好与坏、优与劣，也要分析成本与效益的大与小、多与少；要实现战斗力标准抽象与具体的统一，既有宏观目标与要求，也有具体标准和职责。

三、 加速推进中国特色军事变革

当前，世界新军事革命加速发展，世界主要国家的军队都在加紧推进军事转型。这既为我军发展提供了难得的历史机遇，也提出了空前的严峻挑战。在新的一轮军事竞争中，谁动作慢，谁就会丢失机会，就会被别人甩在后面，就会在下一场战争中吃苦头、打败仗。顺应潮流，抓住机遇，加快推进中国特色军事变革，这既关系国家的安全与统一，也关系着中国梦、强军梦的实现。推进中国特色军事变革的复杂性、艰巨性，决定了这必将是一个较长的历史阶段，是一个螺旋式上升的发展过程。

（一）进一步解放思想是加速推进中国特色军事变革的必要前提

思想是行动的先导，解放思想是推进军事变革的强大力量。恩格斯曾指出："每一个时代的理论思维，包括我们这个时代的理论思维，都是一种历史的产物，它在不同的时代具有完全不同的形式，同时具有完全不同的内容。"[①] 但思维并不是消极的、被动适应性的，它对客观世界具有反作用。当然，它的生成过程与军事实践也不一定完全同步，可能超前或滞后于军事实践活动。军事领域既是人类思想最活跃的领域，也是最容易墨守成规的领域。在人类历史上，"最落后的民族并不是贫穷的民族，而是自卑保守的民族。最落后的军队并不是劣势装备的军队，而是观念陈旧的军队"。[②] 第二次世界大战初期的波兰骑兵，沉浸在过去光荣的历史中，完全

---

① 《马克思恩格斯选集》第3卷，人民出版社2012年版，第873页。

② 刘亚洲：《贯彻落实党的十八大战略部署 推动中国特色军事变革深入发展》，《求是》2013年第13期。

没有意识到机械化战争时代的来临，甚至认为德国坦克的装甲不过是用锡板做成的伪装。军事思维观念的落后使战场上出现战马对战坦克、血肉之躯对抗钢铁洪流的悲壮场面，而战场变成屠场的背后是拒绝思维革新的悲凉。因此，军事转型，必须思维先行。正如美国前国防部部长拉姆斯菲尔德举例时所说：给骑士一支步枪，如果他不是骑上马用枪托去砸敌人，而是躲到树后射击，这才是转型。任何变革的最大障碍首先来自于思想观念，如果观念守旧，仅把解放思想停留在口头或做表面文章，加快推进中国特色军事变革就成为空谈。当前世界范围内的技术革新的频率越来越快、周期越来越短、影响越来越大，只有进一步解放思想、积极转变观念，才能加速推进我军军事变革步伐，才能在世界新军事革命中掌握主动。

加快推进中国特色军事变革，必须进一步开阔视野与思路，确立与建设信息化军队、打赢信息化战争相适应的思想观念。一是要确立信息主导、综合集成的观念。要努力改变机械化军事思维观念，突出信息主导，军队的组织体制、军事理论、作战方式等重大问题都应按照信息化的要求进行变革，运用变革的思想抓好信息化武器装备和人才队伍建设；要按照综合集成的要求，从部门利益的束缚中解脱出来，从军事需求出发，把军内外各种不同的分散系统整合形成有机融合的整体结构。二是要确立联合制胜、体系破击的观念。现代战争是体系与体系的对抗，一体化联合作战是其基本作战样式。要将传统攻城略地和消灭敌人有生力量的作战目的转变到破坏或瘫痪敌人作战体系上来，注重各种作战力量和各类指挥要素的有机融合，充分发挥诸军兵种的体系作战能力。要将传统的粗放式、概略性军事思维转向精确性目标思维。三是要确立依法治军、从严治军的观念。党的十八届四中全会就全面推进依法治国进行了部署，我们要坚决贯彻落实会议精神，把依法治军、从严治军落到实处。要深入研究我军建设的特点和规律，不断强化法治观念，健全军事法规制度体系，严格按照条令条例来管理部队，按照《军队基层建设纲要》抓好基层建设。四是要确立军民融合发展的观念。要充分运用市场机制，调动社会的一切可用力量，统筹军队建设与经济社会发展，坚持走军民结合、寓军于民的发展道路，在科技创新、人才培养、后勤保障、基础设施建设等方面实现军地双方的深度融合、良性互动。

（二）深化改革、不断创新是加速推进中国特色军事变革的强大动力

改革创新是民族、国家和军队进步的灵魂，是加快推进中国特色军事变革的根本动力。由于战争的流动性、主体性、灵活性等特征，人们不能简单地照搬上一次战争的模式和经验来对待下一场战争，信息化战争时代尤其如此，这就决定了军事改革创新永不能停滞。在新的历史条件下，随着我军军事变革逐渐进入“深水区”，仅看到眼前的挑战和差距是远远不够的，必须以更加敏锐的战略眼光、更强烈的前瞻意识，与时俱进地推动改革创新。正如党的十八大报告指出的那样：“要紧跟世界新军事革命加速发展的潮流，积极稳妥进行国防和军队改革，推动中国特色军事变革深入发展。”[①] 用“世界新军事革命”代替以前“世界新军事变革”的论断，既是对世界军事领域时代特征和发展进程的深刻认识与概括，又是对未来发展的深远洞察。而党的十八届三中全会从国家全面深化改革的大战略出发，对深化国防和军队改革进行了部署，提出“深化军队体制编制调整改革”“推进军队政策制度调整改革”“推动军民融合深度发展”等目标任务。[②] 为此，我们要继续积极稳妥地推进国防和军队改革，要立足于中国的国情和军情，批判地吸收借鉴外军经验，围绕理论创新、组织创新、科技创新和管理创新找思路、想办法，坚定不移地走中国特色军事变革之路。

一是要加强军事理论创新，为中国特色军事变革提供科学的理论指导。围绕以听党指挥、能打胜仗、作风优良这一党在新形势下的强军目标为重点，研究探索与之相适应的军队建设理论、信息化战争和战略理论、

① 胡锦涛：《坚定不移沿着中国特色社会主义道路前进 为全面建成小康社会而奋斗——在中国共产党第十八次全国代表大会上的报告》，人民出版社 2012 年版，第 43 页。

② 《中共中央关于全面深化改革若干重大问题的决定》，人民出版社 2013 年版，第 55—56 页。

一体化联合作战理论、现代人民战争理论等内容。二是要深化组织结构创新，为中国特色军事变革提供组织保证。较长的一段时期以来，我军一直实行陆战型结构，我军的组织体制亟待进一步优化。只有不断推进领导管理体制改革，健全和完善联合作战指挥体制、联合训练体制、联合保障体制，优化军事力量结构，加快新型作战力量建设，才能逐步建立起适应现代战争特点、具有我军特色的新型体制编制。三是要加快军事技术创新，为中国特色军事变革提供技术支撑。应以国家安全和发展利益为牵引，紧紧扭住中国特色军事变革的重点领域和关键技术寻求突破，努力抓住科研创新的关键环节，推动科技力向现实战斗力的转化，实现我军科技水平的整体跃升。四是要推进军事管理创新，为中国特色军事变革提供管理保障。要将过去的经验型管理转向创新型管理，将粗放式管理转向精细式管理，将机械化管理转向信息化管理。运用系统方法、定量与定性结合等现代管理方法，提高管理效益，实现作战单元的纵向互联、横向互通。

（三）机械化与信息化复合发展是加快推进中国特色军事变革的基本途径

世界新军事革命的浪潮推动着各国军队由机械化向信息化形态的转变，信息技术的持续发展正从根本上改变着军队和战争的面貌。西方军队特别是美军在世界军事革命中处于领先者的位置，表现为开拓式或探索式的发展方式。而我军在变革中处于后发之势，在机械化建设任务尚未完成的同时，又面临着向信息化建设过渡的重大历史任务。如果按部就班，尾随西方国家军队去追赶，只能继续拉大与别人的“时代差”。为此，党的十六大报告提出，要“努力完成机械化和信息化建设的双重历史任务，实现我军现代化的跨越式发展”①；党的十七大报告进一步强调，要“按照建设信息化军队、打赢信息化战争的战略目标，加快机械化和信息化复合发展”②；党的十八大报告则明确提出：要“按照国防和军队现代化建设‘三

① 《十六大报告辅导读本》，人民出版社2002年版，第38页。
② 《十七大报告辅导读本》，人民出版社2007年版，第41页。

步走’战略构想，加紧完成机械化和信息化建设双重历史任务，力争到二〇二〇年基本实现机械化，信息化建设取得重大进展”。[①] 把机械化与信息化复合式发展、跨越式发展作为中国特色军事变革的重要途径，就是把目光投向变革洪流的下一个浪头，吸取发达国家军队在机械化、信息化建设过程中的经验教训，尽可能少走弯路，要在核心作战能力上有所跨越，在较高起点上推进机械化与信息化的全面建设。

走机械化与信息化复合发展之路，必须立足中国的特殊国情和军情，坚持以信息化带动机械化，以机械化促进信息化，使两者相互协调而不能相互矛盾。在我军现代化建设过程中，既要遵循基本的发展规律，又要顺势而为，争取实现在某些领域、某些阶段的跨越式发展：不仅能跨越西方军队机械化发展的某些阶段，也要跨越其信息化发展的某些阶段。推进机械化与信息化的复合式、跨越式发展，是有重点、分层次、按步骤的发展过程。机械化是基础，信息化不能离开机械化这个载体和依托，信息化应建立在机械化的平台上。同时，信息化是方向，以信息化带动机械化，包括用其选择机械化、改造机械化、重组机械化。因此，一方面，要重视对机械化的信息化改造。在信息化战争中，高性能的机械化武器装备系统依然是不可缺少的作战平台，必须立足于我军现有装备，通过对机械化武器装备的“嵌入式”信息化改造，提高作战效能。另一方面，要瞄准信息化“前沿”。信息化本身是个动态发展的概念，当前的信息化可能在若干年后再看就已然落后了。所以，必须瞄准下一次科技创新的制高点，敏锐抓住信息科技发展的方向和趋势，紧盯不放、持续用力。在“引进、消化、吸收、创新”的过程中，要特别注重自主研发创新，建成具有强大威慑力的战略“拳头”，努力实现我军由被动跟进型建设向自主创新型建设的转变。

---

① 胡锦涛：《坚定不移沿着中国特色社会主义道路前进　为全面建成小康社会而奋斗——在中国共产党第十八次全国代表大会上的报告》，人民出版社 2012 年版，第 42 页。

四、 加快转变战斗力生成模式

加快转变战斗力生成模式是国防和军队建设的主线，是我军今后一段时期的重大战略任务，事关我军战斗力提升这一核心，直接影响强军目标的实现。

（一）加快转变战斗力生成模式的本质内涵

战斗力生成模式，就是指形成和提高战斗力的一整套相对稳定的方法、途径与标准形式。它在军事领域中起着引领方向的决定性作用，“不仅决定着战斗力生成的速度、质量和水平，而且决定着军队能否跟上时代发展步伐”。[①] 加快转变战斗力生成模式，实质就是要实现从机械化条件下战斗力生成模式向信息化条件下战斗力生成模式转变。当今时代，科学技术特别是以信息技术为主要标志的高新技术在军事领域的广泛运用，深刻改变着战斗力要素的内涵，从而深刻地改变着战斗力生成模式。由机械化战斗力生成模式向信息化战斗力生成模式转变，就是要在遵循战斗力生成基本规律的基础上，适应新的战争形态演变，充分运用先进的科学技术，充分发挥信息在战斗力生成中的主导作用，使信息化成为提高军队战斗力的倍增器，形成以体系作战能力为目标的信息化战斗力生成模式。因此，这种转变可以归结为，是从粗放低效、以数量弥补质量的传统模式转向集约联合、精确高效的新模式，是由原先的数量规模复制扩展模式转向主要依靠科技创新推动的模式，是由火力、机动力为主导的机械主控模式转向信息力为主导的信息主导模式，是由相对分散、彼此隔离的作战要素转向高度融合、有机一体化的作战体系，形成基于信息系统的体系作战能力。

加快转变战斗力生成模式，重在加快、难在加快、利在加快。从党的十七大报告中的“切实转变战斗力生成模式”到十八大报告中的“以加快

① 国防大学军队建设研究所：《加快转变战斗力生成模式读本》，国防大学出版社 2011 年版，第 48 页。

转变战斗力生成模式为主线”，这一重要战略思想重点突出了“加快”两字。“加快”是由于我军现有的战斗力生成模式已经不适应现代战争的作战需要，尚不能完全满足国家安全和发展利益拓展的现实需求，迫切需要打破制约战斗力生成的各种桎梏，确立新的战斗力生成模式。加快转变就是要以当前最先进的战斗力体系为参照系，采取超常措施推动我军战斗力生成模式的转变，全面提高基于信息系统的体系作战能力，争取在更短的时间内，以更高的质量和效益来解决我军建设“两个不相适应”的主要矛盾。加快转变战斗力生成模式，是在正确判断当前国内外局势的基础上作出的科学结论。当前世界多极化进程加快，以信息技术为代表的新技术革命蓬勃发展，西方发达国家的军队都在充分利用新技术加速军事变革步伐，而我国仍处在大有可为的重要战略机遇期，为我军的变革提供了绝佳的机会。为此，我们必须把握机遇、迎头赶上，要从国情、军情和战斗力建设的现有基础与条件出发，制定切合我军实际的战斗力生成模式转变路线图，明确各个阶段的任务、途径、实施步骤，规定完成的时限、单位、奖惩措施，切实增强战斗力生成模式转变的时效性和科学性。

（二）积极探索加快转变战斗力生成模式的有效路径

人、武器装备、人与武器装备的结合方式是战斗力构成的三大要素。培养大批高素质信息化军事人才并充分发挥其能动性，不断提升信息化武器装备的战斗性能，开展实施一体化联合训练，成为加快战斗力生成模式转变的必然路径选择。

1. 不断提高军事人才的信息素养，充分发挥军事人才的能动性、创造性

首先，要培养大批高素质信息化军事人才。通过院校培训、从地方征召引进、与信息技术专业机构合作培养等方式，着力打造一大批知识结构合理的专业化军事人才，不断加强指挥军官队伍、参谋队伍、科学家队伍、技术专家队伍、士官队伍“五支队伍”的建设。其次，要建立开放式的人才培养和使用渠道。应充分发挥军事院校和部队联合培养信息化军事人才的作用，走开部队和社会联合协作、交叉培养的路子，不断拓宽人才

培养渠道，适时从地方引进部队急需的信息化人才。注重通过教育训练改革、建立虚拟实践实验室等多种新途径，来提高军人的综合素质。再次，要健全各类军事人才的引进、培养、使用、管理和激励机制。要通过学习型军营的建设，形成有利于人才成长的生活环境、工作环境、学术环境和社会环境。要建立合理的人才选拔任用制度，建立一整套物质保障和精神激励机制，以公开、平等、透明、择优为导向，使高素质的信息化人才留得下、用得上、选得准、用到位。

2. 大力发展信息化武器装备，不断增强战斗力生成的物质基础

信息化武器装备是现代战争的不可或缺的物质基础。要发展信息化武器装备以提高战斗力，必须正确处理好以下几个关系：一是处理好技术装备的自主创新与引进吸收的关系。我们既要充分利用国际合作平台来开展武器技术的引进、消化和改造，又要在关键与核心技术上坚持走自主式发展之路。一支缺乏核心技术自主创新能力的军队，在未来信息化战争中只能受制于人，毫无战斗力可言。英阿马岛之战中，阿根廷军队装备的“飞鱼”反舰导弹被国外供应方禁运就是明证。二是处理好武器装备的信息化水平和机械化水平的关系。我们不仅要注重对原有的机械化武器装备进行信息化的改造，而且要加大对信息化武器装备的研制、开发和更新换代的力度，在横向上使现有武器装备具有通用性和联动性。三是处理好武器装备建设内部矛盾，协调好重点打造与系统推进、主战装备与保障装备、软件与硬件等关系。要从作战需求出发，将单一武器装备的研制纳入武器整体系统中通盘考虑，形成体系作战能力。

3. 实施一体化联合训练，日益提升一体化联合作战能力

“军事训练是部队的经常性中心工作，是提高实战能力的重要途径和抓手。”[①] 为此，我们应做到以下几点：第一，要适应信息化战争要求，打造一体化联合训练新模式。必须贯彻战训一致原则，坚持未来仗怎么打兵

① 中共中央宣传部编：《习近平总书记系列重要讲话读本》，学习出版社、人民出版社2014年版，第142页。

就怎么练，要注重对官兵进行联合训练基础知识和技能的培训，在经常性的一体化联合训练中不断探索其特点和规律，不断推广一体化联合训练的成功经验，打造有自己特色的一体化联合训练新模式。第二，要立足任务需求，提高一体化联合训练能力。按照任务需求对训练内容、组训方式、评估机制等进行有效整合，构建涵盖情报信息、指挥控制、联合打击、综合保障等内容的一体化联合训练体系。树立信息主导、综合集成、资源共享等信息化训练的新理念，突出掌握信息战技能、演练信息战战法等训练内容。第三，要依靠信息技术平台，创新军事训练的方法。通过一体化联合训练网络平台，实现分布交互式联合训练；通过联合模拟训练系统，实现从静态模拟到动态模拟、从模拟单一兵种到模拟诸军兵种联合训练的跨越；依托各试验中心和训练基地，实现对一体化训练的全程检测和评估。

（三）着力解决加快转变战斗力生成模式的重点难点问题

加快转变战斗力生成模式，有许多亟待关注与解决的重点难点问题，如创新军事理论、转变作战方式、改革编制体制、推动技术创新等。这里着重阐述以下三个难点问题：

1. 着力提高基于信息系统的体系作战能力

信息化战争的主要作战形态是一体化联合作战，信息化条件下战斗力的基本形态是基于信息系统的体系作战能力，因此，发展基于信息系统的体系战斗力是当代战斗力生成模式转变的核心。① 在对抗中拥有先进的信息化战斗力生成模式的一方，可以通过信息能力整合各战斗单元，并发挥出整体的最大功能。而体系作战能力的生成，必须以信息系统的建设为基础。军事信息系统是信息化条件下联合作战体系构建和运转的核心，对体系作战能力的形成和发挥起着主导作用。因而，必须大力加强信息系统建设，紧紧抓住信息化指挥控制系统建设这一核心，强化各级各类信息系统的融合集成，注重信息系统的常态化、实战化运用。通过信息系统的建

① 董子峰：《战斗力：走向“信息主导”新境界》，《解放军报》2011 年 2 月 24 日第 10 版。

设，实现信息化战场上的单向相对“透明”，即在信息化战争中看清“山那边的事”。要通过对各作战平台、武器装备系统、情报侦察监视系统、指挥控制系统以及后勤保障系统等作战要素的系统整合，形成一个有机关联的“物联网”，将信息优势转化为决策和行动优势，逐步实现各种作战职能、各个作战单元、各类武器装备的一体化，形成体系作战能力和快速打击能力。

2. 加强宏观调控，着力统筹协调多种复杂关系，实现整体推进

要统筹处理加快转变战斗力生成模式与军事斗争准备、军队现代化建设的关系，统筹处理战斗力生成模式转变中各领域、各系统、各军兵种的任务需求，辩证处理当前与长远、重点与全局、需求与现实、质量与速度等关系，既要防止畏难怕苦、裹足不前，又要避免盲目冲动、急躁求快，做到蹄疾步稳、协调推进。以统筹核心军事能力建设与完成多样化军事任务能力建设为例，一方面，我们应牢牢扭住核心军事能力建设这个根本不放松，不断提升我军打赢信息化条件下局部战争的能力，包括战略威慑能力、信息作战能力、中远程精确打击能力、空中进攻和防空反导能力、海上作战能力、陆上机动作战能力、指挥控制能力、战略投送能力、资源保障能力等。另一方面，统筹抓好非战争军事行动能力建设，注重在反恐、维稳、维和、抢险、救灾、救援、信息支援等非战争军事行动中提升战斗力。近几年，我军先后完成多种非战争军事行动：2008 年，汶川抗震救灾；2009 年，开始的海军亚丁湾护航；2010 年，青海玉树抗震救灾；2013 年，四川芦山地震救援；2014 年，参与搜寻马来西亚航空公司失联客机，援助西非国家抗击埃博拉疫情等。这些非战争军事行动检验、提高了我军的战斗力水平，较好发挥了战斗力在政治、经济、社会等诸多领域的功能。

3. 着力构建加快转变战斗力生成模式的科学评估机制

战斗力生成模式转变的方向是否正确、结果是否有效、进程是否合理，都需要一整套的科学评价机制；在转变的过程中有哪些经验、存在哪些问题和薄弱环节，需要有确定明白的评价标准。因此，制定科学可行的加快转变战斗力生成模式的评估标准、程序与方法，成为一项重要且急迫

的任务。这就需要我们建立以战斗力为核心的检验评估指标体系，以体系作战能力为根本，建立健全检验评估指标体系。这种检验评估指标体系既要全面系统、客观可行，又要实现静态与动态、定性与定量的统一。要建立健全标准化的评估模型与数据库，既要确保各项数据的全面、系统、准确和真实，又要确保评估模型的构建合理、方法正确；既要评估阶段性的成果，又要跟踪评估整个转变过程，切实分析评估我们在加快转变战斗力生成模式中的经验教训，使我军战斗力生成模式的转变不走或少走弯路。要规范评估的流程，严密组织、科学实施评价工作，运用经常性评估与阶段性评估、单项评估与综合评估、全面评估与重点评估相结合的方式，确保评估结果的真实可信、科学有效。

五、 构建中国特色现代军事力量体系①

党的十八大报告首次明确提出了“构建中国特色现代军事力量体系”，这既是对以往国防和军队建设实践经验的科学总结，也指明了信息化时代国防和军队现代化建设的表现形态。在新的历史时期，我军要解决“两个不相适应”的矛盾、实现党在新形势下的强军目标，必须理清发展思路，抓好各种基本力量建设，探索多种实践路径，着力构建既能打赢现代战争又具有我军特色的现代军事力量体系。

（一）构建中国特色现代军事力量体系的内涵与意义

要准确理解“现代”与“中国特色”的含义。一方面，“现代”作为一个历史性范畴，随着时代的进步而不断丰富和发展。“自我军建立以来，党的历代领导集体和将士官兵，都对军队现代化进行了不懈的探索。在一个较长时期内，努力建设一支机械化军事力量是我军现代化的核心内涵”②，机械化成为我军现代化的代名词。然而，20 世纪 80 年代以来，随

① 该节内容曾以《论构建中国特色现代军事力量体系》为题，发表于《海军工程大学学报》（综合版）2013 年第 4 期。

② 陈舟、释清仁：《科学构建中国特色现代军事力量体系》，《解放军报》2012 年 11 月 29 日第 10 版。

着以信息技术为代表的新技术革命的兴起及其在军事领域的广泛应用，世界范围内的军事革命开始加速发展，建设信息化军队、打赢信息化战争成为我军现代化建设新的时代要求。我们要建设一个现代军事力量体系，必须紧跟世界新军事革命的潮流，必须吸收借鉴外国军队特别是西方发达国家军队信息化建设的经验教训，依靠高新技术加快转变战斗力生成模式，推动机械化与信息化的复合式发展，不断赋予我军现代化建设新的时代内涵。另一方面，要从我军的使命任务、性质宗旨和建设发展的现实基础出发，准确把握构建现代军事力量体系的“中国特色”。我军是党领导下的人民军队，在党的领导下行动和战斗，与人民群众保持着鱼水深情、血肉联系，始终将全心全意为人民服务作为唯一宗旨。因此，构建中国特色现代军事力量体系，必须始终保持党对军队的绝对领导这一军魂，保持人民军队的性质宗旨。同时，中国特色社会主义的政治制度和中国共产党的性质宗旨决定了我们必然走和平发展道路，决定了军队的使命任务是维护国家主权、安全、领土完整，保障国家和平发展，而决不会像一些西方国家那样搞霸权主义、搞侵略扩张。而且，我军是在尚未完成机械化任务的同时又面对着信息化的任务，与西方发达国家的军队相比，我军现代化建设的基础薄、起点低。这些都决定了我军构建现代军事力量体系之路必然具有自身特色，而不能照搬西方军队。

要充分认识构建中国特色现代军事力量体系的重大意义。构建中国特色现代军事力量体系，既是顺应世界新军事革命潮流的必然选择，也是维护我国安全与发展利益、履行我军使命任务的现实需要。当前，经济全球化的趋势不断加强，世界新军事革命方兴未艾，我国经济社会迈入全面深化改革的新阶段，中华民族已经处在复兴道路上的关键时期，国家安全与发展所面临的形势日益复杂，军队建设和军事斗争准备的任务更加繁重艰巨；但“两个不相适应”依然是我军现代化建设的主要矛盾，构建中国特色现代军事力量体系的紧迫性日益凸显。在新的历史条件下，我军要着眼全面履行新世纪新阶段历史使命，提高应对多种安全威胁、完成多样化军事任务的军事能力，掌握陆、海、空、天、电、网等多维空间斗争中的主动权，提高以打赢信息化条件下局部战争能力为核心的军事能力，必须着力构建攻防兼备、精干、联合、多能、高效的中国特色现代军事力量体系，使其与我国国际地位相称、与国家安全和发展利益相适应。

（二）构建中国特色现代军事力量体系的关键环节

中国特色现代军事力量体系由各种基本力量体系构成，有学者将其划分为四大军事支撑体系，即现代化武器装备体系、实战型人才体系、整体作战力量体系和现代化后勤装备保障体系。① 要构建中国特色现代军事力量体系，必须以建设信息化军队、打赢信息化战争为着眼点，抓好四大军事支撑体系建设。

1. 大力发展信息化武器装备

世界新军事革命的发展历程表明，以信息技术为主导的高技术武器装备正日益成为夺取现代战争优势的关键。近几年来，我国一大批国产新型武器装备亮相，歼－20 试飞、武直－10 列装、“辽宁舰”航母入役等等，我军武器装备的现代化建设取得了较大的进步与成就。但也应当看到，与西方发达国家军队相比，我们在信息化武器装备的自主创新能力上仍有不小差距，特别是在一些关键部件、核心技术上仍存在着诸如缺少发动机的“心脏病”、缺少芯片的“神经病”等问题。实践反复证明，对于中国这样一个社会主义大国而言，国防和军队的现代化是花钱买不来的，必须着力提高国防科技工业的自主创新能力。同时，要按照体系建设的基本理念，逐步形成以信息系统为依托、以新一代武器为主体的信息化武器装备体系。要破除各军兵种自成体系的武器装备格局，加强信息化武器装备体系建设的顶层设计，按照综合集成的方法整合武器装备研制、运行的技术规范和法规标准，在着眼补齐短板、注重横向融合中加强武器装备体系化建设。

2. 加强高素质新型军事人才培养

高素质新型军事人才既是军队信息化体系的重要因素，也是现代军事

① 刘亚洲：《贯彻落实党的十八大战略部署　推动中国特色军事变革深入发展》，《求是》2013 年第 13 期。

力量体系的基本组成部分，是军队信息化建设顺利发展的主体力量。正如习近平在2014年全军政治工作会议上提出的，要“着力培养有灵魂、有本事、有血性、有品德的新一代革命军人”①，因此，这里的“高素质”包括思想政治素质、科学文化素质、军事专业素质和身体心理素质等多个方面。构建中国特色现代军事力量体系，培养大批高素质新型军事人才，必须以培养“四类人才”为重点推进人才战略工程，加强以联合作战指挥人才、信息化建设管理人才、信息技术专业人才、新装备操作和维护人才为重点的人才队伍建设。要“健全军队院校教育、部队训练实践、军事职业教育三位一体的新型军事人才培养体系”②，确立新型军事人才培养目标，调整完善特招、引进、聘用军队紧缺专业人才的政策制度，不断扩大人才基数、提高人才质量。要搞好搞活人才资源的配置使用，通过多样化的军事实践活动锻造新型军事人才方阵，通过军事人力资源政策制度的调整改革，调动军队各级各类人才的主动性与创造性。

3. 抓好新型作战力量建设

军队的使命任务和作战方式，决定着作战力量的调整与发展。进入信息时代，各国军队为适应信息化战争的要求、抢占新一轮军事竞争的制高点，在调整完善传统作战力量的基础上，纷纷把发展战略预警、军事航天、防空反导、信息攻防、战略投送、远海防卫等新型作战力量作为构建现代军事力量体系的战略重点。这些新型作战力量既反映了军事高新技术和作战方式的发展趋势，也成为各国军队建设新的增长点和制高点。以信息攻防的网络作战力量为例，它因成本低、手段隐蔽、破坏性强、效益高，而被誉为“穷人的原子弹”，成为各国优先发展的新型作战力量之一。因斯诺登事件而曝光的“棱镜”计划，就是美国运用互联网监听、窃取世界各国情报，进行信息攻防的明证。我军要构建中国特色现代军事力量体

---

① 《发挥政治工作对强军兴军的生命线作用　为实现党在新形势下的强军目标而奋斗》，《人民日报》2014年11月2日第1版。

② 《中共中央关于全面深化改革若干重大问题的决定》，人民出版社2013年版，第56页。

系，必须将新型作战力量作为重要支撑，集中人力、物力资源，统筹协调，科学规划，着力提高战略预警、威慑和打击能力，提升网络空间防御作战能力，发展远海机动作战能力，加强军事航天、防空反导、战略投送等新型作战力量的建设与发展。

4. 加快全面建设现代后勤步伐

长期以来，我军各军兵种的后勤自成体系、垂直保障，致使保障力量分散，已不适应信息化条件下军事力量体系建设发展的需要。构建中国特色现代军事力量体系，必须加快全面建设现代后勤的步伐，加快推进后勤保障体制一体化、保障方式社会化、保障手段信息化、后勤管理科学化。要以提升综合保障能力为目标，优化完善以联勤机制为重点的三军联合保障体制；要建立完善军民结合、寓军于民的社会化保障体系，提高信息化条件下的后勤保障能力，使军事后勤能够有效保障实战、保障部队建设、保障军队改革；要推动后勤装备与信息系统的有机融合，加快保障手段向信息化迈进，使保障方式由概略型向精确型转变；要严格标准化、规范化管理，实现从传统经验管理向科学常态管理的转变，不断提升后勤指挥和后勤保障的质量效能。

（三）推进中国特色现代军事力量体系建设的实践路径

在新的历史条件下，要构建中国特色现代军事力量体系，必须“坚持以创新发展军事理论为先导，着力提高国防科技工业自主创新能力，深入推进军队组织形态现代化”。① 我军只有按照基于信息系统的体系作战能力的要求，加强顶层设计和战略筹划，重视调整优化作战力量结构比例，强化各作战力量的体系整合，才能使各项作战力量攥指成拳、形成整体合力。

1. 加强战略筹划和顶层设计

构建中国特色现代军事力量体系，要从国家发展和安全的战略高度进行统筹安排、整体设计、有序推进。要以我国的国情和国力为基础，统筹

① 李海涛：《谁收获超额战略红利——谈谈构建中国特色现代军事力量体系》，《光明日报》2012 年 12 月 17 日第 7 版。

协调经济社会发展与国防和军队建设的关系，努力建设一个与我国国家地位相称、与国家安全和发展利益相适应的现代军事力量体系，实现富国与强军的统一。要从国防和军队建设全局的高度进行统筹规划，明确中国特色现代军事力量体系的基本构成、目标方向、发展重点、现实矛盾及破解方法，坚定信息化建设的发展方向，紧紧扭住中国特色现代军事力量体系建设的重点难点问题，想实招、求实效。要加强中国特色现代军事力量体系建设的顶层设计，坚持以“三步走”路线图为指导来制定具体发展规划，运用结构分析方法进行体系结构比例的设计，运用管理约束机制避免体系建设中可能出现的标准不一、烟囱林立、重复建设等问题，适时开展效能评估以检验军事力量体系建设成果。

2. 重视调整优化作战力量结构

结构决定功能，规模决定效能。长期以来，我军的力量体系结构编成主要为应对机械化战争和打大规模地面战争而准备，虽几经改革调整，但“陆战型”的力量结构并未从根本上改变，军事功能还不能完全适应打赢信息化条件下局部战争的需求，与维护海洋、空天、电磁空间安全和遂行反恐维稳、应急救援等多样化军事任务的要求也有差距。构建中国特色现代军事力量体系，就要调整优化现有的作战力量比例结构，加强海军、空军、第二炮兵部队建设，优化军兵种内部结构和部队编成，大力提高各军兵种高新技术部队的比例，压缩非作战编制，充实一线部队。要推动陆军部队由区域防卫型向全域机动型的整体转型，推动海军由近海防御型向远海防卫型的转变，推进空军由国土防空型向攻防兼备型的转变，实现二炮部队的信息化转型，完善核常兼备的力量体系。要坚持新型作战力量、高技术部队与常规部队并存发展的原则，以新型作战力量为骨干、诸军兵种高技术部队为主体，统筹军兵种力量建设、网络战力量建设、国防动员和后备力量建设、武警现代化建设。

3. 强化各作战力量的体系融合

现代战争是双方作战体系的较量，必须推动各作战力量的体系融合，按照体系作战的特点和规律，以信息系统为基础，统筹协调各作战力量、作战单元、作战要素的融合集成，最大限度发挥现代军事力量体系的整体效能。当前，我军仍存在着各作战力量之间条块分割严重、体系建设力度不够的问题。要加速中国特色现代军事力量的体系化建设，必须下大力统筹进攻力量与防御力量的有效配合、硬打击力量与软攻击力量的紧密结合、现役力量与后备力量的有机衔接；要着眼我军陆、海、空、二炮等作战力量的横向联合，建立健全联合作战指挥体制、联合训练体制、联合保障体制，提升信息化条件下的联合作战能力；要全面提升情报侦察、指挥控制、火力打击、立体机动、信息攻防、全维防护、综合保障等信息化作战能力，实现信息的处理、存储、传输、分发管理、导航定位等信息支援能力的有机融合，使军事力量体系的整体作战能力得到质的跃升。

第七章　夯实强军之基

基础不牢，地动山摇。能否实现强军梦，既需要铸牢听党指挥这个强军之魂，也需要扭住能打仗、打胜仗这个强军之要，还需要夯实依法治军、从严治军这个强军之基。习近平在广州战区考察时指出，努力建设巩固国防和强大军队，“要牢记，依法治军、从严治军是强军之基，必须保持严明的作风和铁的纪律，确保部队高度集中统一和安全稳定”。[①] 习近平的指示要求，既是对军事发展规律的科学把握，也是对时代问题的积极回应，为在新的历史起点上加强国防和军队建设提供了根本遵循。

一、作风优良是我军的鲜明特色和政治优势

从南昌起义到今天，我军已经走过了80多年的光辉历程。80多年来，在中国共产党的正确领导下，在一代代革命军人浴血奋斗下，中华民族迎来了复兴的春天。回望峥嵘岁月，我军之所以能够以“小米加步枪”的劣势装备战胜“飞机加大炮”的优势之敌，顽强的作风起到了关键性作用。可以说，没有人民的军队，就没有崭新的中国；没有优良的作风，就没有战绩显赫的人民军队。

（一）为什么说作风优良是我军的鲜明特色和政治优势

特色基于崇高价值追求，优势源自厚重历史积淀。人民军队在自身不

① 习近平：《坚持富国和强军相统一，努力建设巩固国防和强大军队》，《人民日报》2012年12月13日。

断发展壮大的历史进程中，始终以党的宗旨为宗旨、以党的使命为使命，既上演了一出出不怕顽敌、以弱胜强的精彩活剧，也谱写了一曲曲拥政爱民、艰苦奋斗的历史长歌。在这一出出精彩活剧、一曲曲历史长歌中，一系列思想作风、战斗作风、生活作风，逐渐升华成为标识人民军队形象的鲜明特色和彰显人民军队性质宗旨的政治优势。

1. 作风优良是人民军队发展壮大的重要法宝

预知大道，必先明史。古往今来的历史舞台上，兴亡盛衰的例子不胜枚举，“剧情”也千差万别，但有一个主题亘古未变：人心向背最终决定国家、政党、军队的命运，而作风又是决定人心向背的关键。近代以来，汇聚了中华民族优秀子孙的中国共产党及其领导下的人民军队，点滴之间皆见优良作风。在淮海战役纪念馆中，有一辆外表被磨得锃亮的小推车；而在整个淮海战役中，这种支前群众所用的小推车总共有41万辆。在淮海战役期间，各解放区人民掀起了一场轰轰烈烈的支前运动，其规模之巨大，任务之浩繁，动员人力、物力之多，为古今中外战争史所罕见。淮海战役支前工作最动人的场面，是几百万的民工大军推着小车运送粮食。“最后一把米，用来做军粮；最后一尺布，用来做军装；最后的老棉被，盖在担架上；最后的亲骨肉，含泪送战场。”老百姓正是唱着这样的歌谣、推着小车勇往直前冲向战场。淮海战役胜利后，华东野战军司令员陈毅曾深情地说：“淮海战役的胜利，是人民群众用小车推出来的。”国民党军将领杜聿明在惨败后发出感叹：“败在敌人手里可以挽回，败在老百姓手里，再也无法挽回来了！”何止是淮海战役的胜利是人民群众用小车推出来的，实际上，整个中国革命的胜利都是人民群众用小车推出来的。无论是在艰苦卓绝的井冈山斗争时期，还是在史无前例的长征途中，抑或在跌宕起伏的抗日战争时期，而且在荡气回肠的解放战争时期，人民群众用自己的力量撑起了人民军队的发展壮大。历史已经证明，正是依靠始终同人民群众一起苦，一起过，一起干的传统作风，人民军队才实现了从无到有、从小到大、从弱到强的历史性跨越，才能在条件异常艰苦恶劣、斗争异常残酷的情况下，用小米步枪去抗衡敌人的飞机大炮，用双腿去和敌人的汽车轮子赛跑，打败了日本侵略者，打败了国民党 800 万军队，打败了武装到牙齿的美军，攻无不克、战无不胜。

2. 作风优良是我们党对人民军队一以贯之的要求

我军初创时期，人员构成比较复杂，既有一心革命的工人农民，也有占山为王的土匪草寇，还有从旧军队起义过来的人员，雇佣思想、自由散漫习气、无政府主义和军阀作风普遍存在。针对官兵成分异常复杂的问题，毛泽东亲自制定三大纪律六项注意（后为八项注意），后来谱写成《红军纪律歌》：“一切行动要听指挥，上级命令下级服从……爱护群众保护工农，中国革命才能成功。”当时，凡是参加红军的新战士，必须先学会唱这首歌。延安时期，毛泽东亲自领导了全党的整风运动，要求“用马列主义的理论来武装我们的头脑”。解放战争时期，毛泽东领导全军广泛开展“新式整军运动”“杀敌立功运动”“三诉三查”，极大地教育激励了革命战士，把大量的国民党军士兵迅速改造为“解放战士”。新中国成立后，毛泽东要求全党全军警惕糖衣炮弹的进攻，牢记人民军队的性质宗旨，领导开展学雷锋、学习“南京路上好八连”活动，使人民军队的优良传统和作风得到发扬光大。

作为改革开放的总设计师，邓小平不仅为中国经济社会的发展指明了方向，在加强军队作风建设方面也作出了许多重要论述和要求。他针对改革开放后资本主义腐朽思想文化及生活方式的侵蚀影响，强调必须发扬老红军的优良传统与作风，坚决旗帜鲜明地反对拜金主义、享乐主义和极端个人主义，永远保持过去革命战争时期的那么一股劲、那么一股革命热情、那么一种拼命精神。江泽民主持中央军委工作 15 年，对加强军队作风建设倾注了大量心血。他明确提出要“解决好打得赢、不变质两个历史性课题”，“始终保持人民军队的性质、本色和作风”；强调要按照“政治合格，军事过硬，作风优良，纪律严明，保障有力”的总要求，全面加强军队建设。胡锦涛在主持中央军委工作 8 年期间，始终强调要加强军队作风建设。2004 年 9 月 20 日，胡锦涛刚刚担任中央军委主席，就强调我军的光荣传统和优良作风是“我军的传家法宝”，“我们接班首先要接好我军光荣传统和优良作风的班”。2007 年 8 月，胡锦涛在庆祝建军 80 周年时明确提出：“人民军队的优良革命传统，集中起来就是听党指挥、服务人民、英勇善战”，强调这是“我们总结人民解放军 80 年建军治军经验的基本结论”。新的历史起点上，习近平在十二届全国人大一次会议解放军代表团全体会议上的讲话中旗帜鲜明地指出，作风优良是我军的鲜明特色和政治优势，必须把作风建设作为军队一项基础性、长期性工作抓紧抓实，永葆人民军队政治本色。这既是对我军建设成功经验的历史继承，也是对军队作风方面存在问题的积极回应，为我军作风建设提供了根本遵循。

（二）我军优良作风主要体现在哪些方面

所谓作风，是一个组织及其成员在思想、工作、学习、生活等方面表现出来的一贯态度和行为，是该组织性质宗旨的外在表现。我军在历史发展进程中形成的优良作风主要包括以下几个方面的内容：

1. 理论联系实际的思想作风

在新民主主义革命时期，特别是在延安整风时期，毛泽东曾经做过《改造我们的学习》《整顿党的作风》《反对党八股》等报告和演讲，号召全党全军坚持理论联系实际的优良作风，反对和纠正主观主义、教条主义等不良作风，并形成了迄今为止称得上是对理论联系实际命题科学内涵的经典性表述：中国共产党人只有在他们善于应用马克思列宁主义的立场、观点和方法，善于应用列宁、斯大林关于中国革命的学说，进一步地从中国的历史实际和革命实际的认真研究中，在各方面作出合乎中国需要的理论性的创造，才叫作理论和实际相联系。在实践中，我党我军坚持理论联系实际的典型表现就是反对王明的“左”倾教条主义。在 20 世纪 30 年代初，以王明为代表的教条主义者，坚持照抄照搬共产国际决议和苏联经验。在第五次反“围剿”中，博古和李德面对国民党反动派百万大军压境，先是搞进攻中的冒险主义，提出“御敌于国门之外”的战略方针，结果几次失利，完全陷于被动；继而又犯防御中的保守主义，以集中对集中，以堡垒对堡垒，造成重大损失；最后是退却中的逃跑主义，退出中央革命根据地，一路消极避战，3 个月便使中央红军由 8 万多人减少到 3 万人。马克思主义是指导中国革命、建设、改革事业的科学指南，但马克思主义只有和中国实际相结合，才能发挥出真理的力量。正是在总结历史经验教训的基础上，我党我军既坚持马克思主义理论的指导地位，又紧密结合中国革命斗争的实际，不断推进马克思主义理论中国化，最终形成了中国化的马克思主义——毛泽东思想。中国革命在毛泽东思想的正确指导下，面目焕然一新，并最终实现了解放全中国、建立新中国的革命目标。

2. 密切联系群众的工作作风

政之所兴在顺民心，政之所废在逆民心。1929 年，《古田会议决议》明确提出，红军除了打仗、消灭敌人军事力量之外，还要担负宣传群众、组织群众、武装群众、帮助群众建立革命政权以至于建立共产党的组织等重大任务。1937 年 8 月召开的洛川会议指出，要不放松一刻工夫一个机会去宣传群众、组织群众、武装群众。密切联系群众是我党我军从建立之初就确立的工作作风。当年，毛泽东在兴国县搞调查的时候给干部提出了一个要求，希望大家能像和尚念阿弥陀佛一样，每天都要念“争取群众”这四个字。毛泽东还说，要关心群众生活，关心老百姓的柴米油盐问题。在兴国县曾流传一首歌：“苏区干部好作风，自带干粮去办公，日着草鞋干革命，夜走山路访贫农。”我党我军之所以能以星星之火形成燎原之势，就是因为始终坚持为人民服务的宗旨，始终坚持密切联系群众的工作作风。历史发展到今天，军民关系的外在形式已经发生了重大变化，但血肉相连的内在本质丝毫没有改变。2013 年的中国国防白皮书《中国武装力量多样化的运用》指出：“中国武装力量在历次重大抢险救灾中，都发挥了生力军和突击队作用。”从长江抗洪到玉树救灾，从汶川地震到芦山地震，哪里有危险，哪里就有人民子弟兵的身影，人民军队用自己的行动谱写了新时代的军民鱼水情。

3. 敢打必胜的战斗作风

徐向前元帅曾深刻指出，作风就是战斗力。一个革命政党，要有好的作风，才能团结群众，实现自己的纲领、路线。同样，一支革命军队，也必须有好的战斗作风，才能执行革命的政治任务，保存自己，消灭敌人。

历史上，我军创造过许多奇迹，使许多著名历史人物“困惑”不已。张学良有个困惑：为什么红军那么困难，长途战斗跋涉二万五千里，却形神不散，还有极强战斗力，成建制地打垮消灭装备精良的东北军？他对部下说，你们谁能带兵走两百里、两千里不出逃兵，就算有本事。麦克阿瑟也有困惑：为什么“武装到牙齿”的美军在中国人民志愿军面前毫无优势可言？答案可以在美国著名作家约翰·托兰的著作《漫长的战斗——美国人眼中的朝鲜战争》中找到，在这部著作中有着这样的记载：“联合国军”士兵最害怕听到中国人民志愿军的冲锋号响。一位英军士兵形容，听到这号声，我感觉到这分明是中国式的葬礼。“联合国军”总司令李奇微也回忆说：这是一种铜制的乐器，能发出一种特别刺耳的声音。在战场上，它仿佛是非洲的女巫，只要一响，共产党的军队就如同着了魔法一般，全部不要命地扑向我军。每当这时，我军总被打得如潮水般溃退。也正是在此意义上，一位美国战略研究专家感叹：不怕中国军队现代化，就怕中国军队毛泽东化，或按中国术语叫革命化。敢打必胜的战斗作风，是我军成立以来能够以弱胜强、屡创奇迹的重要原因之一，是我军克敌制胜的重要法宝。

4. 艰苦朴素的生活作风

历览前贤国与家，成由勤俭败由奢。中国古代诗人李商隐的这句名言，在一定意义上揭示了一个国家、一个民族、一支军队如果不提倡艰苦朴素，而整天追求享受、骄奢淫逸，是没有希望的，必然导致衰败和垮台。1936 年，美国记者埃德加·斯诺到苏区采访，看到毛泽东穿打补丁的衣服、周恩来睡土炕、林伯渠耳朵上用绳子系着断了腿的眼镜，从中感受到中国共产党及其领导的人民军队有一种独特的力量。他把这种力量称作“东方魔力”，断定这是古老中国的“兴国之光”。斯诺所称的“东方魔力”“兴国之光”，就是我党我军艰苦朴素的生活作风。1940 年 3 月 26 日，南洋华侨领袖陈嘉庚携印度尼西亚侨领庄西言、南侨总会秘书李铁民等一行 15 人飞抵重庆。国民党对南侨慰问团的接待工作异常重视，由外交部、财政部、教育部、政治部、宣传部、海外部、侨委会等近 30 个党政部门，组成了一个庞大的欢迎南洋侨胞回国慰劳团委员会，并拨出8万元专款以供接待之用。后来，陈嘉庚又到了延安。毛泽东宴请陈嘉庚，用自己种的豆角、西红柿招待，只是特意上了一味鸡汤，整顿饭算下来也就1.5元。毛泽东说，我没有钱买鸡。这只鸡是邻居老大娘知道我有远客，送给我的。陈嘉庚看了看菜，想起在重庆蒋介石花800银圆宴请他，意味深长地对毛泽东说，得天下者，共产党也！可以说，正是点滴之间的艰苦朴素的生活作风，最终成就了人民军队的传奇战功，奠定了了中国共产党的不朽伟业。

（三）新的历史条件下怎样始终如一保持我军优良作风

作风优良是我军的鲜明特色和政治优势。正是凭借优良作风，我军才实现了由小到大、由弱变强的历史性跨越。时至今日，我国的社会环境发生了深刻变化，人民军队也不是生活在真空里，社会上存在的形式主义、官僚主义、弄虚作假、奢侈浪费等不良风气在军队中也有不同程度的表现。面对军队发展中出现的新情况新问题，能否始终如一保持我党我军光荣传统和优良作风，是关系军队建设的重大问题，必须把作风建设作为一项基础性长期性工作抓紧抓实，永葆人民军队的政治本色。

1. 从领导机关和领导干部抓起

从某种意义上讲，一种作风的形成、兴起，往往是其提倡者、传播者靠言行一致“播种”下的，既靠感人的言说，更靠感人的行动，使之深深“种”入人心。马克思主义之所以能在中国社会扎根，在于它既有感人的社会理想，也有无数真诚信仰并为之奋斗牺牲的践行者。再如，雷锋精神也源自雷锋身边领导干部“言传身教”的表率作用。有当年珍惜几个螺丝钉的县委书记，才有养成艰苦朴素作风的雷锋；有当年默默无闻捐助灾区的团政委，才有养成助人为乐品行的雷锋。当然，今天领导干部言传身教，与过去已经有了很大不同，不单单是要深入基层、深入官兵做好事、做实事、送温暖，更带实质意义的还在于忠于职守，在制度化的公职行为中体现我党我军的根本宗旨。因此，保持我军优良作风，上级领导和机关要带头打牢信仰与道德基石，把言传和身教相统一，贯穿于工作和生活始终。正如习近平在中共十八届中央纪委第二次全体会议上的讲话中指出的：领导干部的一言一行、一举一动，群众都看在眼里、记在心上。干部心系群众、埋头苦干，群众就会赞许你、拥护你、追随你；干部不务实事、骄奢淫逸，群众就会痛恨你、反对你、疏远你。只有领导干部和领导机关带头践行，我军的光荣传统和优良作风才能得到有力印证；否则，作风建设就会成为空中楼阁！

2. 在抓基层、打基础上下功夫

基层是军队的基础，是军队遂行各项任务的最终承担力量。尽管以营连为单位的基层部队在我军垂直指挥系统中级别最低、地位最低，血与火的考验却集中在这里。部队的作风和精神风貌集中在这里，打赢信息化战争的最前沿阵地也在这里。习近平在考察广州战区时指出：“基层是部队全部工作和战斗力的基础。部队所有工作都要靠基层去落实，在第一线冲锋陷阵也全靠基层。要坚持士兵至上、基层第一，真正关心关爱官兵，始终把官兵冷暖放在心上。”① 在基层部队，官兵天天面对面，靠哄哄不出真感情，靠装也装不出真团结，唯有贴心关怀、真心帮助才能换来患难与共。朱德说过，给战士站岗、盖被子，这些不起眼儿的事情包含着中国革命的成功。日常生活中的真情关心、关怀对一个集体来说是最强力的黏合剂，对一个人来说是最好的“心灵鸡汤”。官兵之爱、战友之情，不仅是雪中送炭、救济解忧，经常的、大量的是体现在日常生活中的相亲相爱、互相帮助。只有你把别人放心上，别人才会把你放心上；只有你把别人当亲人，别人才会把你当亲人。同时，还要在涉及基层官兵切身利益的考学、提干、转士官等问题上，坚持公正、公开、公平原则，把党中央和中央军委的相关政策认真贯彻落实，才能真正凝聚军心、汇聚力量。

3. 把作风纪律建设作为核心内容

优良作风的养成既要靠主体的内在自律，也需要外在的纪律约束。

---

① 转引自刘声东、严德勇：《习主席与士兵在一起》，《解放军报》2012 年 12 月 14 日。

2012 年 12 月，中央军委依据习近平关于加强作风建设的重要指示和《十八届中央政治局关于改进工作作风、密切联系群众的八项规定》，按照从严、从紧、高标准的要求，结合部队实际，制定了《中央军委加强自身作风建设十项规定》。《十项规定》从轻车简从、简化迎来送往，到少开会、开短会，少讲话、讲短话；从减少事务性活动，到精简文件、电报、刊物、简报；从规范出访活动，到改进警卫工作；从简化新闻报道，到严格文稿发表；从改进接待工作，到严格廉洁自律，等等，针对的都是作风建设上的突出问题，核心是密切联系群众，目的是继承并发扬我党我军光荣传统和优良作风，永葆老红军本色。这十项规定，言简意赅，明确具体，切中要害，便于监督，具有很强的针对性和可操作性。中央军委《十项规定》颁布以后，官兵们普遍反映："领导少了酒气，多了纯洁的风气；干部少了酒气，多了带兵的锐气；战士少了酒气，多了训练的虎气；部队少了酒气，多了安全发展的底气。"事实证明，只要我们认真抓作风纪律建设，就一定能抓出实效。但我们也要看到作风问题具有顽固性和反复性，抓一抓就好转，松一松就反弹，贵在持久，难在坚持。有人担心，《十项规定》执行起来会不会是一阵风，或者流于形式，这种担心不是没有道理。能不能打消官兵的这个疑问，关键看怎么做。必须以踏石留印、抓铁有痕的劲头抓作风纪律建设，不见成效不撒手，见了成效也不撒手，让全国人民来监督，让全体官兵不断看到实实在在的成效和变化。

二、 铁的纪律出战斗力

刘伯承在阐述纪律的作用时曾经指出，军队的战斗力是由政治质量、军事修养、物质保障、严格纪律四个条件组成的，四者缺一不可。我军在长期的革命战争实践中，之所以能以劣势装备战胜优势装备之敌，一个重要的"秘诀"就在于，我们党从创建人民军队那天起，就把纪律严明作为一条基本要求贯穿于战斗、训练、工作、学习之中，从而培育出无所畏惧、不怕牺牲的英雄气概和顾全大局、紧密团结的革命风格。

（一）如何理解加强纪律建设的重要性和紧迫性

纪律是军队的生命，是构成军队战斗力的基本要素之一。没有纪律就没有军队，就没有任何军事斗争的胜利。过去，我军依靠铁的纪律，把官兵凝聚成一根绳，最终战胜了国内外强敌。今天，社会环境变了，官兵构成也发生了很大变化，在这样的背景下保持军队强大的凝聚力和向心力，更离不开铁的纪律。对此，习近平旗帜鲜明地指出：“加强作风建设，必须下大气力整肃军纪，培养官兵自觉而又严格的组织纪律观念，认真解决管理松懈、作风松散、纪律松弛问题。”①

1. 严明纪律是保证高度集中统一、提高部队战斗力的重要途径

古今中外的军事实践证明，严明的纪律出战斗力。我国古代许多名将，都把加强纪律建设作为提高战斗力的重要手段。曹操割发代首、诸葛亮挥泪斩马谡等，都是为了严肃军纪，提高战斗力。我军更是以纪律严明著称于世。1927 年秋，工农革命军在上井冈山途中，毛泽东目睹了部队中一些战士随便拔取老百姓红薯充饥的情形后，就一路上思考着该如何解决这类问题。10 月 24 日早晨，毛泽东在荆竹山村前的“雷打石”向工农革命军做上山动员时，宣布了三条纪律：“第一，行动听指挥；第二，打土豪筹款子要归公；第三，不拿老百姓一个红薯。”这是工农革命军最初颁布的“三大纪律”。1928 年年初，当工农革命军进攻遂川县城时，又出现了部队将小商小贩的货物统统没收、错还借去睡觉的门板以及将铺草弄得遍地等新的情况。毛泽东听到反映后，随即召开全体指战员大会宣布了工农革命军的“六项注意”：“一、上门板；二、捆禾草；三、说话要和气；四、买卖要公平；五、借东西要还；六、打烂东西要赔。”1928 年 4 月 3 日，毛泽东将以上两者合一，向工农革命军正式颁布“三大纪律六项注意”。发展到后来，就演变为“三大纪律八项注意”，并由毛泽东亲自颁布全军执行。我军正是有了这种严明的纪律，才具有强大的凝聚力，从而产

① 中国人民解放军总政治部编印：《习近平关于国防和军队建设重要论述选编》，解放军出版社 2014 年版，第 65 页。

生了强大的战斗力。邓小平曾经指出："我们这个军队，历来强调一切行动听指挥，强调自觉遵守革命纪律。不这样，我们能够战胜比我们强大得多的敌人吗？能够保证党对军队的绝对领导、贯彻执行党的路线和政策吗？能够加速我军革命化现代化建设吗？"[①] 这一论断，阐明了铁的纪律对于提高军队战斗力的极端重要性。

2. 严明纪律是应对新时期部队出现的新情况的必然要求

我们今天面对的中国，跟改革开放前或改革开放初期相比，发生了结构性变化。胡锦涛将这种变化概括为"四个深刻"：经济体制深刻变革、社会结构深刻变动、利益格局深刻调整、思想观念深刻变化。军队不是生活在真空中，社会上的一些不良风气在部队都有所表现，特别是有的领导机关、领导班子和一些领导干部形式主义、官僚主义、享乐主义突出，奢靡之风严重。而长期的和平环境，又使一些同志产生了和平麻痹思想，从而对战备训练的指示规定，只求过得去，不求过得硬，甚至出现"刀枪入库，马放南山"的认识和看法。这些认识和行为，不仅与军队的基本职责不相适应，更与强军目标的要求背道而驰。事实上，对于我国来说，尽管大仗一时打不起来，但世界并不安宁，局部战争此起彼伏，从来没有间断过；国内外敌对势力相互勾结，一刻也没停止对我们改革开放和现代化建设事业制造障碍。在这种情况下，作为无产阶级专政坚强柱石的军队，没有一个严格的纪律，训练不刻苦，管理不严格，标准低，要求松，必然会失去应有的威慑力，直接影响到社会主义现代化建设大业的成败。同时还要看到，作风纪律的养成也不是一蹴而就的，它需要使长劲、用长功。正如习近平在十二届全国人大一次会议解放军代表团全体会议上所言："有病就要治，而且大病小病都要治，要及时治。如果讳疾忌医，小病拖成大病，宿疾难医，军队就不成为军队，更谈不上打胜仗了！'木之折也必同蠹，墙之坏也必通隙。'如果我们不能及时解决自身存在的问题，任其发展下去，就会自毁长城啊！"因此，严明纪律，关键是要靠平时的点滴养

---

① 《邓小平文选》第二卷，人民出版社1994年版，第81—82页。

成。如果平时就不注重严格要求，放任自流或时紧时松，一旦有情况，就要误大事、吃大亏。在新的历史起点上实现强军目标，纪律建设不仅不能有丝毫放松，而且只能加强。只有这样，才能做到不论在任何时候、任何情况下，都能拉得动、用得上、打得响，圆满完成各项任务。

3. *严明纪律是适应现代战争新特点的客观需要*

现代战争是高科技战争，是信息化战争。打赢现代战争，需要更加严格的纪律意识、纪律观念和纪律行为。同传统战争相比，现代战争的战场空间已经突破传统的海、陆、空三维空间，而被陆、海、空、天、电磁五维空间所取代。参战的力量除了有陆军、海军、空军、炮兵、装甲兵、防化兵等诸兵种外，还有侦察、通信、雷达、电子等上千种技术专业。这样大空间、多兵种的“联合作战”，就要求全体军人必须有很强的全局观念、协同观念和服从观念。又如，现代战争具有突发性强、节奏快的特点。1983 年美军入侵格林纳达时，从格政权发生动乱到美定下决心、制订计划、出兵作战，共用了一周时间，其中陆地主要战斗只进行了 4 天。以美英为首的联合部队发动的伊拉克战争，于 2003 年 3 月 20 日开始，到 4 月 10 日军事行动结束，仅仅用了 40 天的时间。在这样短的时间内完成军事行动、达成战争目的，必然要求参战部队的全体军人有很强的战备观念和时间观念。今天，面对现代战争的新特点和我军发展的新情况，我们必须在加强体系力量建设的基础上，不断强化纪律观念、协同观念、联合观念，使“能打仗，打胜仗”的强军要求获得坚定的思想支撑、观念支持和纪律保证。

（二）需要着力加强哪些方面的纪律建设

纪律在军队建设中具有重要的地位和作用，实现强军目标，必须以铁的纪律作保证。近年来，我军狠抓依法治军、从严治军，部队的纪律意识、纪律观念不断加强。但也要看到，受各种主客观因素的影响，部队在遵守纪律方面还存在一些亟须解决的突出问题：有的个人主义、自由主义、享乐主义严重；有的当兵打仗、练兵打仗、带兵打仗意识不强，思想作风松散；还有的号令意识、服从意识弱化；等等。这些问题在很大程度上破坏了部队的集中统一，必须下大力重点解决。

1. 在政治纪律建设方面，要铸牢听党指挥这个军魂

军事是政治的延续，军队必须在重大原则立场上严守政治纪律。这一原则对于任何军队来说都是铁律。1951 年 4 月，美国总统杜鲁门签署了两份文件：一份是给驻日盟军最高统帅、“联合国军”总司令麦克阿瑟的，告知解除其职务；另一份是就麦克阿瑟被解职一事提交给新闻界的公开声明。麦克阿瑟之所以被总统杜鲁门突然解职，原因就是与白宫唱反调，竭力主张扩大朝鲜战争规模，公开指责杜鲁门的全球战略。2010 年，驻阿富汗美军最高指挥官麦克里斯特尔之所以被总统奥巴马换掉，也是“嘴巴”惹的祸，发表了与白宫立场不一致的言论。我军是中国共产党缔造和领导的新型人民军队，是执行政治任务的武装集团。严明政治纪律对我们的基本要求，就是要坚持党指挥枪的原则，始终同党中央和中央军委保持一致。当前，意识形态领域状况复杂，各种非马克思主义、反马克思主义思潮竞相“发声”，“军队非党化、非政治化”和“军队国家化”论调甚嚣尘上，国内外敌对势力的西化、分化战略花样翻新，这些都对坚守听党指挥这个强军之魂产生了不同程度的冲击。此种情况，更加凸显了加强政治纪律建设的重要性和紧迫性。我们必须按照习近平所说的那样：“要坚持从思想上政治上建设部队，坚持党对军队绝对领导的根本原则和制度，坚持不懈用中国特色社会主义理论体系武装官兵，持续培育当代革命军人核心价值观，弘扬我军光荣传统和优良作风，确保部队绝对忠诚、绝对纯洁、绝对可靠，永葆人民军队的性质和本色。”①

2. 在组织纪律建设方面，要正确处理好个人和组织的关系

组织纪律是处理组织和个人之间关系的规范，是维护部队集中统一、保持部队战斗力的基本条件。自觉地遵守组织纪律、无条件地按组织原则办事，是我军的光荣传统，也是革命军人必须具备的优良品质。抗日战争初期，为了促进抗日民族统一战线的建立，我们党决定把红军改编为八路

---

① 习近平：《深入学习贯彻党的十八大精神　建设强大的信息化战略导弹部队》，《解放军报》2012 年 12 月 6 日。

军、新四军。当听说要把心爱的红星八角帽改为青天白日徽记帽时，很多红军指战员都想不通。但是，通过广泛动员、深入教育，我军广大指战员以党的利益和民族利益为重，自觉遵守我军的组织纪律，模范地执行了党的抗日民族统一战线的各项政策，从而赢得了抗日战争的全面胜利。新中国成立后，根据国家和军队发展的需要，我军先后经历了10多次精简整编，如1950年分批复员和转业百万人，1953年全军总兵力精简23.3%，1982年铁道兵和基本建设工程兵集体转业，1985年裁减军队员额100万，1997年裁减军队员额50万，2003年裁减军队员额20万。在这10多次精简整编过程中，许多战史辉煌的部队不得不告别军旗，许多战功卓著的老兵不得不脱下军装。他们虽然不舍，但中央军委一声令下，无不服从大局，真正做到了"撤并降改听党的，进退走留听我的"。当前，国情、党情、军情都发生了巨大变化，如何处理好个人利益与集体利益、局部利益与整体利益的关系面临着诸多新情况和新挑战。我们必须强化大局意识、集体观点，在个人与集体、局部与整体发生利益冲突时，真正做到个人需要服从组织需要、局部利益服从整体利益。

3. 在军事纪律建设方面，要不断强化一切行动听指挥的意识

军事纪律是保证军事活动正常进行的行为规范，涉及训练、作战、战备、管理等军事活动的各个环节，核心是一切行动听指挥。军队所担负的特殊职责，决定了军事纪律在诸多纪律中是最严格的。军令如山倒，就形象地说明了军事纪律所具有的极端严肃性。严明的军事纪律是军队战斗力的源泉，是夺取战争胜利的保证。第二次世界大战期间，美军第二军奉命深入北非与纳粹德军作战，开始由于纪律失控，造成部队秩序混乱，战斗连连受挫。巴顿将军接任该军军长之后，首先恢复制度，严明纪律，建立正规的秩序，从而一扫散漫习气，使部队很快重获战斗力，进入较好的战斗状态。在我军历史上，从抗美援朝战争中大火烧身纹丝不动、用生命捍卫战场纪律的邱少云，到珍宝岛自卫反击战中卧冰爬雪、身体被冻残仍严守潜伏纪律的勇士，都是服从命令、听从指挥的典范。没有严明的军事纪律，在战场上就要付出流血牺牲的代价。今天，长期的和平环境，使得一些官兵令行禁止的意识淡化了、闻风而动的劲头不足了。面对这些情况，必须不断强化服从命令听指挥的意识，坚持用条令条例规范言行，用军事法规制度约束行动，坚持依法从严治军，从根本上解决管理松懈、作风松散、纪律松弛等突出问题。

4. *在群众纪律建设方面，要始终坚持为人民服务的宗旨*

全心全意为人民服务是我军唯一宗旨。严格的群众纪律是我军性质的体现，也是我军争取人民群众支持、不断战胜强敌的法宝。1949 年 5 月 27 日，人民解放军经过半个月艰苦奋战成功进入上海。为了不惊扰上海市民，蒙蒙细雨之中，疲惫至极的指战员，和衣抱枪，睡卧在车水马龙的马路两侧。当时，新华社随军记者艾煊这样写道：慈祥的老太太，热情的青年学生，商店的老板、店员，都恳切地请求战士们到他们的房子里去休息一下。可是，战士们都婉言谢绝了。他们不愿擅入民宅，他们不愿在这一小事上，开了麻烦群众的先例，开了违反人民军队光荣传统的先例。这个故事就是我军严守群众纪律的真实写照。在 2008 年的汶川抗震救灾中，空军领导对部队提出明确要求：不能片面强调执行的救灾任务特殊，要坚决遵守群众纪律，时时处处维护群众利益。5 月 21 日，部队乘直升机实施“进村入户”救援行动。飞机降落时，不可避免地损坏了村民的部分玉米地，部队当场表示给予赔偿。村民们说，解放军来救我们，我们怎么能收钱？部队坚持认真统计玉米地受损情况，把赔偿金交给了村干部。可以说，无论是战争年代，还是和平时期，广大官兵之所以始终坚持践行全心全意为人民服务的宗旨，很重要的一个原因是我军有着严格的群众纪律。今天，我国社会结构发生了重大变化，军民关系也发生了一些变化，但无论怎样变化，我军全心全意为人民服务的宗旨不能变，对人民群众的情感态度不能变，严守群众纪律不能变。

5. *在财经纪律建设方面，要坚决遏制贪污腐败、奢侈浪费现象*

严守财经纪律，历来是我军纪律建设的重要内容。1932 年 3 月，中华苏维埃共和国临时中央政府副主席项英在《红色中华》上发表的题为《反对浪费，严惩贪污》的文章中指出，这个时候，谁要是浪费一文钱，都是罪恶；若是随意浪费，那实际是破坏革命战争；至于吞没公款、营私舞弊等贪污行为，简直是反革命。文章号召工农群众检举揭发，把各级政府中的贪污分子驱逐出苏维埃。1933 年 12 月，中华苏维埃共和国中央执行委员会发布《关于惩治贪污浪费行为》的第 26 号训令。这也是中国共产党成立以来，我们党颁布的第一个反腐法令。根据这一训令，一些重大贪污犯被判处死刑。如瑞金县财政部会计科科长唐红达，侵吞公款、公债、谷票、公物折计大洋 2000 元；苏维埃大会工程所主任左祥云，在任职期间勾结反动分子，贪污公款 246.7 元，并盗窃机密，私偷公章，企图叛逃；于都县军事部部长刘仕祥贪污公款 200 余元，并挪用公款做生意，向总供给部报假账。这三个罪犯经公审后均被判处死刑。这些案例至今读来，仍有巨大的震撼力。近年来，随着国家经济的快速发展，军费不断增加，这对军队建设来说是件好事。但与此同时，我们也要看到，贪污腐败、奢侈浪费现象也有加重的趋势。针对这些问题，习近平旗帜鲜明地提出："要发扬艰苦奋斗精神，厉行勤俭节约，反对铺张浪费，把军费管好用好，使国防投入发挥最大效益。"① 为此，必须严格遵守财经纪律，哪些钱能花、哪些钱不能花、钱是谁花的，都必须按章办事，切实把军费管好用好。

（三）怎样在坚持依法治军、从严治军中锤炼铁的纪律

治军贵在从严，也难在从严。这些年来，党中央和中央军委始终高度重视从严治军，并制定了一系列法规条令，采取了一系列有力措施，并取得了很大成效。但我们也要看到，在一些部队和单位还不同程度存在着"松"和"软"的问题。部队松散，就会缺乏凝聚力和向心力，就会影响部队士气，并最终影响战斗力的保持和提升。必须把依法治军、从严治军方针贯彻落实到部队建设的全过程和各方面，始终保持部队正规的战备、训练、工作和生活秩序。

1. 强化遵纪守法的自觉意识

通过有效的思想政治教育，使官兵树立遵纪守法的自觉性，是我军纪

① 习近平：《牢牢把握党在新形势下的强军目标　努力建设一支听党指挥能打胜仗作风优良的人民军队》，《解放军报》2013 年 3 月 12 日。

律建设的一个重要特征和一条基本经验。《纪律条令》明确规定："中国人民解放军的纪律，是建立在政治自觉基础上的严格的纪律。"刘少奇曾经说过，共产党人的纪律是建立在高度自觉基础上的。朱德也认为，我军的纪律决不依靠打骂来维持，而是建筑在无产阶级的团结上面，用自我批评的精神、教育的精神，互相督促和勉励，达到自觉遵守纪律。1929 年，毛泽东主持召开了古田会议，强调坚决废止肉刑，反对辱骂部属等军阀主义作风。1930 年 5 月，他又在亲自制定的革命军队的七条管理方法中，进一步明确提出了发动战士教育自己、说服重于惩罚、宣传鼓动重于指派命令、反对"不教而诛"等要求。1947 年 10 月，中国人民解放军总部在《关于重行颁布三大纪律八项注意的训令》中，指示要"深入教育"。正是因为坚持了说服教育、启发自觉的原则，才铸就了我军铁的纪律。现在同战争年代比，我军所处的社会环境、历史使命都发生了很大的变化，但我军的性质宗旨没有变。实现纪律严明，使广大官兵坚定地服从党的绝对领导，无条件地按组织原则办事，坚决服从命令听指挥，自觉维护人民群众利益，就必须把思想教育放在领先地位，并贯彻始终。

2. 从严治军的关键是从严治官

从某种程度上讲，治军就是治官。如果领导干部欺上瞒下、贪污受贿、营私舞弊，其结果只能是导致"虽令不从"、兵怨军衰。把各级领导干部管好了，领导干部的表率作用才能增强，广大官兵才会一呼百应，军队才能战无不胜。新中国成立初期，针对刘青山、张子善等人的重大贪污犯罪，毛泽东严正告诫全党，必须严重地注意干部被资产阶级腐蚀、发生严重贪污行为这一事实，对腐败分子，轻者要批评教育，重者要撤职、惩办、判处徒刑，直到枪毙一批最严重的贪污犯。据薄一波回忆，在公审刘青山、张子善的大会召开之前，曾有党内的老同志找到薄一波，要薄一波向毛泽东再说说，是否可以不枪毙刘青山、张子善。毛泽东说，正因为他们两个人的地位高、功劳大、影响大，所以才下决心处决他们。只有处决他们，才可能挽救 20 个、200 个、2000 个犯有不同程度错误的干部。邓小平对此也有过评价，他说，1952 年，毛泽东杀了两个人，一个是刘青山，一个是张子善，起了很大的作用。在新的历史起点上，习近平再次强调："各级领导干部特别是高级干部要自觉遵守廉政准则，既严于律己，又加强对亲属和身边工作人员的教育和约束，决不允许以权谋私，决不允许搞特权。对一切违反党纪国法的行为，都必须严惩不贷，决不能手软。"① 党的十八大以来，全军各级在惩治违纪违法案件上态度鲜明，依法严厉处理了包括徐才厚、谷俊山、杨金山、叶万勇等在内的一批腐败分子，很好地净化了环境，凝聚了军心。但我们也要看到，同我们党的要求相比，同基层官兵的期待相比，还有很多的事要去做，必须坚持"老虎""苍蝇"一起打，让腐败分子在军队没有容身之地，让各种不良风气在部队没有生存的土壤。

3. 增强法规制度执行力

坚持依法治军、从严治军，核心是从严执法。1937 年 10 月，26 岁就当上红军旅长，并跟随毛泽东经历井冈山斗争和二万五千里长征的黄克功，因逼婚未遂将陕北公学一女生打死在延河边。经陕甘宁边区高等法院审判，黄克功被判处死刑。当时，有人提出国难当头、人才难得，可让黄克功戴罪杀敌。黄克功也给党中央、中央军委写信，请求从轻处理、戴罪立功。时任中央军委主席的毛泽东在接黄克功的信后，给边区高等法院院长雷经天写信，表示支持法院对黄克功的死刑判决，黄克功随之被执行枪决。对此，毛泽东指出，正因为黄克功不同于一个普通人，正因为他是一个多年的共产党员，是一个多年的红军，所以不能不这样办。共产党与红军，对于自己的党员与红军成员不能不执行比较一般平民更加严格的纪律。延安时期，清涧县张家畔税务所主任肖玉璧，是个劳苦功高、体无完肤、身上有 80 多处伤痕的老红军。但就是这样一位"老革命"在任职期间，贪污受贿，经营私人生意，甚至把根据地奇缺的食油、面粉卖给了国民党顽固派的破坏队，影响极坏。案发后，肖玉璧被判处死刑，他不服，

① 习近平：《紧紧围绕坚持和发展中国特色社会主义，学习宣传贯彻党的十八大精神》，《人民日报》2012 年 12 月 17 日。

并写信向毛泽东求情。边区政府主席林伯渠把肖玉璧的信送给毛泽东。毛泽东没有看信，他对林伯渠说："你还记得我怎样对待黄克功吧?"林伯渠说："忘不了!"毛泽东接着说："那么，这次和那次一样，我完全拥护法院的判决。"就这样，肖玉璧被依法执行枪决。近年来，为适应军队正规化建设的需要，国家和军队先后制定并颁布了10多部军事法律、100余个军事法规、2000余条军事规章。可以说，现在部队各个方面的工作基本上都有法可依、有纪可循。贯彻从严治军方针，关键是落实。必须狠抓条令条例和规章制度落实，坚决杜绝有法不依、执法不严、违法不究的现象。

三、形成并发展团结友爱、和谐纯洁的内部关系

战争从来就是暴力集团之间的整体较量。一支军队要想取得战争胜利，必须保持内部的团结统一，着眼于整体力量的有效发挥。习近平指出，团结是党的生命，不团结，什么事也干不成。在军队内外环境发生复杂变化的形势下，在官兵组成结构发生显著变化的背景下，形成并发展团结友爱、和谐纯洁的内部关系，对于增强部队的凝聚力、向心力具有重要意义。

（一）为什么强调要形成并发展团结友爱、和谐纯洁的内部关系

1. 保持部队团结友爱、和谐纯洁的内部关系是一条基本的建军治军规律

纵览古今中外军事发展史，任何一位优秀的军事家无不重视高度团结统一对于提升军队战斗力的巨大作用，无不对如何保持军队的高度团结统一进行探索。战国时期的军事家吴起认为："不和于国，不可以出军；不和于军，不可以出阵；不和于阵，不可以进战；不和于战，不可以决胜。"戚继光曾以"岳家军"为榜样，对官兵进行生动形象的"和军"教育："宋时敌称岳忠武军曰：撼山易，撼岳家军难！夫军士一人，不过一百斤力气，如何比山难撼？盖山是土石，可以掘取钻挖；军士万人一心，一个百斤力，万个百万力矣，如何撼得动！若人各一心，百万之众，各是一个身子，即贼一个，便可冲动之。"在抗击倭寇的斗争中，人们常常可以看

到“戚家军”这样团结奋战的情景：若一人被围，全甲八人无不争先奋力解救；若一甲被围，必见两甲协力相救；若见一队被围，必见一哨相救；而一哨被围，必有他哨相救。正是因为有了这种“齐勇若一”的团结互助精神，“戚家军”不但能赢得胜利，而且伤亡很少。在欧洲的历史上，拿破仑是个显赫的名字，他的军事成就与军事思想成为几代法国人的骄傲，但滑铁卢战役的失败又使其从人生的顶峰迅速下降到人生的低谷。拿破仑在总结滑铁卢战役惨败的原因时，曾经说过这么一段话：“我好久没有和我的士兵一起喝汤了！”上下合心是战斗力的重要源泉，丧失了团结，也就丧失了凝聚力、战斗力，再高明的统帅也将一事无成。这一点已被历史无数次地验证，并将继续证明下去。

2. 保持部队团结友爱、和谐纯洁的内部关系是我军克敌制胜的重要法宝

官兵一致，是我军区别于其他剥削阶级军队的重要标志，也是我军克敌制胜的基本法宝。我军在战争时期，之所以能够克服重重困难，打败凶恶的敌人，不断发展壮大，取得最后胜利，坚持官兵一致的原则、保持良好的内部关系，是极其重要的因素。当我军以“小米加步枪”打败了“飞机加大炮”的国民党军队之后，当志愿军同样以劣势装备击退了朝鲜战场上强大的美军之后，我军的对手无不深刻认识到，我军不仅有战胜敌人的政治、思想优势，而且还有着内部高度团结一致的组织、情感优势。这种优势是历史的积淀，是精神的升华。在井冈山斗争时期，身为中共中央委员、红四军党代表的毛泽东，也和战士一样吃糙米饭、喝南瓜汤、挖野菜充饥。1937 年 9 月，毛泽东在题为《国共合作成立后的迫切任务》一文中，首先把官兵一致作为革命军队建设和政治工作建设的原则提了出来。1944 年年底，党中央和中央军委指示全军：应在每一部队内部举行拥干爱兵运动，号召干部爱护士兵，同时号召士兵拥护干部，彼此的缺点错误，公开讲明，迅速纠正，这样就能达到很好地团结部队之目的。从此，尊干爱兵、官兵一致成为人民军队思想建设、政治工作的一个重要内容，成为军人道德规范的一个重要方面，在军队内部不断发扬光大。正如江泽民曾

说过的那样，官兵一致，体现了我军的宗旨和本质，是我们战胜困难、克敌制胜的传家法宝。尊干爱兵才能上下同心，官兵一致才能换来患难与共。无论时代怎么发展，在处理官兵关系上，都必须始终坚持官兵一致的原则。

3. 保持部队团结友爱、和谐纯洁的内部关系是人民军队发展壮大的基础

战争年代，我们党团结亿万劳苦民众，建立起新型的人民军队。这支军队从小到大、从弱到强，靠的就是牢不可摧的团结精神。长征途中，在以毛泽东为核心的党中央的领导下，红军克服了王明的“左”倾宗派主义，粉碎了张国焘的分裂党、分裂红军的图谋，全党全军实现了革命大团结。在同强大敌人和恶劣环境的殊死搏斗中，红军将士政治上同心同德，军事上相互支援、密切配合，生活上相互帮助，用鲜血和生命谱写了团结战斗的光辉篇章。抗日战争时期，八路军、新四军虽然被敌人分割在不同的抗日根据地，但始终紧密团结在党中央的周围，听从党中央的号召和指挥，从而保证了抗战的胜利。解放战争时期，为打破蒋介石重点进攻解放区的战略图谋，把战争引向国民党统治区，完成我军由防御向进攻的转变，刘邓大军根据党中央的战略部署，千里跃进大别山；而为配合刘邓大军南进，我各路大军在党中央的统一指挥下，实行三军配合、两翼牵制的战略，顺利地实现了挺进大别山的战略计划，既揭开了战略反攻的序幕，也再次唱响了我军高度团结统一的英雄壮歌。在淮海战役中，60 万解放军为什么能消灭 80 万有装备优势之敌？依靠的是军民团结如一家所释放出来的无穷力量；在朝鲜上甘岭的坑道里，一个苹果的故事则生动地反映了我军官兵情同手足、亲如兄弟的革命情谊。

（二）当前形成并发展团结友爱、和谐纯洁的内部关系主要面临哪些新情况和新挑战

新的历史条件下，我军内部关系总体上是好的。但我们也要看到，由于长期的和平环境、市场经济的负面效应以及官兵构成的新变化，我军内部关系还存在着一些不容忽视的现象和问题。

1. 好人主义抬头

好人主义就是放弃党性原则当老好人，突出表现为：对上级一味逢迎讨好，只讲奉承吹捧的话，不提批评意见和建议；对同级一团和气，互相抬举，“你好我好，大家都好”，明知不对，少说为佳；对下级只表扬不批评，只讲成绩不讲问题，甚至发生了问题还包着、护着。好人主义流行蔓延的结果，是一些同志党性观念淡漠了，政策纪律松弛了，是非界限模糊了，处理问题不讲原则讲人情、不分是非讲和气、不守规矩讲照顾。一些单位的党内生活丧失原则性、战斗性，同志关系庸俗化，工作上的缺点错误得不到及时批评纠正，不正之风和严重错误问题得不到有力查处与遏制。长此以往，势必严重削弱部队的创造力、凝聚力、战斗力，损害军队的形象。

2. 自由主义泛起

毛泽东早在1937年就撰写了《反对自由主义》，对自由主义的表现和本质进行了批驳。当前，随着社会环境的变化、社会利益关系的调整和市场利益原则的驱动，特别是党员队伍成分的不断更新，有些同志放松了对自己的要求，纪律意识淡化，自由主义有所抬头。有的人对上级已经作出的决议和制定的政策说三道四、评头品足，甚至采取阳奉阴违、实用主义的态度，当面一套，背后一套，搞“上有政策，下有对策”，等等。这些现象虽然发生在少数人身上，但严重破坏了党的纪律、军队的纪律，影响了部队的团结统一，妨碍了党的路线、方针、政策和上级命令的贯彻执行。因此，必须把反对自由主义作为军队党风建设的一项重要任务来抓，坚决反对各种形式的自由主义，确保党和军队纪律的严肃性、原则性及约束性。

3. 批评与自我批评的优良作风不断淡化

批评与自我批评是我军的优良作风之一，是加强班子团结、提升队伍凝聚力向心力、增强部队战斗力的有力武器。但直面现实，批评与自我批评的优良作风有不断淡化的趋势。“批评别人提希望，自我批评摆情况”，几乎是一种常态，并较为普遍地出现了“说好不说坏，谁也不见怪”“你好我好，互不干扰”“事不关己，高高挂起；明知不对，少说为佳”的所谓"难得糊涂"现象，甚至出现了不批评还相安无事、一批评反而无法收场的困窘局面。民主生活会也因而往往变成了政治清谈会、工作总结会、形式主义的过场会、相互评功摆好的"集体按摩会"。在这种状况下，批评与自我批评就形同一块遮羞布。

4. 官兵关系有庸俗化倾向

在我军内部，官兵之间、干部与干部之间，工作上存在上下级关系，政治上则是平等的同志关系。无论上级还是下级，无论是官还是兵，都应该以健康向上的心态来处理好彼此关系，生活上相互关心帮助，工作上相互支持理解。而关系的庸俗化则是对官兵正常关系的极大扭曲。一些人对上级抬着、哄着，阿谀奉承，百般讨好，说话肉麻；对班子的矛盾问题藏着、掖着，同事之间、班子成员之间相互吹捧、相互巴结；有的甚至上级讨好下级，部属无原则地顺着、护着，即使听到不良反映、发现问题也听之任之，不敢批评指出，不能善意提醒，导致一些干部在违纪的错误路上越滑越远。人际关系庸俗化现象，是市侩习气、功利思想在军队内的渗透和表现，究其根源还是个人私欲作怪、计较个人得失，实质都是不讲党性、不讲原则、不讲纪律，都是对党、对事业、对同志的极端不负责任。

山头主义沉渣泛起。我军官兵来自五湖四海，本应团结一心、亲如一家；但在现实中，总有一些人以人划线、以地域划线、以单位划线，培植自己人、排斥异己，拉帮结伙、收买人心，搞小山头、小圈子、小团伙，导致一些干部搞人身依附，跟个人不跟组织，提拔后只感谢个人不感谢组织。对于山头主义，毛泽东早在1944年就指出，山头主义倾向严重地妨碍着党的统一和妨碍着党的战斗力的增强。习近平也深刻指出："拉帮结派，搞团团伙伙，一事当前想的不是党的利益、军队利益，而是个人利益、小团体利益，这些都是山头主义的表现，危害甚大……我们党的历史上，曾经大气力整治过这个问题，绝不能让这种歪风邪气滋长起来"。① 为了维护

① 中国人民解放军总政治部编印：《习近平关于国防和军队建设重要论述》，解放军出版社2014年版，第142页。

我军高度团结统一，各级组织和领导干部必须具有宽阔的胸襟，坚持德才兼备，坚持五湖四海，注重选贤任能。

好人主义、自由主义的抬头，批评与自我批评优良作风的淡化，庸俗功利化倾向的出现，既与我军的光荣传统不一致，也与强军目标的要求不适应，必须高度重视，并采取有效措施加以解决。

四、怎样形成和发展团结友爱、和谐纯洁的内部关系

在新世纪新阶段，我军所处的社会环境发生了深刻变化，中国特色军事变革正在加速推进，肩负的任务非常艰巨，面临的挑战十分严峻，特别需要形成并发展团结友爱、和谐纯洁的内部关系，进一步把全军上下的智慧集中起来、力量凝聚起来。全军同志都要像爱护自己的眼睛一样爱护军队的团结统一。只要军队听党的指挥，军队内部是团结的，军队同人民是团结的，我们就没有克服不了的困难，就能经受住任何风险的考验。

（一）要充分发挥先进军事文化统一思想、凝聚士气、协调关系的重要作用

对于一个国家而言，民族文化是强化民族认同的精神纽带；对于一支军队来说，军事文化是凝聚军心士气、增强归属感的精神支柱。列宁曾高度赞扬《国际歌》的作者欧仁·鲍狄埃，说他是一位最伟大的用歌作为工具的宣传家，人们可以凭《国际歌》的熟悉的旋律，给自己找到同志和朋友。《国际歌》所展现的力量就是文化的力量。只有立足于历经实践和历史考验的先进军事文化，官兵思想的统一、军心士气的凝聚、内部关系的协调才能有所依托。美军有一种特殊的传统教育形式——“团队制度”。这种团不是旅、营之间的一级部队，而是只有团的番号和少数管理人员的“管理单位”。这种团采用美国独立战争和第二次世界大战中一些战功显赫的团的番号，只设名誉团长和人事行政参谋。这种荣誉团通常辖有4个营，2个驻海外，2个驻国内，定期配对轮换，名誉团长由曾在该团服役的退休上校以上的军官担任。进行教育时，名誉团长亲赴所属建制营授课。美军这样做的目的，就是借以使官兵继承光荣传统，增强他们的归属感和集

体荣誉感，从而提高士气，加强凝聚力。在新的历史条件下统一官兵思想，需要发挥军事文化的规范和引导功能。军事文化对军人的规范和引导功能主要分为3个层次：一是对军人个体的欲望和要求进行调节抑制，二是对军人个体的外在行为进行规范指导，三是对个体和集体的关系进行协调规范。要通过发展先进军事文化，大力弘扬我军所主张和倡导的主流价值观，引导官兵正确处理好最高理想、共同理想与个人理想的关系，树立崇高的革命理想；正确看待等价交换的原则，处理好奉献与索取的关系；正确看待个人得失，处理好金钱与精神的关系；正确看待军人的价值，处理好自我价值与军队利益的关系，树立乐于奉献的思想；自觉发扬艰苦奋斗精神，抵制拜金主义、享乐主义的影响，在生活上崇尚节俭，在思想上坚定立场，在工作上追求卓越，最终达到增强听党指挥、服务人民、报效国家坚定性、自觉性和积极性的目的。

（二）要在解决事关官兵切身权益的问题过程中构筑起信赖和信任基础

构建团结友爱、和谐、纯洁的内部关系，既需要共同理想信念的引导，也需要在解决事关官兵切身权益问题过程中构筑起信赖和信任的基础。广大官兵来自人民，既履行宪法和法律规定的义务，又享有宪法和法律赋予的权利。权利与义务是统一的、对等的。在履行职责使命中，广大官兵承担着以牺牲奉献为特征的各项义务，也应享有与这些义务相适应的各项权利。从某种意义上说，广大官兵在部队建设中的主体地位，只有通过各项权益的充分享有才能得到体现。尊重和保障官兵的正当权益，有利于强化官兵作为部队建设主体的光荣感与使命感，激发官兵自觉献身国防的积极性与创造性。受社会发展环境的影响，当代军人在注重理想信念养成的同时，越来越注重事关自身切身利益的考学提干、晋职晋衔、评奖评优等问题。构建我军新型的官兵关系，只有在尊重官兵的主体地位、维护官兵的合法权益、解决官兵的实际困难、促进官兵的全面发展的实践中，才能得到不断巩固和发展。一是要满足官兵成长成才的需要。在市场经济条件下，发展、成才、竞争、民主等社会意识已经被广大官兵普遍接受和认可，渴望知识、渴望成才，全面提高自身素质，已经成为广大官兵最为强烈和最为迫切的需求。要积极采取有效措施，为官兵成长成才创造良好的条件和公平的环境，帮助他们切实掌握立足“战场”、着眼“市场”所必备的基本知识和技能，进一步增强他们在部队建功立业的信心和本领，使广大官兵真正地实现生活有尊严、学习有条件、成才有保障、建功有舞台。二是要满足官兵正当的物质文化需求。在新的历史条件下，每个官兵都有自己的正当物质精神利益，而且随着社会的发展，这些权益的范围正日益扩展。要坚决抵制各种庸俗关系的侵蚀和影响，勇于同侵犯官兵权益的现象做斗争，切实维护官兵的正当物质精神需求。在社会环境已经发生深刻变化的时代背景下，一个人只有充分享有自身的合法权利，才能激发全部的奋斗动力。对社会人如此，对军人也同样如此。

（三）要在军事训练和完成重大任务中不断升华

在革命战争年代，共同的革命目标、理想信念以及生死与共的经历，容易培养官兵亲如兄弟的革命情谊。在和平发展年代，价值追求的多样化，使得要培养出情同手足、亲如兄弟的革命情谊必须付出更多的努力。既需日常生活中的慢慢积淀，也要紧紧抓住军事训练和完成重大任务的机会，通过共同奋斗的经历升华官兵关系。军事训练和遂行急难险重任务，既是和平时期全面检验部队战斗力的大考场，也是培养军人情同手足、亲如兄弟革命情谊的大战场。事实证明，军事训练和急难险重任务是摔打部队的“磨刀石”，也是锤炼培养官兵情谊、战友深情的“试金石”。只有在紧张的军事训练和执行急难险重任务中培养，才能砥砺、检验和升华革命军人的思想境界与人生追求，才能培养、巩固和锤炼亲如兄弟、患难与共的战友情谊。既要把军事训练和遂行急难险重任务看作是培育过硬战斗精神、锤炼顽强意志品质的“练兵场”，激发官兵勇于攻坚、百折不挠、敢打必胜的坚强意志，也要引导官兵充分认清完成任务与培养战友情谊的关系，切实把执行急难险重任务视为组织的高度信任和培养战友感情的难得机会。

第八章　实现富国和强军的统一

富国才能强军，强军才能卫国。富国和强军，犹如车之两轮、鸟之双翼，任何时候都不能偏废。习近平强调，要统筹经济建设和国防建设，实现富国和强军的统一。这就从国家总体战略的高度，突显了国防和军队建设的重要地位，明确了新形势下处理经济建设和国防建设的关系的基本方针，为在国家战略全局中筹划国防和军队建设指明了方向。

一、推动国防实力和经济实力同步发展

经过新中国60多年特别是改革开放30多年来的发展，我国综合国力显著增强，这为建设巩固国防和强大军队奠定了雄厚物质基础。我们要抓住有利条件，从国家发展的总体战略出发，正确把握国防建设与经济建设的关系，通过科学的战略筹划和规划设计，把国防和军队现代化建设融入国家现代化建设的战略全局之中，努力推动国防实力与经济实力同步发展。

（一）经济建设和国防建设的关系，是社会主义现代化建设必须正确认识和处理的重大课题

中国共产党历来十分重视处理经济建设和国防建设的关系，并进行了卓有成效的实践探索，形成了正确把握二者关系规律的理性认识。新中国成立初期，国家建设百废待兴，同时面临严峻的国家安全形势，如何处理经济建设和国防建设的关系，成为一个十分棘手的问题。1950年9月，毛泽东明确提出："中国必须建立强大的国防军，必须建立强大的经济力量，

这是两件大事。”[①] 这可以说是中国共产党关于两者关系的最早认识。朝鲜战争爆发后，为了应对战争威胁，国家财政大幅增加了国防费比例，同时尽最大力量保证经济建设能正常进行。党中央提出以“边打、边稳、边建”的方针来处理所面临的战争与建设问题。抗美援朝战争结束后，中国重新转入大规模和平建设时期。1956 年，毛泽东在《论十大关系》中对国防建设与经济建设的关系作了精辟论述：“国防不可不有……不但要有更多的飞机和大炮，而且还要有原子弹。在今天的世界上，我们要不受人家欺负，就不能没有这个东西。怎么办呢？可靠的办法就是把军政费用降到一个适当的比例，增加经济建设费用。只有经济建设发展得更快了，国防建设才能够有更大的进步”，并幽默地指出：“你对原子弹是真正想要、十分想要，还是只有几分想，没有十分想呢？你是真正想要、十分想要，你就降低军政费用的比重，多搞经济建设。你不是真正想要、十分想要，你就还是按老章程办事”。[②] 20 世纪 60 年代，随着中苏关系恶化、中印边境冲突、台海局势紧张和越南战争爆发，中国的外部安全环境急剧恶化。中央在处理国防建设与经济建设关系的指导思想上被迫作出重大调整，再次强调国防优先战略，主要体现在加大国防建设投入、调整工业布局、加强战略后方建设，先后投入 2000 多亿元按照“山、散、洞”的原则搞三线建设。国防开支占国家财政支出的比例从 1960 年的 9% 猛增到了 25% 以上。随着国防投入的大幅增长，国家抵御侵略战争的能力不断增强，形成了慑止战争的战略态势。正如邓小平后来所讲：“如果（20 世纪）六十年代以来中国没有原子弹、氢弹，没有发射卫星，中国就不能叫有重要影响的大国，就没有现在这样的国际地位。”[③] 当然，这些成就的取得在当时是以牺牲经济社会平衡发展为代价的，加之 10 年“文化大革命”的严重破

① 《建国以来毛泽东军事文稿》上卷，军事科学出版社、中央文献出版社 2010 年版，第 217 页。

② 《建国以来毛泽东军事文稿》中卷，军事科学出版社、中央文献出版社 2010 年版，第 308 页。

③ 《邓小平文选》第三卷，人民出版社 1993 年版，第 279 页。

坏，到70年代中期，国民经济已经濒临崩溃。

党的十一届三中全会后，党和国家的工作重心实现转移。邓小平提出了国防建设要服从和服务于经济建设大局、军队要积极参加国家经济建设的思想。邓小平指出："四化总得有先有后。军队装备真正现代化，只有国民经济建立了比较好的基础才有可能。所以，我们要忍耐几年。先把经济搞上去，一切都好办。现在就是要硬着头皮把经济搞上去，就这么一个大局，一切都要服从这个大局。"[①] 基于这一思想，国防和军队建设由临战状态开始转向和平时期的建设轨道。国家一再压缩国防经费，强调军队要过紧日子，在忍耐中求发展。这一战略的实施，极大地减轻了国家财政压力，有力地支持了国家的经济建设。当然，在为经济建设让路的同时，军队现代化在一定程度上受到了影响。据统计，1980—1997年18年间，国防费占国内生产总值的比重由4.3%逐年下降到1.09%，低于发达国家占3%的水平，也低于世界大多数国家占2.6%的平均水平。对此，世界著名经济史学家麦迪森评价："中国财政预算中一个极为引人注目的变化是国防费支出由1978年占GDP的4.6%降到了2005年的1.4%"。[②]

20世纪90年代初，以江泽民为核心的党的第三代中央领导集体，在继承邓小平关于国防和军队建设要服从国家经济建设大局的战略基础上，进一步提出了"两头兼顾"的思想。世纪之交，我国国防和军队建设所处的历史条件出现了新的变化。在和平与发展仍然是时代主题的大背景下，国际战略格局出现重大转变。世界新军事革命迅猛兴起，取得高技术质量优势已成为国际军事竞争的主要标志。同时，经过10多年的改革开放，我国经济建设取得巨大发展，经济实力有了显著提升。为适应打赢高技术条件下局部战争的战略要求，江泽民指出："如果不随着经济的发展及时把一部分经济实力转化为军事实力，不形成与经济实力相协调和与国防建设

---

① 《邓小平文选》第三卷，人民出版社1993年版，第128页。

② ［英］安格斯·麦迪森：《中国经济的长期表现》，上海人民出版社2008年版，第101页。

需要相符合的不断壮大的军事实力，我们就不能有力地保证国家建设安全。”① 此后，“要始终坚持以经济建设为中心，经济建设与国防建设两头兼顾、协调发展”的思想，就成为中国共产党处理国防建设和经济建设关系的指导方针。

党的十六大特别是十六届四中全会以来，国际国内环境发生深刻变化，世界新军事革命进程加快，我国安全问题的综合性、复杂性、多变性增强。胡锦涛深化了对国防建设与经济建设关系的认识。2004 年 7 月 24 日，胡锦涛在主持以“坚持国防建设与经济建设的协调发展”为主题的中共中央政治局第十五次集体学习时指出：经济建设是国防建设的基本依托，经济建设搞不上去，就无从谈起。国防实力是综合国力的重要组成部分，国防建设搞不上去，经济建设的安全环境就难以保障。胡锦涛要求以科学发展观来指导国防和军队建设，并强调：要依托国家经济社会发展，把国防建设融入现代化建设全局之中，统筹国防资源与经济资源，注重国防经济和社会经济、军用技术和民用技术、军队人才和地方人才的兼容发展，进一步形成国防建设和经济建设相互促进、协调发展的良好局面。党的十七大报告中又进一步指出：“必须站在国家安全和发展战略全局的高度，统筹经济建设和国防建设，在全面建设小康社会进程中实现富国和强军的统一。”②

党的十八大以来，习近平着眼实现强国梦、强军梦，思考并运筹国防和军队建设，对国防建设与经济建设的关系进行了系统总结：“经济建设是国防建设的基本依托，只有国家经济实力增强了，国防建设才能有更大发展。国防建设是我国现代化建设的战略任务，只有把国防建设搞上去了，经济建设才能有更加坚强的安全保障，同时加强国防建设对经济社会发展也具有重要拉动作用。”③ 这一重要论断，为在新的历史起点上统筹经

① 《江泽民文选》第二卷，人民出版社 2006 年版，第 465 页。

② 《十七大以来重要文献选编》（上），中央文献出版社 2009 年版，第 32 页。

③ 《习主席国防和军队建设重要论述读本》，解放军出版社 2014 年版，第 23 页。

济建设和国防建设、加快推进国防和军队现代化建设提供了根本遵循。

（二）经济建设和国防建设的关系处理不好，就会走弯路、吃苦头

当前，中华民族正处在加速崛起的关键时期。世界各国的战略家们纷纷预言，中国崛起成为一个大国，将是21世纪国际关系中最为确定的发展趋势之一。在中国经济实力迅速崛起的大背景下，国防和军队建设能否跟上国家崛起的总体进程，从而确保国防实力与经济实力协调发展、同步增长，这是中华民族在走向复兴进程中面临的重大战略问题。我们既不能走中国历史上有些朝代文盛武衰、国富兵弱的老路，也不能走当今世界有些国家穷兵黩武、搞军备竞赛最终拖垮国家的邪路。

古今中外的历史表明，国家经济实力的增长，并不能自然而然地转化为国防实力的强大。经济要发展，和平与稳定是前提。国防和军事力量的弱小，必然导致国家和民族陷入困境甚至衰亡。在中国近代史上，中华民族饱受欺负和凌辱。根据世界经济史学家安格斯·麦迪森在《中国经济的长期表现》中所提供的数据，1820 年，中国的国民生产总值是欧洲的1.22 倍；1890 年，中国的国民生产总值是日本的5.28 倍。但在1820 年后的20 年即1840 年，中国却被英国在鸦片战争中打败；1894 年，在甲午战争中被日本打败。1860 年，英法联军以2.5 万兵力进攻北京，长驱直入京城杀人放火。1900 年，八国联军进攻北京，十几万清兵和五六十万义和团拳民仍然敌不过两万西方侵略者。在中国近代经济发展的100 多年过程中，经受战火无数。其中，对社会经济发展影响较大的有两次。前一次发生于1851 年，结束于1873 年，经济总量到1880 年左右才恢复到1850 年的水平。换言之，那次战争耽误了30 年时间。后一次开始于1937 年，1949 年结束。到1952 年，经济总量大体上恢复到1936 年的水平，这次战争耽误了16 年的时间。据不完全统计，抗日战争期间，按1937 年的比值折算，中国的直接经济损失为1000 亿美元，间接经济损失达5000 多亿美元。①显然，没有强大的国防，没有和平稳定的环境，是根本不可能实现民族独

① 《中国近现代史纲要》，高等教育出版社2007 年版，第147 页。

立和民族复兴的。历史一再昭示：越是处于相对和平的环境，就越要看到战争的潜在危险；越是抓住机遇搞建设，就越要有强大的国防提供可靠的安全保证；越是构建社会主义和谐社会，就越要抓紧做好应对周边战乱的准备；越是追求中华民族新的太平盛世和伟大复兴，就越要强化警惕和防范外患的尚武精神。

苏联片面强调国防建设致使国家发展陷入军备竞赛泥潭的教训需深刻汲取。冷战期间，苏联军费占世界军费总额的比重曾一度高达30%以上，居于世界首位。由于苏联的国民生产总值只是美国的一半稍多，而国防开支占国民生产总值的比重又是美国的两倍多，苏联的人均国防费负担远远高于美国。苏联大量的资本集中在军事领域导致民用经济发展停滞不前，最终在整体发展上拉开了与西方发达国家的差距。为了推行与美国争霸的全球战略，苏联长期超过实际需要发展军事力量，国民经济军事化趋势日益加强，经济结构失衡相当严重。在解体前的25年里，苏联平均每年将国民生产总值的12%—14%用于发展军事，重工业和军事工业的产值在整个工业生产总值中的比重也一直保持在73%—75%之间，但是1200种生活必需品中约有1000种经常出现短缺。到20世纪70年代以后，苏联作为世界大国的唯一基础只是军事实力。长期的低下生活水平引起了苏联人民对政府的不满，为后来的解体埋下了伏笔。苏联最新、最好的科技成果都被用在了军事工业上，军工生产体系与民用生产体系严格分离，使军事技术不能转化为民用技术。而社会财富一旦进入军事领域，便脱离了整个社会扩大再生产，除了少量军火交易能得到一些收入外，其余的只能是财富的消耗。军费和军工综合体的膨胀，破坏着社会再生产。

（三）抓住有利条件，加快推进国防和军队现代化

我国经济总量已跃居世界第二，综合国力明显加强，这为建设巩固国防和强大军队奠定了雄厚物质基础。要抓住这个难得的历史机遇，牢牢把握加快推进国防和军队现代化这一总体要求，适当增加国防投入，及时把经济实力转化为国防实力，迅速提高国防和军队现代化水平。当前，我国的经济发展潜力尚未完全释放。未来，我国经济能够保持持续健康发展，可以为国防现代化建设提供财力支撑。未来 10 到 20 年，我国经济仍具有巨大发展潜力和增长惯性。综合各方研究预测，2020 年以前，我国经济仍可保持 6%—7% 的增长速度；到 2020 年，我国国内生产总值将实现比 2010 年翻一番的目标。这将为持续增加国防投入提供强有力的经济支撑和财力可能。

我国国防投入的稳步增长面临双重压力，既要弥补长期投入不足造成的历史欠账，又要努力缩小与世界新军事革命之间的动态差距。20 世纪 80 年代中期以后，国家以经济建设为中心，国防和军队建设服务并服从于国家经济建设，我国国防费随之进入负增长和低增长周期。根据国家统计局的统计，从 1979 年至 1989 年，我国国防费平均增长 1.23%，而同期居民消费价格总指数平均上涨 7.49%，国防费实际年平均负增长超过 6%。从 1990 年至 1997 年，我国国防费年均增长 15.8%，而同期居民消费价格总指数平均上涨 9.7%，抵消物价上涨因素后，国防费实际年均增长仅 6.1%。直到 1998 年以后，我国国防费才逐步开始有实际性增长。世界新军事革命迅猛发展，为我国国防费增长带来了巨大的外部压力。20 世纪 90 年代以来，世界军事领域兴起一场新的深刻革命，信息化战争成为 21 世纪的主要战争形态。世界主要军事强国不断改革军事结构，创新军事理论，增加军事经费，发展新型力量。新军事革命对经费的需求是呈几何级数增长的，其顺利推进需要有国家经济实力的强力支撑。如果观察军人人均国防费这一衡量军事变革资源投入强度的关键指标，我国军人人均国防费仅为美国的 4.49%、日本的 11.3%、英国的 5.31%、法国的 15.76%、德国的 14.33%。目前，世界主要国家的主体装备信息化程度已经取得突破性进展，如美国陆军 53% 的装备实现信息化，海军装备的信息化程度已超过 70%。因此，对于中国这个国防现代化程度仍比较低的国家来说，要在底子薄、起步晚的基础上推进中国特色新军事变革，就必须稳步增加国防投入。

二、使国防投入发挥最大效益

近些年来，我国在经济发展的基础上也不断加大对国防的投入。但是，我国仍是一个发展中大国，有 13 亿人口，人均国内生产总值还很低。

尽管国家财力在不断增加，但要办的事仍然很多，特别是我们不仅要强军，还要富国，需要花钱的地方非常多。在这种情况下，国防和军队现代化建设的需求与经费供应相对不足的矛盾将会长期存在。这就要求我们必须处理好国防投入与产出的关系，使国防投入发挥最大效益。

（一）实现富国强军相统一，必须提高国防投入效益

古人讲：“军旅征伐，非财不给”。拿破仑曾说，军队打仗必须有三样东西，第一是钱，第二是更多的钱，第三是更多、更多的钱。可见，没有钱，国防和军队建设是很难搞上去的。当然，也不是说有了钱，国防和军队建设就一定能搞上去，关键要看钱怎样花。如果不讲效益，国家给再多的钱，军队现代化建设也不可能搞上去。要实现强国梦、强军梦，必须大力提高国防投入效益。

军费是军队作战和建设的物质基础，整治不正之风，必须从管住“钱袋子”抓起。从2012年年底以来，军委、总部出台的一系列规定，无不发挥着制度机制的约束力。2012年12月，下发了《中央军委加强自身作风建设十项规定》，就不喝酒、严格使用军车等事项作出严格规定。解放军四总部联合印发出台《厉行节约严格经费管理的规定》，明确了按战斗力标准花钱办事、严格经费分配与审批、控制非急需基建投资、规范集中采购和集中支付、从严管控会议集训和公务接待开支等17条具体要求，明确规定哪些钱能花、哪些钱不能花、钱花在什么地方、钱是谁花的，都必须按章法来办，切实把军费管好用好，使国防投入发挥最大效益。这些重要规定，表达了习近平要求全军部队发扬艰苦奋斗精神、厉行勤俭节约、反对铺张浪费的鲜明态度和坚强决心。

（二）把每一分军费都用到战斗力的刀刃上

我国是一个发展中大国，人均国内生产总值还在世界80位以后。尽管国家财力在不断增加，但要办的事仍然很多，国家增加军费也是要下决心的。国防和军队现代化建设的需求与经费供应相对不足的矛盾将会长期存在。

近年来，我国的国防建设效益有了提高，但仍然存在着整体效益不高的问题。目前，我国国防投入的结构效益还不能有效支撑军队信息化建设，国防资源投入向军事能力的转化效率还不尽理想，资源错配、误配的现象还较严重。因此，国防投入应向“能打仗、打胜仗”聚焦，优先保障军事斗争准备、信息化建设、高新技术武器装备建设、新型作战力量建设、实战化军事训练等重点。

要把每一分军费都用到战斗力的刀刃上。军队是要打仗的，军费主要是用来保障打仗的，军费管理使用必须坚持战斗力这个唯一的根本的标准。按战斗力标准花钱办事，将军费投向投量朝“能打仗、打胜仗”聚焦，抓住了军队建设的根本，反映了我军的根本职能和战略任务，也是军事斗争准备的根本出发点和落脚点。要以规划计划为牵引，科学确定军费投向投量，压缩行政性、一般性、消耗性开支，优先保障武器装备、战场建设、教育训练、人才培养等急需项目，集中财力办大事、办难事、办保障打赢的事，切实把军费投入转化为军队现代化建设成果、转化为作战能力。

（三）加强制度建设，最大限度减少制度漏洞

习近平明确指出，要加大财经管理和整治力度，加强具体制度建设，深入查问题、找漏洞，努力做到不该花的钱一分钱也拿不到、花不了。这一重要论断要求我们必须用制度建设来加强军费管理，让法规制度刚性运行。

建立战略需求牵引资源配置机制。满足国防和军队建设对资源的需求，是军队重要资源配置的根本目的。应把建立资源需求形成机制，作为实现资源科学配置的重要环节。建立“军事战略—军事能力—资源配置”紧密衔接的资源需求生成机制。军队应根据国家安全发展战略，考虑当前及今后一个时期可能面临的威胁，综合政治、经济、技术与资源等因素，逐步形成依据军事战略确定军事能力需求、以军事能力需求确定军队资源配置的机制，统筹规划军队重要资源的配置方向、规模和结构。根据军队使命任务和资源配置之间的内在关系，突出军事需求及其责任主体在军队重要资源统筹规划中的主导作用。

统筹安排军队重大项目建设。对国防和军队现代化建设具有关键支撑作用的相关重大项目进行协调推进。坚持统一规划的原则，把国防建设看作一个大系统，从国家利益以及国防和军队建设全局出发，把各部门、各军种提出的建设项目集中起来，根据国家安全目标和军事战略需要以及军事斗争急需，采用系统工程的方法，进行系统分析、综合权衡和统筹安排。通过统一的筹划，加强对跨总部、跨领域建设项目的总体协调，从全局角度综合权衡各部门、各领域特别是联合项目的资源配置问题，确定各个项目的轻重缓急，平衡各个项目之间的资源配置，对各个项目的发展次序、发展规模进行统筹规划，实现资源配置的全局而非局部最优。出台一揽子项目计划评审制度，凡为完成同一类任务的不同项目，不论出自哪个部门或哪个军兵种的需求，都应置于一揽子项目计划之内，并根据每个项目在完成同一类任务中所能起的作用，确定该项目的重要程度和发展规模，经综合平衡后决定是否发展该项目。类似项目被列在一起统筹考虑，可防止由于各部门分别安排项目而可能造成的重复建设，同时，跨军种、跨部门的项目也可以得到及时有效安排。

切实加强军队审计制度建设。把握实现强国梦、强军梦对审计工作提出的新要求，确立与形势任务相适应的审计工作新理念，切实履行领导审计工作的职责使命，真正使审计成为保证经费投向投量朝打仗聚焦的“导流槽”、提高经费使用效益的“倍增器”、打击军事经济活动中违法违纪行为的“高压线”。认清审计工作在建设强大国防和军队中的重要地位作用，做到军事经济活动运行到哪里，审计监督就跟进到哪里；认清审计工作在加强作风建设中的重要地位作用，抓住制度建设这个重点，以刚性的约束、强有力的监督检查、严厉的惩戒机制，切实遏制军事经济活动中各种违规违纪违法现象，促进作风建设的经常化；认清审计工作在维护军队经济利益中的重要地位作用，防止不法企业和不法分子扰乱军队经济秩序，危害部队建设事业。

三、 深入实施军民融合发展战略

党的十八大以来，习近平对军民融合深度发展高度重视，指出军民融合发展作为一项国家战略，关乎国家安全和发展全局，既是兴国之举，又是强军之策。在十二届全国人大三次会议解放军代表团全体会议上，习近平强调指出："把军民融合发展上升为国家战略，是我们长期探索经济建设和国防建设协调发展规律的重大成果，是从国家安全和发展战略全局出发作出的重大决策。"这一重要论述，明确地把军民融合发展上升为国家战略，深刻阐明了新形势下大力实施军民融合发展战略的重要性、紧迫性，为加快形成全要素、多领域、高效益的军民融合深度发展格局指明了方向。

（一）军民融合深度发展是实现富国和强军相统一的重要途径

富国与强军，如同车之两轮、鸟之双翼，不可或缺。一方面，富国是强军之本，强军是富国之盾，二者具有内在统一性。另一方面，富国与强军又是一对矛盾：在资源总量一定的情况下，用于国防建设的资源增加，用于经济社会发展的资源会相应地减少；反之亦然。如何统筹这对矛盾，关乎国家安全与发展全局。推动军民融合深度发展，其本质和精髓就在于，将军民分割的两大体系整合起来，形成合力，使其既满足国家经济社会发展的需要，又满足国防和军队建设的需要，不仅使一份投入形成两份产出，而且在两个领域的良性循环中产生更大效益。

军民融合深度发展是相对于军民融合初步发展的一个概念，从目标指向上看，至少包含三方面的内容。一是形成国家主导有力、市场作用充分的推进方式，即在国家层面上形成统一领导、军地协调、需求对接、资源共享机制；同时，让市场机制成为配置融合资源的主要方式。二是围绕国家安全与发展战略需要，形成全要素、多领域的融合格局，即在科技、工业、人才、动员、服务、信息、资本、基础设施、经济布局、战略储备、海洋、空天、网络等领域实现全要素融合的格局。三是通过军地资源全要素、多领域的双向流动，消除军地两大系统之间以及两大系统内部相互隔离、条块分割、各竖烟囱的格局，实现经济和国防两大建设共用一个经济技术平台，进而达到融合效益最大化，即经济建设中国防效应的最大化和国防建设中经济效益的最大化。对军队来说，军民融合效益最大化的本质含义是：以国防财政拨付的军事资源与军民融合渠道获取的资源能够融为一体，进行统一规划、配置和使用，共同向生成基于信息系统的体系作战能力聚焦。总体看，军民深度融合不是简单的融合程度加深，而是军民融合的本质要求在发展理念、推进手段、作用范围、实现程度、最终状态上的综合性体现。

1. 有效履行我军历史使命的客观需要

当前，有效履行新世纪新阶段我军历史使命，最重要的是要提高打赢信息化条件下局部战争这个核心军事能力，归根到底是要提高信息化战争条件下体系对抗的能力。自从信息化战争形态问世以来，国家防务呈现出一系列重要变化，最重要的是信息化战争强化了以国家整体实力为基础的体系对抗。也就是说，从国家军事体系对抗到以国家整体实力为基础的体系对抗，深刻反映了由机械化战争到信息化战争对抗形态的变化。虽然这种国家间的体系对抗并非始自今日，但只有在信息化战争条件下，这种国家层次的对抗才会演绎得如此淋漓尽致。在这种背景下，如果仍把现代战争的体系对抗仅仅理解为两大军事体系之间的对抗，无疑是在用“昨天的头脑”谋划“今日的战争”。如何在实践中避免把国家大防务挤压成狭义的“军防”，真正提升现代国家防务能力呢？根本上要靠军民融合式发展。在信息化战争时代，提升以国家整体实力为基础的体系对抗能力，是实现国防现代化建设目标的核心和实质。适应这一根本要求，必须把军民融合当作国防实力建设和潜力建设的基础工程常抓不懈。只有实现全方位、高层次的军民融合，以整个经济社会为依托，国防和军队建设才能获得技术最先进、成本最经济、来源最稳定和最有可持续性的物质力量，才能极大地提高国家的体系对抗能力，才能为我国的改革、发展、稳定提供强大的安全保障。

2. 社会主义市场经济发展的内在要求

市场经济有一种“天性”，就是要求打破各部门和各领域自成体系、自我封闭的发展格局，在全社会范围内整合资源、优化配置，实现国防和经济两大建设的效益最大化。我国社会主义市场经济的快速发展，要求国防和军队建设必须彻底改变自成体系、自我封闭的传统发展模式，充分发挥市场在资源配置中的决定性作用，引导国家经济社会资源更好服务国防和军队建设。通过把国防和军队建设融入国家经济社会发展体系之中，推动国防建设和经济建设良性互动。一方面，通过军民融合式发展，充分发挥国防科技工业对国民经济的带动作用，促进国防领域和民用领域科技、人才、信息、资金、管理等要素的交流融合，形成国防科技对国民经济尤其是高技术产业发展的强大牵引力，使经济建设从国防和军队现代化建设中获得更加有力的技术支持，加速提升国民经济的技术含量和附加值。另一方面，推进军民融合式发展，民用经济中有更多的经济体参与国防科研和生产，促使企业在经济利益的驱动下为满足国防科研生产条件而不断加大技术革新力度，不断加快科技创新步伐，从而在全社会形成一种“万类霜天竞自由”的科技创新发展格局，为加快经济发展方式转变提供新的动力。

3. 新一轮科技革命和产业革命发展的必然趋势

当前，随着新一轮科技革命和产业革命孕育兴起，世界新军事革命加速发展，社会经济形态、技术形态和战争形态深刻演变，军民融合已经成为时代潮流，成为各国综合国力竞争和军事竞争的一种新趋向。从20世纪70年代中期开始，人类经历了以信息化、智能化为特征的新一轮科技革命。这次革命标志着军民通用技术时代的到来。美国国防部敏锐地捕捉到这一变化，早在2002年就提出，美国社会的信息化程度已高于军队的信息化程度，商业革命的发生先于军事革命，要利用商业革命的成果促进军事革命的深入发展。目前，军民两用技术已经成为美欧发达国家军事技术的主体。美国商务部和国防部同时列出的关键技术中，有80%是相通的。俄罗斯的这一比例也达到了70%以上。据国外专家估计，美、英、法、德、日等世界主要发达国家发展信息化武器装备所需要的高新技术，80%—90%来自地方企业，10%—20%来自军方的科研院所。改革开放以来，我国的民用高新技术企业已发展到10多万家，它们在新材料、电子、信息等许多领域，技术水平和研发能力均超过了军工企业，表明我国国防的技术基础也发生了深刻变化。今天，建立基于信息系统的体系作战能力的军事信息系统、信息化武器装备系统、信息化支撑环境，其建设资源几乎覆盖了国家的各主要战略资源。可以说，历史发展到今天，人类创造财富的活动与人类自身寻求安全的活动比以往任何时候都更加紧密地融为一体，单靠独立的国防经济部门已经难以支撑现代战争，必须紧紧依托以整个国民经济为支撑的国家大体系。思想保守只能陷于被动，畏首畏尾就会错失良机。只有应势而动、顺势而为、乘势而上，才能抓住机遇、赢得先机。

（二）注重从体制机制上解决军民融合式发展存在的矛盾和问题

体制机制创新是推动军民深度融合的基础和关键。军民融合事关国家安全和发展全局，涉及军地各方诸多部门的利益调整，需要健全体制机制、加强组织领导、军地协力推动。近年来，我国军民融合发展的体制机制有了很大改进和提高，目前，全国已有12个省市成立了军民融合式发展工作领导小组，14个省市设立了军民结合专项资金，全国建立了19个国家级军民结合产业示范基地。成绩可圈可点，但仍存在指导关系不顺畅、主体权责不清晰和制约机制不健全等薄弱环节，深化改革的任务仍相当繁重，迫切需要构建统一领导、军地协调、顺畅高效的组织管理体系，国家主导、需求牵引、市场运作相统一的工作运行体系，系统完备、衔接配套、有效激励的政策制度体系。建立这种体制机制，本质上是打破军民界限，在整个国家利益平台上整合利益关系。这样，我们就能集中全民族的力量，共用一个兼容性的经济技术基础进行经济建设和国防建设，进而极大地提升我国的综合国力与核心竞争力。

在国家层面建立军民融合顶层领导决策机构。我国经济建设和国防建设实行的是部门管理与行业管理，综合执行军民融合发展宏观决策的机构在现行体制下是“缺位”的，国家缺乏对军民融合发展的顶层设计、总体规划和综合协调。这势必造成在军民融合发展的实践中，军队、政府、企业之间的责任不明确、关系不顺畅、行为不规范，导致国防建设与经济建设在一定程度上出现相互脱节的状况。反观20世纪五六十年代，国家之所以能把全国众多的国防科研院所、民用工业部门、高校和地方科研单位等多方力量统一组织起来，干出了“两弹一星”的伟大工程，一个重要原因就是有一个既能管军、又能管民的高层领导机构。总结历史经验和教训，当前推进军民融合发展，需要进一步强化党中央、国务院领导下的高层协调和决策机制建设。国家有关职能部门和军队综合部门要加强协调沟通，把国防和军队建设计划纳入国家经济社会发展总体规划，统筹考虑国防发展与经济建设、国防经济体制与国民经济体制、国防支出与其他公共支出、国防政策与国家经济政策之间的协调，对重大问题做到顶层协商、顶层解决，确保国防建设和经济建设同步考虑、同步规划、同步设计、同步建设与协调发展。

完善军民融合工作机制。一要完善需求提报论证机制。军事需求对军民融合发展具有牵引作用。一套完整的需求对接机制，至少包含需求生成提报、需求论证评估、需求执行落实、需求调整反馈四个环节。它们相互联系、环环相扣，构成了需求的闭环反馈系统。要逐级建立完善提报机制，使军事需求提报论证工作规范化、法制化。二要健全资源共享机制。应根据遵循市场经济规律的原则，研究制定军民融合资源共享办法，对资源共享机制作出全面、具体的规定。探索建立有效的军民资源共享形式，进一步确立资源共享利益的分配机制和原则，有效推进资源的双向开发利用。三要完善绩效评估机制。统筹制定各领域军民融合绩效的考核评估体系，定期对军民融合规划计划执行、重大项目进展、综合效益发挥等情况进行考核评估，以此为依据，加强奖惩激励、督导问责，促进工作落实。

（三）努力形成基础设施和重要领域军民深度融合的发展格局

重大基础设施对军民融合式发展具有根本性的支撑作用，海洋、太空、信息等重要领域是国家发展利益和安全利益的交汇点。推进军民融合式发展，必须突出重点、加强统筹，努力形成基础设施和重要领域军民深度融合的发展格局。

大力推进重大基础设施建设的军民融合。充分发挥国家重大基础设施对经济发展和军事能力提高的双重支撑作用，以国家核心安全需求为导向，统筹考虑军地需求，加大国家重大基础设施建设贯彻国防需求的力度，推动军用基础设施向民用开放，广泛开展国家重大基础设施军民共建共用，寓“战场建设”于“经济建设”之中，大幅提升军队的全域快速机动与战略投送等能力。在铁路建设中，应考虑军事装备的装卸载需要，完善军事运输装卸设施建设。在公路网建设中，应考虑军队机动、军事运输需要，一些重要交通线，要具备坦克等重型军事装备的通行能力，并选用高速公路修建飞机跑道。在机场兴建和扩建中，应考虑大中型运输机、轰炸机的使用需求，完善机场使用条件。在大中城市基建工作中，应考虑战时防护的需要，完善配套人防设施建设。在重要方向和重点地区的开发建设中，应考虑作战的需要，形成具备战役要素的战场条件。

加快推进海洋领域的军民融合。党的十八大报告鲜明提出，要“提高海洋资源开发能力，发展海洋经济，保护海洋生态环境，坚决维护国家海洋权益，建设海洋强国”。[①] 根据世界各国的普遍定义，海洋强国是指在开发海洋、利用海洋、保护海洋、管控海洋方面拥有强大综合实力的国家。纵观世界许多发达国家和地区的发展，都是因海而兴、因海而强、因海而昌盛。世界上 10 个最发达国家中有 8 个在沿海，世界五大产业带全都濒海而建。特别是随着科技进步和经济社会发展，人类越来越认识到海洋拥有无法估量的战略价值。我国有 1.8 万公里的海岸线、300 万平方公里的管辖海域，蕴藏着丰富的生物、油气等海洋资源。当前，我国经济已发展成为高度依赖海洋的外向型经济，对海洋资源、海洋空间、海上通道的依赖程度大幅提高。建设海洋强国，是中华民族永续发展、走向世界强国的必由之路。我们必须抓住历史机遇，加快推进海洋领域的军民融合式发展，

① 胡锦涛：《坚定不移沿着中国特色社会主义道路前进　为全面建成小康社会而奋斗——在中国共产党第十八次全国代表大会上的报告》，人民出版社 2012 年版，第 40 页。

把开发海洋资源与维护海洋权益统一起来，大幅提升我国的海洋资源开发能力、海洋综合管控能力和海军远洋作战能力。

加快推进空天领域的军民融合。要把开发空天资源与维护空天安全统一起来，大幅提升我国的开发空天资源能力和信息化条件下的军队战场感知能力、指挥控制能力、精确打击能力。当前，我国卫星资源军民分割的格局并未根本扭转。未来需要进一步推进我国卫星资源发展和建设的军民融合，由军地双方成立统一的卫星资源信息管控中心，对卫星资源统一管理、统一配置。同时，在航天航空装备制造、侦察监视、预警探测、卫星定位导航等关键点上聚焦于军民兼容，推进空天领域的军民深度融合发展。

加快推进网络信息领域的军民融合。信息时代，国家战略利益的维护与拓展，越来越多地取决于安全可靠地使用互联网。发挥网络空间作用的能力是21世纪最重要的力量源泉之一。美国试图把网络力量与现有的军事实力、经济实力和软实力网络相结合，从而汇集成一种更强大的国家战略能力。美军已把网络空间提升为战争的第五个领域，与陆地、海洋、空中和太空并列，成立了网络司令部，组建了专门的军兵种——网络部队，将网络空间中的各种可能性融入其军事理论与训练演习。经过多年发展，我国的信息化建设取得了巨大成就，基本上具备了向军事领域扩展的有利条件。要实现党的十八大报告提出的“力争到2020年基本实现机械化，信息化建设取得重大进展”的战略目标，必须下大力推进信息领域的军民深度融合。要把国家信息化建设与军队信息化建设统一起来，在信息基础设施、信息人才、信息技术上实现军地共享共用，大幅提升军地信息获取、信息共享、信息利用、信息对抗等能力。

四、 促进军政军民团结

习近平指出，军政军民团结是实现富国和强军相统一的重要政治保证。这一重要论断把军政军民团结提升到富国强军的战略高度，进一步阐明了加强军政军民团结是加快推进国防和军队现代化的重要保证，也是社会和谐稳定、凝聚中国力量、实现中国梦想的坚实基础。

（一）军政军民团结是实现富国和强军相统一的重要政治保障

军政军民团结历来是我党我军的政治优势。军政军民团结，是我国军民在中国共产党领导下，于长期革命和建设实践中创造并发展起来的优良传统，是我国革命和社会主义建设的一个重要法宝。革命战争年代，我们靠军政军民之间和官兵之间的紧密团结，攻无不克，战无不胜，推翻了帝国主义、封建主义和官僚资本主义三座大山。社会主义现代化建设时期，邓小平创造性地提出了密切军政军民关系、加强军政军民团结的方针、原则和任务，促进了军政军民关系的新发展。江泽民强调，要把加强军政军民团结提高到关系国家稳定和发展的战略高度，像爱护眼睛一样爱护军政军民团结，发展军政军民相互团结、相互支持的大好局面，从而使新形势下我国军政军民之间形成了同呼吸、共命运、心连心的新型关系。胡锦涛指出，人民战争是我党我军的光荣传统，是我们克敌制胜的法宝。一切为了人民、紧紧依靠人民，是我军团结战斗的思想基础和力量源泉。无论武器装备怎样发展、战争形态怎样变化，人民战争都不会过时；兵民是胜利之本，永远是颠扑不破的真理。

军政军民团结是维护社会稳定大局、保证社会主义现代化建设事业顺利进行的重要因素。近代以来，中华民族在列强入侵或内部动荡中已经多次失去了加快发展、努力追赶世界先进水平的机遇。习近平指出，现在，我们比历史上任何时候都更接近中华民族伟大复兴的目标，比历史上任何时候都更有信心、更有能力实现这个目标。当前，我们能否抓住这一历史机遇实现中华民族的伟大复兴，不仅需要党的正确路线做指导，还要有社会的团结和政治的稳定做保证。坚强的军政军民团结，对于保持国家的稳定和社会的安定有着至关重要的影响。军民紧密团结，可以充分发挥人民战争的威慑力和巨大优势，使任何外国敌对势力都不敢轻举妄动。军民紧密团结，可以大大增强民族凝聚力，使国际敌对势力企图对我实施的西化、分化图谋不能得逞。当然，民族凝聚力还是综合国力的一个重要组成部分，在国际竞争或对抗中具有重要的战略意义。军民紧密团结，做好维护社会稳定工作，加强反渗透、反分裂、反恐怖斗争，有助于履行好维护国家安全和社会稳定的重要职能。驻民族地区的部队，严格执行党的民族、宗教政策，以军政军民团结促进民族团结，能够进一步维护边疆稳定和祖国统一。军民紧密团结，本身就是社会和谐稳定的一个重要象征，是中华民族奋发图强、努力实现中国梦的基本保证。

军政军民团结是我军战无不胜的力量源泉，是我军履行职能的重要保证。军队打胜仗，人民是靠山。从诞生之日起，人民解放军就始终坚持全心全意为人民服务的宗旨，完全彻底地为人民利益而奋斗，赢得了亿万人民的衷心爱戴和全力支持，形成了夺取胜利最深厚、最伟大的力量源泉。毛泽东曾指出："战争的伟力之最深厚的根源，存在于民众之中。"当今时代，战争形态正由机械化战争向信息化战争演变，但是，战争伟力最深厚的根源存在于民众之中这一规律没有改变。全国人民对军队的财力、物力支持，为人民军队大力推进现代化建设提供了物质保障；地方政府和人民克服各种困难，尽力解决军人的福利保障、军人家属的工作安排、军人子女的入学就业、复员转业军人的安置等问题，为军人履行职责排除了很多后顾之忧，直接稳定了军心。战争年代，兵员补充、后勤补给更是离不开人民群众的支持和参加；和平时期，军队要顺利完成各项训练、演习任务，没有人民和地方政府的支持，也将寸步难行。因此，在任何时候、任何情况下，地方政府和人民群众都是人民军队生存的依靠、发展的根基、胜利的保障，良好的军政军民关系始终是军队履行职能的重要保证。

（二）军队要利用自身资源和优势，支援经济社会发展

军队要支援西部大开发等区域发展、地方基础设施重点工程和社会主义新农村建设。西部大开发、振兴东北和社会主义新农村建设，是党中央的重大战略部署，是全面建成小康社会的重要内容，同时也是国家和谐发展与社会安全稳定的基础。部队承担支援地方建设，是促进国家发展、维护人民根本利益的现实需要。要用中国特色社会主义理论体系武装广大官兵的思想，结合我军全心全意为人民服务的宗旨教育全军官兵，充分认识到投身西部大开发、振兴东北和建设社会主义新农村对国防与军队现代化建设的重要意义。要结合部队实际情况，协调好援建工作与部队中心工作的关系。军队是要准备打仗的，这是我军的根本职能。这就要求对援建工作要加强宏观指导，合理配置各种资源，做到统筹兼顾，在完成教育训练、战备执勤等中心任务的前提下实施援建。把参加援建工作纳入部队年度工作计划中，在完成年度训练任务的前提下，在兵力、装备、物资等方面给予必要支援。根据部队的性质与执行任务的不同特点确定援建内容，做到国防建设与经济协调发展两不误。部队参加西部大开发等区域发展、地方基础设施重点工程和社会主义新农村建设，必须严格遵守国家法规政策和军队的各项规章制度，不能与国家法律法规和军队规章制度相违背。军队要在地方统一规划下参与援建工程，主要体现义务性。严格执行群众纪律，在援建工作中巩固和发展“同呼吸、共命运、心连心”的新型军政军民关系。

军队要坚决完成抢险救灾等急难险重任务。中国是世界上自然灾害较多的国家，时常出现严重危害人民生命和国家财产安全的灾情、险情。人民军队始终是抢险救灾的突击力量，和全国人民一起患难与共、奋力拼搏。近30年来，军队共参加各类抢险救灾行动10万多次，出动官兵2500多万人次，抢救或转移遇险群众2600多万人。1987年的大兴安岭特大森林火灾、1998年的特大洪水、2003年的非典疫情、2008年的南方低温雨雪冰冻灾害和四川汶川特大地震，对这些大灾大难，军队倾力付出，为保护人民生命和国家财产作出了巨大的贡献。2013年4月20日，四川芦山发生7.0级强烈地震。获悉灾情，习近平立即作出重要指示，要求军队和武警部队迅速投入抗震救灾第一线，各救灾部队要发扬能打仗、打胜仗的精神，全力抢救受困群众，全力救治伤员。一支支劲旅和军队专业救援、医疗队伍迅速从四面八方向着同一个方向疾进。军地双方心手相连、一体联动，资源共享、需求对接，描绘出立体的抗震救灾图景，呈现了军地“大协同、深融合”的“芦山版本”。芦山地震救援，是千头万绪、庞大繁杂的系统工程。军地各级领导和救援分队在深度融合中，优势互补，聚合成无坚不摧的强大力量。军队在抢险救灾行动中的出色表现，不仅彰显了人民军队的本色，还让全国人民深切体会到了社会主义大家庭的温暖，更让全世界看到了社会主义中国的优越性。近年来，在一些重特大自然灾害中，军队迅速的行动、官兵无私的奉献、军民精诚的团结，通过现代传媒的真实再现，极大地提升了国家的国际形象、民族凝聚力。

军队要参加地方生态文明建设，同时也要抓好部队节能降耗、资源节约工作，最大限度降低或避免军事活动对生态环境的影响，以实际行动建设美丽中国。这一重要指示明确了军队以实际行动建设美丽中国的思路要求。生态文明建设是中国特色社会主义五位一体总布局的重要内容，也是伴随我军现代化建设进程的一项长期任务，贯穿于部队战备训练和工作生活的方方面面。军队要充分发挥自身人才、装备、技术、基础设施等方面的资源和优势，积极参加地方重大生态工程建设，为绿化美化祖国贡献力量。我军要树立尊重自然、顺应自然、保护自然的生态文明理念，强化节约意识、环保意识、生态意识，带头贯彻执行节约资源和保护环境的基本国策。部队在开展重大军事演训活动、遂行多样化军事任务、进行武器装备试验等军事活动中，要采取切实有效措施，最大限度降低或避免对生态环境的影响。

（三）加强国防教育，增强全民国防观念

社会主义国防本质上是人民的国防。依靠人民建设国防，是我们过去、现在和将来都必须遵循的一个根本原则。建设现代国防，必须深入持久地开展全民国防教育，增强全民国防观念，使关心国防、热爱国防、建设国防、保卫国防成为全社会的思想共识和自觉行动，为实现中华民族期盼已久的强国梦、强军梦而奋斗。

历史像一面镜子，折射出国防教育的加强与废除、国防观念的增强与淡化有着截然不同的结果。古往今来，不同时代、不同国家对民族精神有着不同的规范和标准，但国防观念和国防意识作为民族素质的重要组成部分，始终在民族安危兴衰的天平上占有极重要的分量。一个民族、一个国家，如果没有自己的精神支柱，就等于没有灵魂，就会失去凝聚力和生命力。有没有高昂的民族精神，是衡量一个国家综合国力强弱的一项重要尺度。这是被历史证明了的真理。古罗马在强盛时期，它的居民有一种为保卫祖国而好勇尚武、以战死为荣的传统美德。但后来，长期和平安定的生活消磨了人们的战斗意志，使这种民族美德失传了，人们的国防观念普遍淡漠，不再以服兵役为自己应尽的光荣义务，而是把保卫祖国的责任交给了外籍雇佣兵。于是，曾经不可一世的罗马帝国，在波斯人的入侵面前不堪一击，很快土崩瓦解了。第一次世界大战结束后，法兰西民族受到胜利的鼓舞，国家经济迅速发展。但令人遗憾的是，伴随经济的发展，安享太平之风弥漫法国朝野，整个民族的国防意识日趋削弱，一部国防动员法案拖了整整10年都未通过。当第二次世界大战爆发，法西斯德国的铁蹄踏上法兰西国土时，仅6个星期，巴黎城头便挂起了投降的白旗。以色列公民对于民族使命和国家前途，已养成一种近乎“直觉”的基本认识。他们都知道国家所面临的危险是什么、敌人是谁，每个人应如何在国家需要的时候，拿起武器保卫国家的安全。以色列政府规定，18—70岁的公民，不分性别都要接受法定的国防教育。即使行动不便的老人和妇女，也要在家中接受函授国防知识教育。男孩到13岁举行成人仪式时，父母都要送他一支枪，表示他已经到了保卫祖国的年龄。

强烈的国防观念是实现强国梦、强军梦的内在动力。国防观念，是维系国家安全和民族兴旺的重要精神因素。国防观念是国防建设的社会思想基础，它所包含的爱国主义精神，勇于牺牲、艰苦奋斗、严守纪律、精诚团结的精神等，实际上反映和代表着一个国家、一个民族的精神素质与精神状态。我们建设强大的现代国防，保卫国家安全，不但需要雄厚的物质力量和经济基础，需要现代化的国防科技和武器装备，同时需要有强大的精神力量，需要有与时代特征和现代国防要求相适应的全民国防观念。同时，国防观念作为重要的精神力量，不仅体现为居安思危的忧患意识和一旦强敌压境、全民族同仇敌忾的精神准备，而且通过一定形式融入到社会各个层面，在军事上就会转化为强大的战斗力，在经济建设中就可以转化为生产力。这是任何时候也不能忽视的一种精神动力。历史经验证明，一个国家、一个民族，凡是具有强烈的国防意识和进取精神的时候，其所被激发出来的活力是难以估量的。强烈的国防观念，能够产生强烈的民族向心力和凝聚力，使全体民众站在国家安危、民族兴衰的高度，以强烈的爱国心、责任心和紧迫感，投身到国家的各项建设中去。面对当今世界激烈的综合国力竞争，更应把培养强烈的国防观念和民族精神，作为实现强国梦、强军梦的基础性工程，下大力抓紧抓好。

不断创新全民国防教育的有效形式。国防教育内容的丰富性和对象的广泛性，要求必须有灵活多样的形式和方法。国防教育法强调，国防教育贯彻全民参与、长期坚持、讲究实效的方针，实行经常教育与集中教育相结合、普及教育与重点教育相结合、理论教育与行为教育相结合的原则。贯彻这一要求，许多地区和单位创造了一些行之有效的形式与方法。比如，对地方党政领导进行集中培训，组织党政干部参加军事学术研究，在各级党校开设国防教育课。组织学生开展军事训练和军事夏令营活动，系统进行国防教育和技能培训。针对不同对象，编写国防知识课本和教材，开展对社会各类人员的国防教育。发挥大众传媒的功能，广泛宣扬国防先进人物的模范事迹，在全社会大力弘扬爱国主义和革命英雄主义精神。建立国防教育基地，结合有关节日和纪念日开展国防日、国防周、国防月教育活动等。有的地方还将国防教育纳入全民宣传教育轨道，纳入拥军优属工作，纳入学校教学活动，纳入军民共建范畴，增强了国防教育的针对性、系统性和规范性。当前，我们必须根据形势任务及教育对象的变化，结合新的实践不断进行探索，努力使国防教育更加生动活泼、更加富有成效，从而为国防现代化建设不断注入生机和活力。

后　记

实现中华民族伟大复兴的中国梦，是以习近平为总书记的党中央提出的重大战略思想。但中国梦不是轻易能够实现的，没有军事实力，中国梦必定是脆弱的、残缺的、空洞的。中国梦是强国梦，对军队来说就是强军梦。以党的十八大为标志，党、国家和军队事业站在新的历史起点上，我们前所未有地靠近世界舞台中心，前所未有地接近实现中华民族伟大复兴的目标，前所未有地具有实现这个目标的能力和信心。同时也要看到，我们面临着多方挑战。以美国为首的西方国家千方百计对我国进行战略遏制，周边领土主权争端、大国地缘竞争、军事安全较量、民族宗教矛盾等问题更加凸显，影响社会稳定的敌对势力、民族分裂势力、暴力恐怖势力大量存在。因此，军事手段的保底作用比过去更加凸显。

党的十八大后，国防大学马克思主义教研部在多年从事中国特色社会主义理论与实践教学研究的基础上，紧密跟踪党的军事指导理论与实践新进展，组织力量撰写了《强军梦》一书，围绕党在新形势下的强军目标这一主线，在历史与现实、理论与实践结合的基础上，探讨了实现强军梦的相关问题。本书由任天佑担任主编，黄书进、马占魁担任副主编。各部分撰稿人分别为：导言，任天佑；第一章，黄书进、刘西山；第二章，李志军；第三章，孙经国；第四章，李海涛、毛旻铮；第五章，郭海军、闵登中；第六章，高宁；第七章，颜旭；第八章，马占魁、王伟海。主编和副主编负责总体设计和统稿。此外，本书的出版得到了国家出版基金的资助。

后 记

本书编写过程中吸收了理论界的相关研究成果，在此表示诚挚谢意。由于能力、水平和时间所限，书中难免有疏漏之处，敬请广大读者批评指正。

作者

2015 年 4 月

责任编辑：侯　春
装帧设计：徐　晖

图书在版编目(CIP)数据

强军梦/主编:任天佑　副主编:黄书进　马占魁. -北京:人民出版社,2015.4
ISBN 978－7－01－014770－3

Ⅰ.①强…　Ⅱ.①任…②黄…③马…　Ⅲ.①国防建设-中国②军队建设-中国　Ⅳ.①E2

中国版本图书馆 CIP 数据核字(2015)第 078090 号

强　军　梦

QIANGJUN MENG

主　编：任天佑
副主编：黄书进　马占魁

人民出版社 出版发行
(100706　北京市东城区隆福寺街 99 号)

北京中科印刷有限公司印刷　新华书店经销

2015 年 4 月第 1 版　2015 年 4 月北京第 1 次印刷
开本:710 毫米×1000 毫米 1/16　印张:14.75
字数:227 千字　印数:0,001-5,000 册

ISBN 978－7－01－014770－3　定价:35.00 元

邮购地址 100706　北京市东城区隆福寺街 99 号
人民东方图书销售中心　电话 (010)65250042　65289539